Peter Jacobs, Michael Preuße

Kompaktwissen AEVO

in vier Handlungsfeldern

4. Auflage

Bestellnummer 05042

Bildungsverlag EINS
westermann

Dominic Pickles
Moritz Roth

Die in diesem Produkt gemachten Angaben zu Unternehmen (Namen, Internet- und E-Mail-Adressen, Handelsregistereintragungen, Bankverbindungen, Steuer-, Telefon- und Faxnummern und alle weiteren Angaben) sind i. d. R. fiktiv, d. h., sie stehen in keinem Zusammenhang mit einem real existierenden Unternehmen in der dargestellten oder einer ähnlichen Form. Dies gilt auch für alle Kunden, Lieferanten und sonstigen Geschäftspartner der Unternehmen wie z. B. Kreditinstitute, Versicherungsunternehmen und andere Dienstleistungsunternehmen. Ausschließlich zum Zwecke der Authentizität werden die Namen real existierender Unternehmen und z. B. im Fall von Kreditinstituten auch deren IBANs und BICs verwendet.

Die in diesem Werk aufgeführten Internetadressen sind auf dem Stand zum Zeitpunkt der Drucklegung. Die ständige Aktualität der Adressen kann vonseiten des Verlages nicht gewährleistet werden. Darüber hinaus übernimmt der Verlag keine Verantwortung für die Inhalte dieser Seiten.

service@bv-1.de
www.bildungsverlag1.de

Bildungsverlag EINS GmbH
Ettore-Bugatti-Straße 6-14, 51149 Köln

ISBN 978-3-427-**05042**-1

westermann GRUPPE

Inhaltsverzeichnis

Vorwort

Bitte unbedingt vorher lesen!

Seit Verabschiedung des Berufsbildungsgesetzes (BBiG) 1969 und der dort geregelten Ausbildereignungsverordnung (AEVO) von 1972 haben sich sowohl die Regelungen des Gesetzes als auch die der AEVO mehrfach geändert.

Ziel der Verordnung ist es, dass diejenigen, die von den Betrieben als verantwortliche Ausbilder den Kammern gemeldet werden, in Form einer Prüfung ihre „Berufs- und arbeitspädagogische Qualifikation" nachweisen müssen, um so die Qualität der betrieblichen Erstausbildung zu steigern. Manko: Unabhängig davon, wie viele Auszubildende einer Berufsgruppe ein Betrieb ausbildet, muss nur eine Person diesen Nachweis erbringen. In vielen Betrieben durchlaufen die Auszubildenden die Fachabteilungen und werden dort durch die Fachkräfte ausgebildet, die diesen Nachweis aber nicht erbringen müssen.

Dazu kommt, dass der Gesetzgeber nur die Voraussetzungen zum Ausbilden (persönliche und fachliche Eignung, mehrfach geändert), nicht aber die Umsetzung der AEVO geregelt hat. Es gibt also weder einen bundeseinheitlichen Rahmenlehrplan für die Bildungsträger noch eine bundeseinheitliche Prüfung wie bei anderen Fortbildungsprüfungen. Das bedeutet, dass es erstens den Bildungsträgern überlassen ist, mit wie vielen Unterrichtsstunden sie die Vorbereitungskurse zur AEVO-Prüfung (auch Ausbildung der Ausbilder genannt) durchführen, und dass es zweitens den Kammern überlassen ist, in welcher Form sie diese Prüfung abnehmen: So kann nicht nur die Art der schriftlichen Prüfung, sondern auch die Abnahme der mündlichen Prüfung von Kammer zu Kammer sehr unterschiedlich sein.

Das vorliegende Buch erhebt deswegen nicht den Anspruch eines pädagogisch allumfassenden Ausbilderhandbuchs, sondern soll insbesondere als Begleitliteratur in Vorbereitungslehrgängen eingesetzt werden oder für den Autodidakten als Vorbereitung auf die AEVO-Prüfung dienen. Es hilft aber auch betrieblichen Ausbildern, ihre Kenntnisse wieder aufzufrischen oder zu erweitern.

Web

Lösungshinweise zu den Aufgaben können nach Eingabe der vorn im Buch abgedruckten Bestellnummer auf der Internetseite des Bildungsverlag EINS unter www.bildungsverlag1.de abgerufen werden.

Im ergänzenden Buch „Kompaktwissen AEVO in vier Handlungsfeldern – Übungsaufgaben mit Lösungen" (Bestellnummer 05043, 4. Auflage) finden Sie 270 Übungsaufgaben passend zum vorliegenden Lehrbuch.

In den Texten wird aufgrund der formalen Vereinfachung die männliche Sprachform benutzt. Natürlich sind auch alle Leserinnen angesprochen. Anregungen, Verbesserungsvorschläge und konstruktive Kritik sind jederzeit willkommen.

Die Autoren Peter Jacobs und Michael Preuße

Handlungsfeld 1

Ausbildungsvoraussetzungen prüfen und Ausbildung planen

Vorteile und Nutzen betrieblicher Ausbildung

Strukturen des Berufsbildungssystems

Planung des betrieblichen Ausbildungsbedarfs

Ausbildungsberufe auswählen

Beteiligte und Mitwirkende an der Ausbildung

Eignung der Ausbildungsstätte

Vorteile und Nutzen betrieblicher Ausbildung

1. Wie wird der Begriff „Berufsbildung“ definiert?
2. Was sind die Ziele der Berufsausbildungsvorbereitung?
3. Was sind die Ziele der betrieblichen Berufsausbildung?
4. Aus welchen Gründen bildet die Wirtschaft aus?
5. Wodurch entsteht ein Spannungsfeld zwischen Angebot und Nachfrage an Ausbildungsplätzen?

1. Wie wird der Begriff „Berufsbildung“ definiert?

Berufsbildung wird im Berufsbildungsgesetz (BBiG) wie folgt definiert:

§ 1 BBiG Ziele und Begriffe der Berufsbildung

(1) Berufsbildung im Sinne dieses Gesetzes sind die Berufsausbildungsvorbereitung, die Berufsausbildung, die berufliche Fortbildung und die berufliche Umschulung.

(2) Die Berufsausbildungsvorbereitung dient dem Ziel, durch die Vermittlung von Grundlagen für den Erwerb beruflicher Handlungsfähigkeit an eine Berufsausbildung in einem anerkannten Ausbildungsberuf heranzuführen.

(3) Die Berufsausbildung hat die für die Ausübung einer qualifizierten beruflichen Tätigkeit in einer sich wandelnden Arbeitswelt notwendigen beruflichen Fertigkeiten, Kenntnisse und Fähigkeiten (berufliche Handlungsfähigkeit) in einem geordneten Ausbildungsgang zu vermitteln. Sie hat ferner den Erwerb der erforderlichen Berufserfahrungen zu ermöglichen.

(4) Die berufliche Fortbildung soll es ermöglichen, die berufliche Handlungsfähigkeit zu erhalten und anzupassen oder zu erweitern und beruflich aufzusteigen.

(5) Die berufliche Umschulung soll zu einer anderen beruflichen Tätigkeit befähigen.

§ 3 BBiG Anwendungsbereich

(1) Dieses Gesetz gilt für die Berufsbildung, soweit sie nicht in berufsbildenden Schulen durchgeführt wird, die den Schulgesetzen der Länder unterstehen.

(2) Dieses Gesetz gilt nicht für

1. die Berufsbildung, die in berufsqualifizierenden oder vergleichbaren Studiengängen an Hochschulen auf der Grundlage des Hochschulrahmengesetzes und der Hochschulgesetze der Länder durchgeführt wird,
2. die Berufsbildung in einem öffentlich-rechtlichen Dienstverhältnis,
3. die Berufsbildung auf Kauffahrteischiffen, die nach dem Flaggenrechtsgesetz die Bundesflagge führen, soweit es sich nicht um Schiffe der kleinen Hochseefischerei oder der Küstenfischerei handelt.

(3) Für die Berufsbildung in Berufen der Handwerksordnung gelten die §§ 4 bis 9, 27 bis 49, 53 bis 70, 76 bis 80 sowie 102 nicht; insoweit gilt die Handwerksordnung.

2. Was sind die Ziele der Berufsausbildungsvorbereitung?

Die Berufsausbildungsvorbereitung soll gem. BBiG §1 (2) junge Menschen durch die „Vermittlung von Grundlagen für den Erwerb beruflicher Handlungsfähigkeit an eine Berufsausbildung in einem anerkannten Ausbildungsberuf" heranführen. Das bedeutet, dass bei Jugendlichen oder jungen Erwachsenen, die der Vollzeitschulpflicht nicht mehr unterliegen, denen die notwendige Ausbildungsreife aber fehlt, die unsicher in ihrer Berufswahlentscheidung sind oder die einen besonderen Qualifizierungsbedarf benötigen (Lernbeeinträchtigung, soziale Benachteiligungen), die Chancen auf einen Ausbildungsplatz erhöht werden sollen, indem z. B. ausbildungsrelevante Verhaltensweisen und Einstellungen trainiert und notwendige Grundlagen vermittelt werden.

Ziele der Berufsausbildungsvorbereitung sind also:

- Vermeidung oder Beendigung von Arbeitslosigkeit,
- Erhöhung des Qualifikationsniveaus,
- Verbesserung der beruflichen Handlungskompetenz und
- Bereitstellung von Lern- und Förderangeboten.

Die Bildungsmaßnahmen hierfür werden von Bildungsträgern, Berufsschulen oder Praktikumsbetrieben angeboten und durchgeführt, z. B. im Wechsel mit Unterrichtsbesuch (mit Möglichkeit des Erwerbs eines Hauptschulabschlusses) und Praxisphasen in Betrieben. In einer solchen modularen Berufsausbildungsvorbereitungsmaßnahme können die Teilnehmer auch Teilqualifikationen für einen Ausbildungsberuf erwerben, die in einem eventuell anschließenden Ausbildungsverhältnis auf die Ausbildungszeit angerechnet werden können.

Vorrangiges Ziel ist neben der Erhöhung der beruflichen Einstiegsqualifikation auch, dass die jungen Menschen eine eventuell bereits getroffene Berufswahlentscheidung auf ihre Richtigkeit und der beteiligte Ausbildungsbetrieb die berufliche Eignung und die Ausbildungsreife des Praktikanten hinsichtlich einer Übernahme in ein Ausbildungsverhältnis überprüfen können.

Studien des Instituts für Arbeits- und Berufsforschung haben ergeben, dass Teilnehmer an solchen berufsvorbereitenden Maßnahmen bessere Chancen haben, einen Ausbildungsplatz von den Praktikumsbetrieben zu erhalten.

Vor dem Hintergrund der demografischen Entwicklung in Deutschland werden sich Unternehmen und Betriebe zukünftig stärker als bisher bei berufsvorbereitenden Maßnahmen als Kooperationspartner engagieren müssen, da die Zahl der Ausbildungsbewerber insgesamt sinken wird.

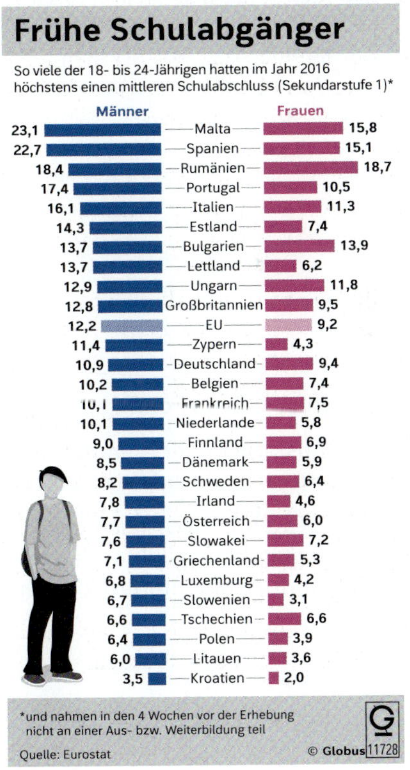

3. Was sind die Ziele der betrieblichen Berufsausbildung?

Das Ziel der Berufsausbildung wird abgeleitet aus den §§ 1 und 14 des BBiG und aus den jeweiligen Ausbildungsordnungen:

§ 1 BBiG

(3) Die Berufsausbildung hat die für die Ausübung einer qualifizierten beruflichen Tätigkeit in einer sich wandelnden Arbeitswelt notwendigen beruflichen Fertigkeiten, Kenntnisse und Fähigkeiten (berufliche Handlungsfähigkeit) in einem geordneten Ausbildungsgang zu vermitteln. Sie hat ferner den Erwerb der erforderlichen Berufserfahrungen zu ermöglichen.

§ 14 BBiG

(1) Ausbildende haben

1. dafür zu sorgen, dass dem Auszubildenden die berufliche Handlungsfähigkeit vermittelt wird, die zum Erreichen des Ausbildungszieles erforderlich ist, und die Berufsausbildung in einer durch ihren Zweck gebotenen Form planmäßig, zeitlich und sachlich gegliedert so durchzuführen, dass das Ausbildungsziel in der vorgesehenen Ausbildungszeit erreicht werden kann,

[...]

5. dafür zu sorgen, dass der Auszubildende charakterlich gefördert sowie sittlich und körperlich nicht gefährdet wird.

Auszug aus einer Ausbildungsordnung:

„Die aufgeführten Fertigkeiten und Kenntnisse sind insbesondere so zu vermitteln, dass der Auszubildende selbstständig das Gelernte planen, durchführen und kontrollieren kann."

Es ergeben sich aus den gesetzlichen Formulierungen also zwei Konsequenzen:

1. Der Ausbilder hat den Auftrag, sowohl Fertigkeiten als auch Kenntnisse zu vermitteln, d. h. auszubilden und auch zu erziehen.
2. Das Bestehen der Abschlussprüfung ist *nicht* das unmittelbare Ziel einer Ausbildung von Auszubildenden zu Fachkräften. Die Abschlussprüfung stellt lediglich ein Instrumentarium dar, um die erreichten Qualifikationen nachzuweisen.

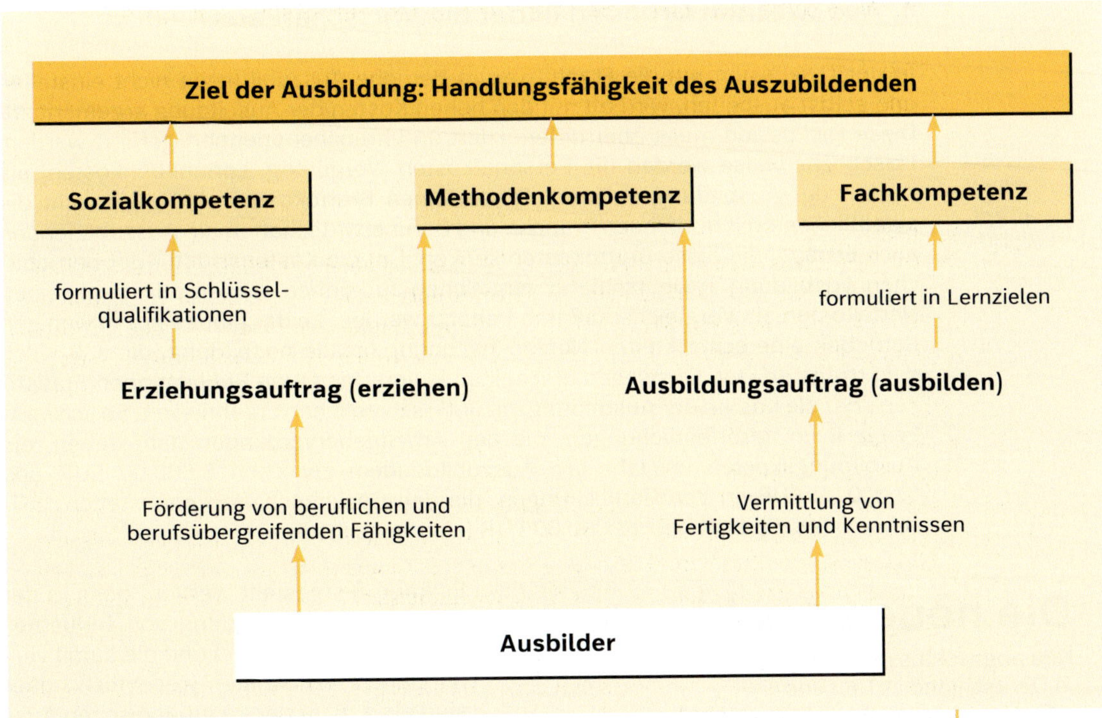

Gesellschaftliche und individuelle Ziele

Aus Sicht ...

... der Gesamtwirtschaft (volkswirtschaftliche Ziele)	→	z. B.: Vorsprung in der Weltwirtschaft
... der Betriebe (betriebswirtschaftliche Ziele)	→	z. B.: Erhöhung der Wettbewerbsfähigkeit
... des Staates (gesellschaftspolitische Ziele)	→	z. B.: geringere Arbeitslosigkeit
... der Auszubildenden (individuelle Ziele)	→	z. B.: Selbstverwirklichung und soziale Unabhängigkeit

4. Aus welchen Gründen bildet die Wirtschaft aus?

In der Diskussion um die Frage, warum Betriebe Auszubildende nicht einstellen und selbst ausbilden, wird oft mit den hohen Kosten der Ausbildung argumentiert. Diese Diskussion muss aber differenziert und branchenorientiert geführt werden. Fälschlicherweise werden die Personalkosten (Vergütung, Lohnnebenkosten) als Kosten der Ausbildung definiert. Diese reinen Bruttokosten sind aber nicht die eigentlichen Kosten. Je nach Branche und Beruf erwirtschaften die Auszubildenden auch Erträge, die diese Bruttokosten senken. Um die Kostenstruktur der betrieblichen Ausbildung in Deutschland vergleichen zu können, dürfen nur diese reinen Nettokosten als Vergleichsmaßstab benutzt werden. Leider gibt es nur in wenigen Betrieben eine echte Kosten-Nutzen-Rechnung für die Ausbildung, die z. B. auch die Erträge erfasst. Deswegen erscheinen in verschiedenen Publikationen Statistiken über die Kosten der Ausbildung mit unterschiedlichen Ergebnissen: So schwanken z. B. in Veröffentlichungen, die den Arbeitgeberverbänden nahestehen, die Ausbildungskosten im Jahr pro Auszubildendem zwischen 8.000,00 EUR und 17.000,00 EUR, in Veröffentlichungen, die den Gewerkschaften nahestehen, zwischen 5.000,00 EUR und 16.000,00 EUR (also reine Erträge).

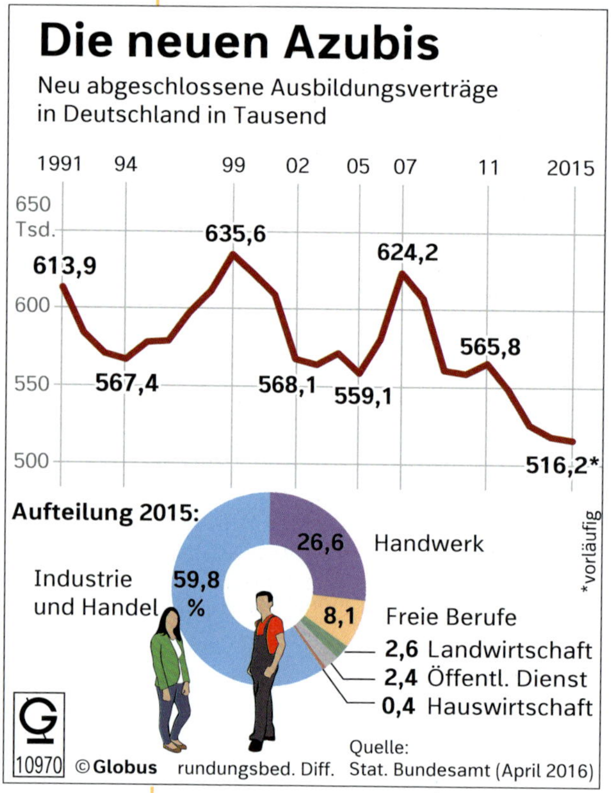

Es kann festgestellt werden, dass in der gewerblichen Ausbildung von Industriebetrieben der Aufwand und die damit verbundenen Nettokosten wesentlich höher sind als z. B. in der kaufmännischen Ausbildung kleinerer Betriebe. Allerdings ist in Industriebetrieben die Einsicht in die Notwendigkeit und die Selbstverständlichkeit, den eigenen Fachkräftenachwuchs auch selbst auszubilden, höher als in kleineren Betrieben (z. B. Handels- oder Dienstleistungsunternehmen), die erstens wesentlich geringere Kosten für die Ausbildung aufwenden müssen und zweitens die Ausgebildeten oft nicht in ein Arbeitsverhältnis übernehmen.

Eine Untersuchung in industriellen Großbetrieben kam zu folgenden Ergebnissen:

1. Die produktiven Tätigkeiten und der Leistungsgrad der Auszubildenden werden von Betrieben teilweise unterschätzt. Die Ertragsseite beschränkt sich nicht nur auf die produktive Tätigkeit des Auszubildenden, sondern
   - es entfallen auch Kosten für Personalbeschaffung und Anwerbung,
   - es entfallen Kosten für die Einarbeitung von neuen Mitarbeitern,

- es wird das finanzielle Risiko einer Fehlbesetzung durch Neueinstellung einer Fachkraft minimiert,
- es werden Kosten insgesamt minimiert, da selbst ausgebildete Fachkräfte sich stärker mit dem Betrieb identifizieren und
- es entfallen Kosten durch Überbrückung kurzfristiger Engpässe mit Auszubildenden (Krankheits- und Urlaubsvertretungen).

2. Ebenfalls unterschätzt wird der Wert der Imagewerbung für Betriebe, die sich zur Ausbildung entschlossen haben.

Stellen Sie die Vor- und Nachteile für einen Betrieb einander gegenüber, der in der Vergangenheit noch nicht ausgebildet hat, aber in Zukunft ausbilden möchte.

Worin liegen die Gründe (Motive) für einen Betrieb, zukünftig den eigenen Fachkräftebedarf selbst auszubilden? Stellen Sie die ökonomischen Motive insbesondere unter dem Kostenaspekt dar.

Ihr Betrieb hat noch nie Auszubildende selbst ausgebildet. Ihre Geschäftsleitung steht nun vor der Frage, ob es für den Betrieb lohnenswert ist, sich in Zukunft seine Fachkräfte selbst heranzuziehen. Anhand einer Personalstrukturuntersuchung sollen Sie ermitteln, wie hoch der zukünftige Bedarf an Fachkräften wahrscheinlich sein wird, wie viele Auszubildende dann eingestellt werden müssten und welche Vorqualifikationen diese Auszubildenden mitbringen sollten. Welche Faktoren müssen Sie in dieser Personalstrukturuntersuchung berücksichtigen?

5. Wodurch entsteht ein Spannungsverhältnis zwischen Angebot und Nachfrage an Ausbildungsplätzen?

Das Duale System der Ausbildung in Deutschland wird häufig als das beste Berufsausbildungssystem der Welt bezeichnet. Anders als in anderen Ländern, in denen der Staat selbst in berufsbildenden Schulen ausbildet, unterliegt das Duale System der Freiwilligkeit der Wirtschaft, Ausbildungsplätze anzubieten, aber auch wirtschaftlichen und demografischen Entwicklungen und Veränderungen. Ein Spannungsverhältnis entsteht immer dann, wenn das Verhältnis zwischen Angebot und Nachfrage an Ausbildungsplätzen nicht ausgeglichen ist. Aus unterschiedlichen Blickwinkeln betrachtet heißt das: Ein Überangebot an Ausbildungsplätzen kann als ein Nachfragemangel (Mangel an Bewerbungen), ein Mangel an Ausbildungsplätzen als eine Übernachfrage (Masse von Bewerbungen) interpretiert werden.

Ein Mehr (+) oder Weniger (–) an Ausbildungsplatzangeboten seitens der Wirtschaft orientiert sich nicht nur am zukünftigen Bedarf der Betriebe, sondern unterliegt auch anderen Einflussgrößen:

- technologischer Wandel (+) (–)
- nicht passende Ausbildungsordnungen (–)
- zu hohe rechtliche Rahmenbedingungen und Anforderungen (–)
- strukturelle Veränderungen in den Betrieben (+) (–)
- zu hohe Ausbildungskosten (–)
- internationaler Wettbewerb (+) (–)
- Globalisierung wirtschaftlicher Abläufe (+) (–)
- Produktionsverlagerungen ins Ausland (–)
- regionale Strukturen (+) (–)
- Mangel an geeigneten Bewerbern (–)
- Imagesteigerung (+)
- soziale Verantwortung der Betriebe (+)
- geburtenstarke/-schwache Jahrgänge (+) (–)

Welche Einflussfaktoren bestimmen Ihrer Ansicht nach die Berufswahl junger Ausbildungsplatzsuchender?

Strukturen des Berufsbildungssystems

1. Was ist unter dem Begriff „Duales System“ in Bezug auf die betriebliche Ausbildung zu verstehen?
2. Wie entstehen Ausbildungsordnungen?
3. Welche Gesetze bilden den Rahmen für die betriebliche Ausbildung?

1. Was ist unter dem Begriff „Duales System“ in Bezug auf die betriebliche Ausbildung zu verstehen?

Im Gegensatz zum Monoausbildungssystem der Schulen (z. B. Pflegeschulen, Assistentenausbildungsgänge usw.) wird in der Wirtschaft im sogenannten „Dualen System“ ausgebildet.

Dabei ist es die primäre Aufgabe der ausbildenden Betriebe, berufliche Fertigkeiten und die dazugehörigen Kenntnisse zu vermitteln. Diese Ausbildungsgänge (die komplette Ausbildungszeit bis zum Berufsabschluss) werden durch das Berufsbildungsgesetz (BBiG) und insbesondere durch die daraus abgeleiteten Ausbildungsordnungen (erlassen i. d. R. vom Bundesministerium für Wirtschaft und Technologie) gesetzlich geregelt und gesteuert. Überwacht wird die betriebliche Ausbildung von den zuständigen Stellen in Sachen Berufsbildung (in der gewerblichen Wirtschaft z. B. von den Industrie- und Handels-, Handwerks- oder Landwirtschaftskammern). Die ausbildenden Betriebe sind aufgrund vertragsrechtlicher Bindung (Berufsausbildungsvertrag) rechtlich allein verantwortlich für die Durchführung der Ausbildung im Dualen System.

Die Berufsschulen innerhalb der berufsbildenden Schulen sind Kooperationspartner der Betriebe im Dualen System und haben primär den staatlichen Auftrag der „Erziehung zum demokratischen Staatsbürger“. Sie vermitteln berufsübergreifende Kenntnisse (Allgemeinbildung, wie z. B. Deutsch, Englisch und Politik) und sogenannte berufliche, aber fertigkeitsunabhängige Fachkenntnisse. Aufgrund der Kulturhoheit der Länder unterstehen die Berufsschulen nicht einer Bundesaufsicht, sondern unterliegen der Aufsicht der Länder (Schulgesetze/Kultusministerien). Die Ausbildung in der Berufsschule wird überwacht durch die Schulaufsichtsbehörde der einzelnen Bundesländer.

Duales System der Berufsausbildung

Berufsschule	← Lernort →	**Ausbildungsbetrieb**
	Verantwortlicher →	Ausbildender
Berufsschüler	← Lernender →	Auszubildender
Berufsschullehrer	← Lehrender →	Ausbilder
Rahmenlehrplan	← Ausbildungspläne →	Ausbildungsrahmenplan
Schulgesetz	← rechtliche Grundlage →	Berufsbildungsgesetz
Schulaufsichtsbehörde	← Kontrolle →	zuständige Stellen
Staat	← Finanzierung →	Wirtschaft

Die nachfolgende Übersicht zeigt die Eingliederung der allgemein- und berufsbildenden Schulen in das Bildungssystem. Vielfache länderspezifische Unterschiede aufgrund der Kulturhoheit der Länder können hier aus Übersichtsgründen nicht dargestellt werden.

Schulart	Klasse	möglicher Abschluss	Bemerkungen	
Hauptschule	5 bis 9	Sekundarabschluss I – Hauptschule (allgemein Hauptschulabschluss)		**Sekundarbereich I**
Hauptschule	freiwillig Klasse 10	Sekundarabschluss I – Realschule (allgemein Realschulabschluss)	Bei Erreichen eines höheren Notenprofils ist ein erweiterter Realschulabschluss möglich.	
Realschule	5 bis 10	Sekundarabschluss I – Realschule (allgemein Realschulabschluss)	Bei Erreichen eines höheren Notenprofils ist ein erweiterter Realschulabschluss möglich.	
Oberschule	5 bis 10	siehe Haupt-und Realschule		
Gymnasium	5 bis 10		Mit Versetzung in Klasse 11 des Gymnasiums erhält der Schüler automatisch den erweiterten Realschulabschluss.	
Gymnasium	11 bis 12 (13)	allgemeine Hochschulreife	Nach Klasse 11 bzw. 12 kann der Schüler mit dem „schulischen Teil der Fachhochschulreife“ abgehen.	**Sekundarbereich II**
Kollegschulen		Realschulabschluss oder gymnasialer Abschluss	nur in einzelnen Bundesländern	
Berufsschule	2 bis 3 bzw. 3,5 Jahre	Berufsschulabschluss	Haupt- oder Realschulabschluss möglich	
Fachoberschule	2 Jahre (Klasse 11 und 12)	allgemeine Fachhochschulreife	Mit einer abgeschlossenen Ausbildung kann der Schüler die Klasse 11 (Praktikumsjahr) überspringen.	
Berufsfachschule/ Berufskolleg	1 bis 2 Jahre	BFS-Abschluss (früher z. B. Handelsschule)	Anrechnung mit einem Jahr auf das erste Ausbildungsjahr (gem. Anrechnungsverordnung der einzelnen Bundesländer)	
Berufsaufbauschule	1 Jahr	Realschulabschluss (auch Fachschulreife)	wird noch selten angeboten	
Berufsvorbereitungs-/Berufseinstiegsjahr	1 Jahr	kein Abschluss	Hauptschulabschluss möglich	
Fachgymnasium	3 Jahre (Klasse 11 bis 13)	allgemeine Hochschulreife		
Fachschule	unterschiedlich (meist Abendform)	Fortbildungsabschlüsse	z. B. staatl. gepr. Techniker, staatl. gepr. Betriebswirt	
Berufsoberschule	1–2 Jahre	fachbezogene Hochschulreife		
Fachhochschulen	Regelstudienzeit	je nach Hoch- oder Fachhochschule sind folgende Abschlüsse möglich:		**Tertiärbereich**
Hochschulen/ Universitäten	Regelstudienzeit	Diplom, Magister, Master, Bachelor, Lehramt usw.		

Bemerkungen zum Sekundarbereich I:

1. Je nach Bundesland werden die 5. Klasse als Förder- oder Beobachtungsjahr oder die 5. und 6. Klasse als Orientierungsstufe angeboten.
2. Parallel zu dem o. g. dreigegliederten Schulwesen werden in den einzelnen Bundesländern auch Sonderschulen für Hochbegabte angeboten.
3. Lernschwache Kinder, Kinder mit körperlichen Schwächen oder geistiger Behinderung werden in dafür vorgesehenen Schulen unterrichtet.
4. Je nach Bundesland kann der Schüler alternativ eine kooperative oder integrierte Gesamtschule besuchen.

Aufgaben, Verantwortlichkeiten und Trägerschaften im Dualen System

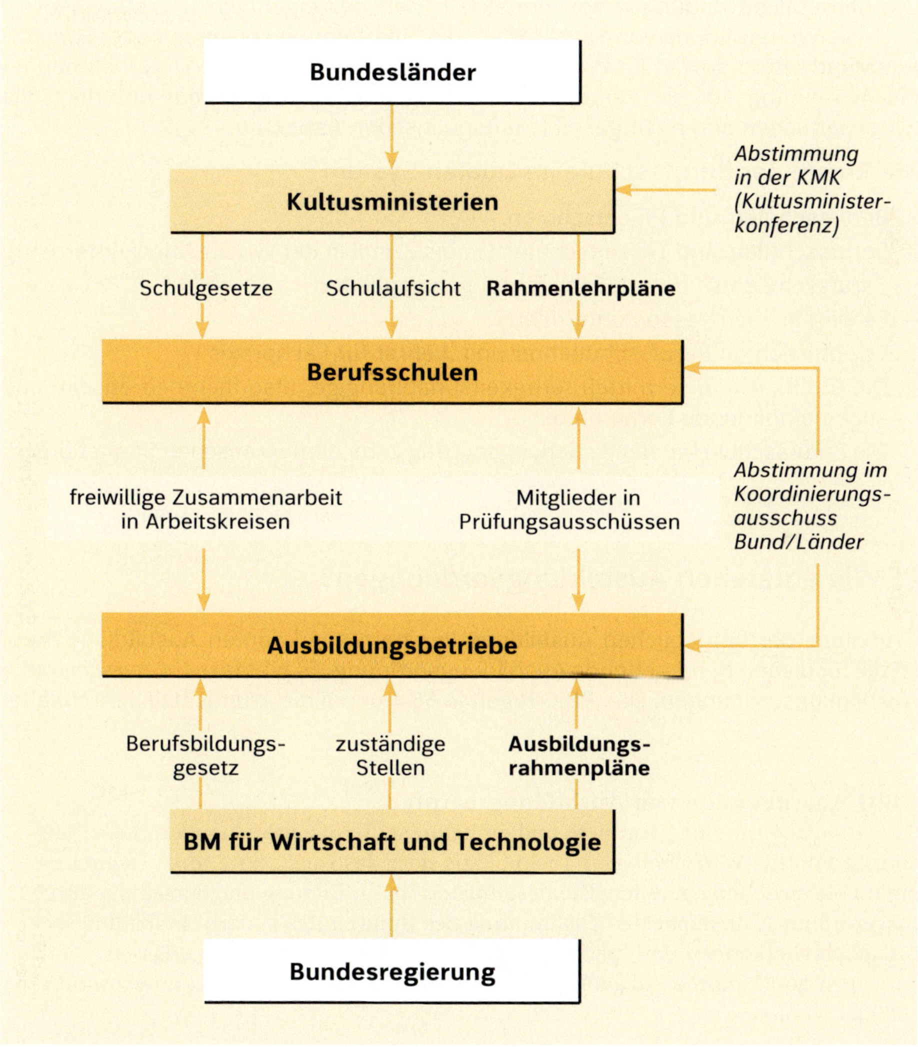

Merkmale des Ausbildungsbetriebs im Dualen System

Wie in den einzelnen Ausbildungsbetrieben die Ausbildung gestaltet wird, hängt von unterschiedlichen Rahmenbedingungen und Einflussgrößen ab:

- von der Branche
- von der Größe des Betriebes
- von den Einrichtungen und Räumlichkeiten, z. B.
  - Ausbildungswerkstätten
  - Lernecken
  - Lernbüros
  - Arbeitsplatz
- von der Organisationsstruktur im Betrieb
- von den Produktionstechniken
- vom Engagement der Ausbilder
- vom Stellenwert, den die Ausbildung an sich im Betrieb genießt
- von der Bereitschaft, in die Ausbildung zu investieren

Die betriebliche Bildungsarbeit umfasst neben der eigentlichen Erstausbildung auch die Weiterbildung von Fachkräften, die Einarbeitung von neuen oder versetzten Mitarbeitern sowie die Praktikantenbetreuung. In größeren Unternehmen ist die Ausbildung auf die Personalentwicklung abgestimmt. Primär unterliegt sie wirtschaftlichen und nicht gesellschaftspolitischen Aspekten.

Merkmale der Berufsschule im Dualen System

- Berufsschulen sind Pflichtschulen.
- Berufsschulen sind Teilzeitschulen (1- bis 2-mal in der Woche/Blockunterricht).
- Berufsschulen sind nach Fachrichtungen gegliedert.
- Es wird in Fachklassen unterrichtet.
- Es unterrichten Berufsschullehrer und ‚Lehrer für Fachpraxis'.
- Die Berufsschule vermittelt fertigkeitsunabhängige, also fachtheoretische und allgemeinbildende Lerninhalte.
- Die Berufsschule hat den Erziehungsauftrag zum ‚demokratischen Staatsbürger'.

2. Wie entstehen Ausbildungsordnungen?

Grundlage der betrieblichen Ausbildung in einem anerkannten Ausbildungsberuf ist die für diesen Beruf geltende Ausbildungsordnung. Es gibt fast 400 verschiedene Ausbildungsordnungen. Das BBiG regelt in §§ 4 und 5 die grundsätzlichen Inhalte:

§ 4 BBiG Anerkennung von Ausbildungsberufen
(1) Als Grundlage für eine geordnete und einheitliche Berufsausbildung kann das Bundesministerium für Wirtschaft und Technologie oder das sonst zuständige Fachministerium im Einvernehmen mit dem Bundesministerium für Bildung und Forschung durch Rechtsverordnung, die nicht der Zustimmung des Bundesrates bedarf, Ausbildungsberufe staatlich anerkennen und hierfür Ausbildungsordnungen nach § 5 erlassen.
(2) Für einen anerkannten Ausbildungsberuf darf nur nach der Ausbildungsordnung ausgebildet werden.

§ 5 BBiG Ausbildungsordnung

(1) Die Ausbildungsordnung hat festzulegen

1. die Bezeichnung des Ausbildungsberufes, der anerkannt wird,
2. die Ausbildungsdauer; sie soll nicht mehr als drei und nicht weniger als zwei Jahre betragen,
3. die beruflichen Fertigkeiten, Kenntnisse und Fähigkeiten, die mindestens Gegenstand der Berufsausbildung sind (Ausbildungsberufsbild),
4. eine Anleitung zur sachlichen und zeitlichen Gliederung der Vermittlung der beruflichen Fertigkeiten, Kenntnisse und Fähigkeiten (Ausbildungsrahmenplan),
5. die Prüfungsanforderungen.

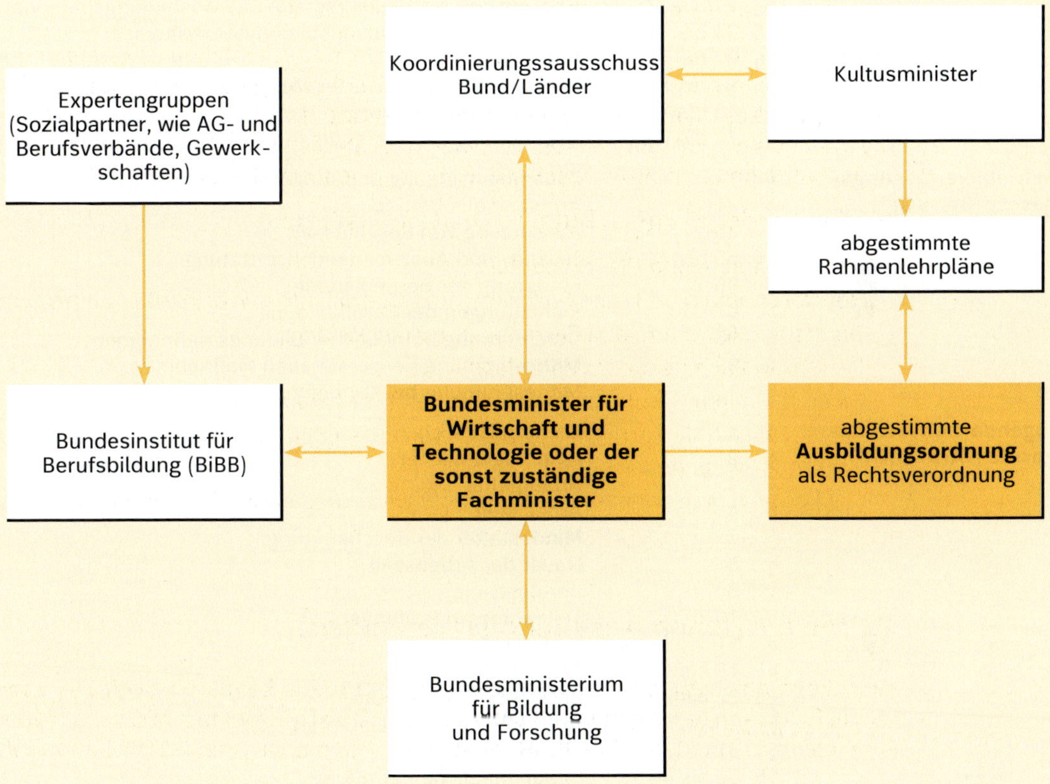

3. Welche wichtigen Gesetze bilden den Rahmen für die betriebliche Ausbildung?

In der folgenden Tabelle sind die wichtigsten Gesetze mit den entsprechenden Paragrafen zusammengestellt:

Gesetz	Paragrafen	Inhalt
Berufsbildungsgesetz (BBiG)[1]	§§ 1 bis 3	Allgemeine Vorschriften
	§§ 4 bis 9	Ordnung der Berufsausbildung
	§§ 10 bis 12	Begründen des Ausbildungsverhältnisses
	§ 13	Pflichten der Auszubildenden
	§§ 14 bis 16	Pflichten des Ausbildenden
	§§ 17 bis 19	Vergütung
	§§ 20 bis 23	Beginn und Beendigung des Ausbildungsverhältnisses
	§§ 24 bis 26	Sonstige Vorschriften
	§§ 27 bis 33	Eignung von Ausbildungsstätte und Ausbildungspersonal
	§§ 34 bis 36	Verzeichnis der Berufsausbildungsverhältnisse
	§§ 37 bis 50	Prüfungswesen
	§§ 64 bis 67	Berufsbildung behinderter Menschen
	§§ 68 bis 70	Berufsausbildungsvorbereitung
	§§ 71 bis 75	Bestimmung der zuständigen Stelle
Betriebsverfassungsgesetz (BetrVG)[1]	§§ 1 bis 13	Zusammensetzung und Aufgabe des Betriebsrats
	§ 21	Amtszeit des Betriebsrats
	§ 35	Aussetzung von Beschlüssen
	§§ 60 bis 71	Jugend- und Auszubildendenvertretung
	§ 96	Förderung der Berufsbildung
	§ 97	Einrichtungen der Berufsbildung
	§ 98	Durchführung betrieblicher Bildungsmaßnahmen
	§ 99	Mitbestimmung bei personellen Maßnahmen
	§ 102	Mitbestimmung bei Kündigungen
Jugendarbeitsschutzgesetz (JArbSchG)[1]	§ 1	Geltungsbereich
	§ 2	Kind, Jugendlicher
	§ 3	Arbeitgeber
	§ 4	Arbeitszeit
	§ 7	Mindestalter der Beschäftigung
	§ 8	Dauer der Arbeitszeit
	§ 9	Berufsschule
	§ 10	Teilnahme an Prüfungen
	§ 11	Ruhepausen
	§§ 13 bis 17	Arbeitszeiten
	§§ 22 bis 27	Beschäftigungsverbote
	§ 29	Unterweisung über Gefahren
	§ 31	Züchtigungsverbot
	§§ 32 bis 46	Gesundheitliche Betreuung
Mutterschutzgesetz (MuSchG)[1]	§ 2	Gestaltung des Arbeitsplatzes
	§ 3	Beschäftigungsverbote für werdende Mütter
	§ 4	Weitere Beschäftigungsverbote
	§ 5	Mitteilungspflicht
	§ 6	Beschäftigungsverbote nach der Entbindung
	§ 7	Stillzeit
	§ 8	Mehrarbeit, Nacht- und Sonntagsarbeit
	§ 9	Kündigungsverbot

[1] *siehe auch Anhang*

Planung des betrieblichen Ausbildungsbedarfs

1

Wie kann der betriebliche Ausbildungsbedarf ermittelt werden?

Im Rahmen der Personalentwicklung ist es Aufgabe eines Ausbilders, den Ausbildungsbedarf mittel- und langfristig zu ermitteln, d. h. quantitativ (Anzahl der benötigten Auszubildenden) und qualitativ (Anforderungen an die Bewerber) festzulegen. Aufgrund der Schnelllebigkeit der Wirtschafts- und Arbeitswelt ist es jedoch ein schwieriges Unterfangen, wenn man den Ausbildungsbedarf exakt bestimmen will, da er von vielen Faktoren beeinflusst wird:

- Größe des Unternehmens und dessen Ausbildungsbereitschaft
- Art und Organisation des Unternehmens
- struktureller Wandel in den Unternehmen
- Altersstruktur und natürliche Fluktuation der Belegschaft
- demografische Entwicklung
- Veränderung von Technologien und Absatzmärkten
- Kostenaufwand der Ausbildung
- gesetzliche und tarifliche Bedingungen (z. B. Übernahmeverpflichtungen)
- Veränderung der Anforderungen an Berufsbilder (Neuordnungen)
- Attraktivität und Nachfrage nach Ausbildungsplätzen
- Bildungsstand der Ausbildungsplatzbewerber
- Investitionsbereitschaft der Unternehmen in die Ausbildung
- Abwanderung von ausgebildeten Fachkräften

Eine weitere Schwierigkeit ergibt sich aus der Tatsache, dass zwischen der Entscheidung Auszubildende einzustellen und der Nutzung des Ausgebildeten als ausgebildete Fachkraft bis zu fünf Jahren liegen können; eine exakte Prognose über diesen langen Zeitraum zu erstellen ist also fast unmöglich. Deswegen haben sich auch viele Unternehmen dazu entschlossen, über den eigentlichen Bedarf hinaus auszubilden.

Ausbildungsberufe auswählen

1. Warum muss sich der Ausbilder mit neuen Berufen auseinandersetzen?
2. Wie sind Ausbildungsberufe strukturiert?

1. Warum muss sich der Ausbilder mit neuen Berufen auseinandersetzen?

Entsprechend der Empfehlungen des Rahmenplans zur AEVO sollten Ausbilder aus der Vielzahl von Ausbildungsberufen den für den Betrieb passenden auswählen können. Sie sollen Ausbildungsordnungen kennen und zugrunde legen und darüber hinaus die betrieblichen Belange wie Personalplanung und -entwicklung berücksichtigen. Hierzu ist es erforderlich, dass der Ausbilder sich ein breites Wissen über die Berufsbildung verschafft. Durch den allseits festzustellenden Wandel in Gesellschaft, Wirtschaft und Politik verändern sich auch die Berufe. Immer schneller müssen neue Berufe geschaffen werden, alte Berufe wiederum erfahren neue Inhalte. Auch die Ziele des einzelnen Unternehmens unterliegen einem Wandel. Wenn in der Vergangenheit Unternehmensziele, die langfristige Planungen enthielten, relativ dauerhaft und u. U. sogar starr waren, so ist heute festzustellen, dass betriebliche Ziele beweglich sind und stetig angepasst werden müssen. Planung war nie eine einmalige Angelegenheit. Heute aber ist sie zu einer Daueraufgabe mit rascher Änderungsfolge geworden. Dies gilt besonders auch für die Personalplanung und -entwicklung, unabhängig davon, ob es sich um kurz-, mittel- oder langfristige Planungen handelt.
In der Planung der Ausbildung, die Teil der Personalentwicklung ist, schlägt sich dieser rasche Wandel ebenfalls nieder. Sie muss als langfristige Planung angesehen werden, da heutige Auszubildende voraussichtlich auch in 40 Jahren noch Arbeitnehmer sein werden.
Der Ausbilder muss verantwortungsbewusst für den jungen Menschen und für sein Unternehmen aus rund 400 Ausbildungsberufen diejenigen auswählen, die für den Betrieb und für die Menschen optimale Chancen eröffnen.
Kenntnisse über die Gliederung und den Inhalt der Berufe, Kenntnisse über Ausbildungsordnungen, über Ausbildungsdauer sowie Kenntnisse über neue Berufe und neue Entwicklungen in der Berufsbildung sind für ihn unerlässlich. Daneben ist der Ausbilder auch mitverantwortlich für die Qualifikation und die Qualifizierung der ausbildenden Fachkräfte.

2. Wie sind Ausbildungsberufe strukturiert?

Anerkannte Ausbildungsberufe können strukturell in
- Monoberufe,
- Monoberufe mit Spezialisierung nach Schwerpunkten oder Fachrichtungen und in
- Stufenausbildungsberufe

unterteilt werden.

Monoberufe
Die Ausbildung in einem Monoberuf kennt keine Differenzierung. Es wird nach einem einheitlichen Berufsbild und nach einem einheitlichen Ausbildungsrahmenplan ausgebildet. Die Ausbildung beginnt mit einer breit angelegten Grundbildung (1. Ausbildungsjahr), der die Fachbildung folgt. Für alle Auszubildenden sind die Prüfungsanforderungen der Zwischen- und Abschlussprüfung gleich. Nach Ablegen der Abschlussprüfung erhalten alle den gleichen Berufsabschluss. Um einen typischen Monoberuf handelt es sich z. B. bei der Ausbildung zum Industriekaufmann oder zum Koch.

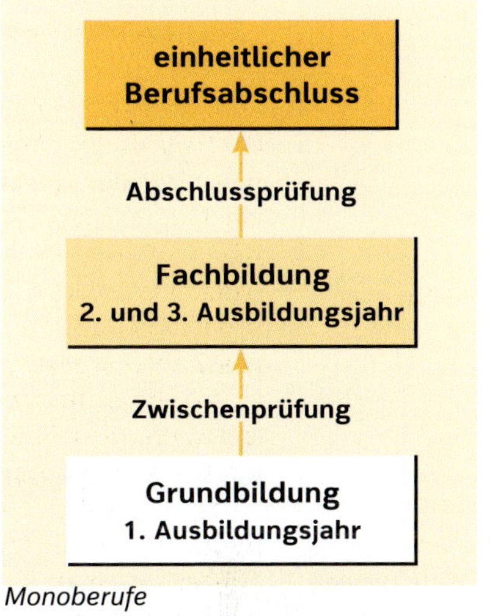

Monoberufe

Monoberufe mit Spezialisierung
Die Anforderungen innerhalb eines Berufes an die Arbeitnehmer sind von Betrieb zu Betrieb und von Branche zu Branche oft recht unterschiedlich. Daher ist häufig eine Spezialisierung notwendig. Die Spezialisierung kann nach beruflichen Schwerpunkten oder nach Fachrichtungen erfolgen. Die Spezialisierung findet innerhalb der Fachbildung statt, die Grundbildung bleibt einheitlich. Ebenfalls wird weiter nach einem einheitlichen Berufsbild ausgebildet, in dem aber die Besonderheiten nach Schwerpunkten oder nach Fachrichtungen ausgewiesen sind.
Wird eine Spezialisierung nach Schwerpunkten vorgenommen, so handelt es sich um einen ‚Monoberuf mit einer Spezialisierung nach Schwerpunkten'. Die Ausbildung führt zu einem einheitlichen Berufsabschluss ohne Differenzierung in einem Ausbildungsberuf, z. B. in der Verkäuferausbildung (Schwerpunkt: Warenkunde) oder beim Groß- und Außenhandelskaufmann (Schwerpunkt: Großhandel oder Außenhandel).

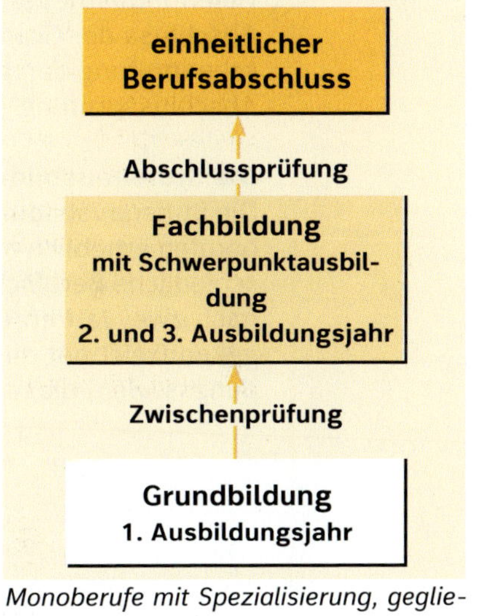

Monoberufe mit Spezialisierung, gegliedert nach Schwerpunkten

Erfolgt dagegen die Ausbildung in einem Monoberuf mit Spezialisierung nach Fachrichtungen (siehe Grafik S. 24), so handelt es sich um einen ‚Monoberuf mit Spezialisierung nach Fachrichtungen'. Diese Berufsausbildung führt zu verschiedenen Berufsabschlüssen (z. B. Verfahrensmechaniker, Fachrichtung Kunststoff/Kautschuk).

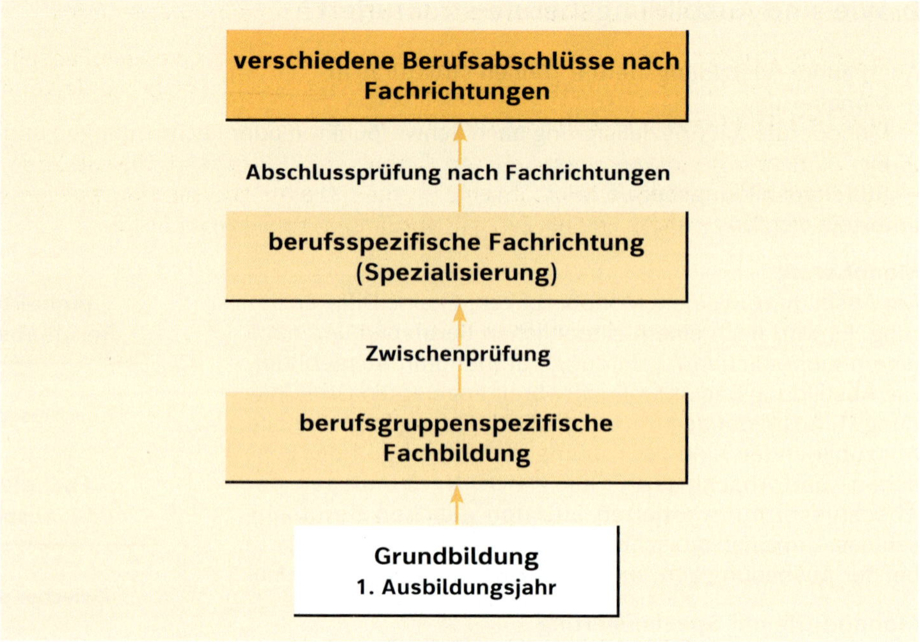

Monoberufe mit Spezialisierung, gegliedert nach Fachrichtungen

Bitte Hinweis beachten!

Insbesondere bei den sogenannten „Monoberufen mit Spezialisierung" (z. B. bei vielen industriellen, gewerblichen Ausbildungsgängen) wird nach oder kurz vor Abschluss der Grundbildung eine „Erste Teilabschlussprüfung" anstatt einer Zwischenprüfung durchgeführt (siehe auch Seite 131, § 44 BBiG), auch als „Gestreckte Abschlussprüfung" bezeichnet.

Die Stufenausbildung

Die Stufenausbildung weicht von der bisher dargestellten Ausbildung in den Monoberufen erheblich ab. Mit der Stufenausbildung will man jungen Menschen unterschiedliche Berufschancen eröffnen, indem man ihnen die Möglichkeit gibt, bereits nach zwei Jahren einen Berufsabschluss zu erhalten. Die Stufenausbildung ist gekennzeichnet durch eine gemeinsame Grundbildung und durch zwei Fachbildungsstufen, die nacheinander durchlaufen werden.

Die Ausbildungsordnung der **Bauberufe** z. B. teilt die Berufe in zwei Stufen:

1. Nach der Grundbildung mündet die Berufsbildung in eine allgemeine Fachbildung, die mit einem Berufsabschluss beendet wird. Der Auszubildende kann jetzt bereits aus dem Ausbildungsprozess ausscheiden.
2. Die Ausbildung wird mit einer weiteren Fachbildung fortgesetzt, die wiederum mit einem höherwertigen Berufsabschluss endet. Die Abschlussprüfung der ersten Stufe gilt in diesem Fall als Zwischenprüfung für die zweite Stufe.

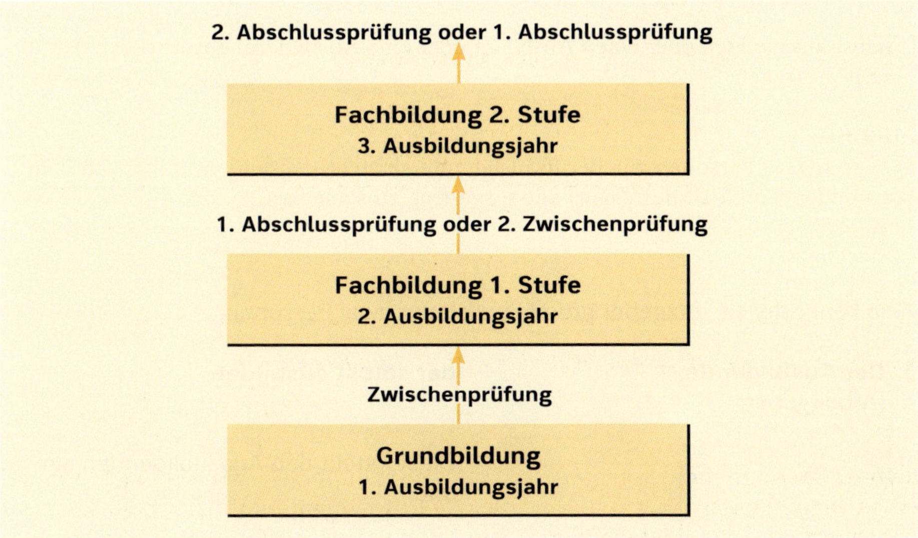

Beschreiben Sie die unterschiedlichen Spezialisierungen bei Monoberufen und grenzen Sie diese von den Stufenausbildungsberufen ab.

Beteiligte und Mitwirkende an der Ausbildung

1. Wer sind die zentralen Personen innerhalb der betrieblichen Ausbildung?
2. Welche rechtlichen und pädagogischen Anforderungen werden an den Ausbilder gestellt?
3. Welche Personen sind an der Ausbildung beteiligt bzw. wirken mit?
4. Welche weiteren Personen wirken im Ausbildungsbetrieb mit?
5. Welche weiteren Personen wirken außerhalb des Ausbildungsbetriebes mit?

1. Wer sind die zentralen Personen innerhalb der betrieblichen Ausbildung?

Hier hilft wieder das BBiG:

§ 14 BBiG
Ausbildende haben
(1) [...]
2. selbst auszubilden oder einen Ausbilder oder eine Ausbilderin ausdrücklich damit zu beauftragen.

§ 10 BBiG
(1) Wer andere Personen zur Berufsausbildung einstellt (Ausbildende), hat mit dem Auszubildenden einen Berufsausbildungsvertrag zu schließen.

Also kennt der Gesetzgeber grundsätzlich nur zwei Personen:

1. **Der Ausbildende,** (Arbeitgeber) — **der selbst ausbildet.**
   → Dieser stellt den Auszubildenden ein und
   → ist verantwortlich für die Durchführung der Ausbildung.
2. **Der Auszubildende,** — **der ausgebildet wird.**

Sollte der Ausbildende nicht selbst ausbilden, weil er z. B. eine juristische Person ist oder weil er fachlich nicht selbst ausbilden kann oder will, erweitert sich der Personenkreis auf drei Personen:

1. **Der Ausbildende,** (Arbeitgeber) — **der nicht selbst ausbildet.**
   → Dieser stellt den Auszubildenden ein.
2. **Der Ausbilder,** (Arbeitnehmer) — **der ausbildet.**
   → Dieser ist verantwortlich für die Durchführung der Ausbildung.
3. **Der Auszubildende,** — **der ausgebildet wird.**

2. Welche rechtlichen und pädagogischen Anforderungen werden an den Ausbilder gestellt?

Grundlage der rechtlich definierten Eignung des Ausbildenden und des Ausbilders sind die §§ 28 bis 30 des BBiG:

§ 28 BBiG Eignung von Ausbildenden und Ausbildern oder Ausbilderinnen
(1) Auszubildende darf nur einstellen, wer persönlich geeignet ist. Auszubildende darf nur ausbilden, wer persönlich und fachlich geeignet ist.
(2) Wer fachlich nicht geeignet ist oder wer nicht selbst ausbildet, darf Auszubildende nur dann einstellen, wenn er persönlich und fachlich geeignete Ausbilder oder Ausbilderinnen bestellt, die die Ausbildungsinhalte in der Ausbildungsstätte unmittelbar, verantwortlich und in wesentlichem Umfang vermitteln.
(3) Unter der Verantwortung des Ausbilders oder der Ausbilderin kann bei der Berufsausbildung mitwirken, wer selbst nicht Ausbilder oder Ausbilderin ist, aber abweichend von den besonderen Voraussetzungen des § 30 die für die Vermittlung von Ausbildungsinhalten erforderlichen beruflichen Fertigkeiten, Kenntnisse und Fähigkeiten besitzt und persönlich geeignet ist.

§ 29 BBiG Persönliche Eignung
Persönlich nicht geeignet ist insbesondere, wer
1. Kinder und Jugendliche nicht beschäftigen darf oder
2. wiederholt oder schwer gegen dieses Gesetz oder die aufgrund dieses Gesetzes erlassenen Vorschriften und Bestimmungen verstoßen hat.

§ 30 BBiG Fachliche Eignung
(1) Fachlich geeignet ist, wer die beruflichen sowie die berufs- und arbeitspädagogischen Fertigkeiten, Kenntnisse und Fähigkeiten besitzt, die für die Vermittlung der Ausbildungsinhalte erforderlich sind.
(2) Die erforderlichen beruflichen Fertigkeiten, Kenntnisse und Fähigkeiten besitzt, wer
1. die Abschlussprüfung in einer dem Ausbildungsberuf entsprechenden Fachrichtung bestanden hat,
2. eine anerkannte Prüfung an einer Ausbildungsstätte oder vor einer Prüfungsbehörde oder eine Abschlussprüfung an einer staatlichen oder staatlich anerkannten Schule in einer dem Ausbildungsberuf entsprechenden Fachrichtung bestanden hat oder
3. eine Abschlussprüfung an einer deutschen Hochschule in einer dem Ausbildungsberuf entsprechenden Fachrichtung bestanden hat,

und eine angemessene Zeit in seinem Beruf praktisch tätig gewesen ist.
[...]
(5) Das Bundesministerium für Bildung und Forschung kann nach Anhörung des Hauptausschusses des Bundesinstituts für Berufsbildung durch Rechtsverordnung, die nicht der Zustimmung des Bundesrates bedarf, bestimmen, dass der Erwerb berufs- und arbeitspädagogischer Fertigkeiten, Kenntnisse und Fähigkeiten gesondert nachzuweisen ist. Dabei können Inhalt, Umfang und Abschluss der Maßnahmen für den Nachweis geregelt werden.

Wer Kinder und Jugendliche nicht beschäftigen darf, also persönlich nicht geeignet ist, ist insbesondere in § 25 (Verbot der Beschäftigung durch bestimmte Personen) des Jugendarbeitsschutzgesetzes geregelt.

Funktionen und Rollen des Ausbilders

Die Funktionen und Rollen des Ausbilders sind sehr vielfältig. Zusammenfassend lässt sich sein Wirken als **‚coachen'** bezeichnen:

Fachmann	→	besitzt *Fachkenntnisse* in dem Beruf, den er ausbilden will und kann auf einen Erfahrungsschatz zurückgreifen
Lehrender	→	vermittelt mit Methodenkompetenz und rhetorischem Geschick Fertigkeiten und Kenntnisse, bildet also aus *(Fachkompetenz)*
Erzieher	→	fördert persönliche und soziale Fähigkeiten, entwickelt Einstellungen und Wertvorstellungen, erzieht also *(Sozial- und Methodenkompetenz)*
Vorbild	→	lebt die *Ideale* im Arbeitsalltag vor
Vorgesetzter	→	ist *weisungsberechtigter* Partner
Bezugsperson	→	ist *Ansprechpartner* und erfüllt die ihm vom Ausbildenden übertragene *Fürsorgepflicht*
Personalentwickler	→	ist Partner in der *Personalentwicklung*, hilft bei der Erfassung des quantitativen und qualitativen *Nachwuchsbedarfs*
Anwalt der Ausbildung	→	verdeutlicht die Wichtigkeit der Ausbildung im Betrieb, *setzt sich für die Ausbildung ein*
Arbeitnehmer	→	erfüllt die vom Betrieb gesetzten unternehmerischen Ziele, ist selbst *Weisungsempfänger*

Persönlichkeitsmerkmale eines Ausbilders

Die Tabelle zeigt Schlüsselqualifikationen, die ein Ausbilder mitbringen sollte. Ordnen Sie erstens die Einzelqualifikationen den Kompetenzbereichen zu und bewerten Sie, wie hoch sie jeweils beim Ausbilder ausgeprägt sein sollten.

Schlüsselqualifikationen	Sozial-kompetenz	Methoden-kompetenz	niedrig	mittel	hoch
Die Fähigkeit ...					
... zu kommunizieren					
... im Team zu arbeiten					
... mit anderen zu kooperieren					
... Verantwortung für andere zu übernehmen					
... sich selbst weiterzubilden					
... Verantwortung für sich selbst zu tragen					
... Kritik zu ertragen und zu üben					
... Grenzen des eigenen Könnens zu erkennen					
... Eigeninitiative zu ergreifen					
... gerecht zu urteilen					
... selbstständig zu handeln					
... planvoll und systematisch vorzugehen					
... Selbstbewusstsein zu entwickeln					
... anderen zu helfen					
... Ordnung und Sauberkeit zu halten					
... arbeitssicher zu handeln					
... Menschenkenntnis zu entwickeln					
... Einfühlungsvermögen zu zeigen					
... freundlich und ausgeglichen zu reagieren					
... Toleranz zu üben					
... zielstrebig vorzugehen					
... anschaulich und verständlich zu erklären					
... ruhig und besonnen zu handeln					

3. Welche Personen sind an der Ausbildung beteiligt bzw. wirken mit?

Die Tabelle gibt einen Überblick über rechtlich definierte sowie sonstige Personen (firmeninterne Bezeichnungen, Bezeichnungen nach Art der Tätigkeit oder Mitglieder in freiwilligen Arbeitsgemeinschaften):

Ausbildungsbetrieb	Berufsschule	außerbetriebliche Ausbildungsstätte	Institutionen	Ausschüsse
rechtlich definierte Personen				
Ausbildender	Schulleiter	Fachleiter	Ausbildungsberater[1]	Berufsbildungsausschuss[1]
Ausbilder	Berufsschullehrer	Ausbilder	Berufsberater[2]	Prüfungsausschuss[1] Schlichtungsausschuss[1]
Fachkräfte	Lehrer für Fachpraxis		Ausbildungsplatzvermittler[2]	
Betriebsrat				
JAV				
sonstige Personen				
hauptamtliche Ausbilder	Arbeitskreis Schule/Betrieb	Sozialpädagoge	Prüfungssachbearbeiter[1]	Ausbilderarbeitskreis
nebenamtliche Ausbilder				Ausbildungsleitertreffen
Ausbildungsleiter				
Meister				
Ausbildungsbeauftragte				
Ausbilder vor Ort				

[1] *zuständige Stelle*
[2] *Bundesagentur für Arbeit*

4. Welche weiteren Personen wirken im Ausbildungsbetrieb mit?

Wie bereits dargestellt, ist der **Ausbildende** immer der Vertragspartner des Auszubildenden. Außer in Kleinbetrieben bildet der Ausbildende in den meisten Betrieben nicht selbst aus (z. B. bei juristischen Personen oder weil er fachlich nicht ausbilden kann bzw. will), sondern beauftragt einen Ausbilder, der als Verantwortlicher für die Durchführung der Ausbildung der zuständigen Stelle gemeldet ist. Der Ausbildende ist immer der Arbeitgeber des Betriebs, der Ausbilder Arbeitnehmer im Betrieb.

In den meisten Betrieben üben verantwortliche Ausbilder i. d. R. die Funktion eines nebenamtlichen Ausbilders aus. Nur größere Unternehmen beschäftigen insbesondere in der gewerblichen Ausbildung, z. B. in Ausbildungswerkstätten, hauptamtliche Ausbilder. Die nebenamtlichen Ausbilder planen, steuern und kontrollieren die betriebliche Ausbildung und tragen hierfür die Verantwortung gegenüber dem Ausbildenden. Die methodische Vermittlung der Ausbildungsinhalte übernehmen die **Fachkräfte** vor Ort in den Betriebsabteilungen. Es liegt in der Verantwortung des Ausbildenden, geeignete Fachkräfte auszuwählen und auf ihre pädagogische Aufgabe vorzubereiten. In manchen Betrieben werden zusätzlich Fachkräfte zu Ausbildungsverantwortlichen in den Abteilungen (Ausbildungsbeauftragte) benannt. Eine genaue rechtliche Definition durch das BBiG, wer im Betrieb als Fachkraft bezeichnet werden kann, gibt es jedoch nicht. Das BBiG sagt hierzu lediglich, dass die Anzahl der Fachkräfte in einem angemessenen Verhältnis zur Anzahl der Auszubildenden stehen muss.

Die Aufgaben und die Mitwirkung des **Betriebsrates** sind im Betriebsverfassungsgesetz geregelt (siehe auch Handlungsfeld 2).

Die Aufgaben und die Mitwirkung der **Jugend- und Auszubildendenvertretung (JAV)** sind ebenfalls im Betriebsverfassungsgesetz geregelt (siehe auch Handlungsfeld 2).

Im Sinne einer qualifizierten betrieblichen Ausbildung ist eine Abstimmung zwischen den einzelnen Personen, die an der Ausbildung beteiligt sind, unbedingt notwendig. Für diese Abstimmung ist der Ausbilder verantwortlich. Erarbeiten Sie erstens die Gründe für eine innerbetriebliche Ausbildungsabstimmung und klären Sie zweitens die Frage, in welcher Form sie erfolgen sollte.

5. Welche weiteren Personen wirken außerhalb des Ausbildungsbetriebs mit?

Hier vermitteln insbesondere die **Berufsschullehrer** sogenannte fertigkeitsunabhängige Fächer (z. B. Wirtschaftskunde, Betriebswirtschaftslehre, Werkstoffkunde) und Allgemeinbildung (z. B. Deutsch, Politik, Religion).

Lehrer für Fachpraxis unterrichten fachpraktische Fächer (Werkstoffbearbeitung, Textverarbeitung, PC-Fertigkeiten) in Werkstätten und Laboren der berufsbildenden Schulen.

Berufsberater der Bundesagentur für Arbeit beraten insbesondere Schulabgänger bei der Berufswahlentscheidung. Da die Berufsberater nicht nur in Richtung Berufsausbildung im Betrieb, sondern auch in Richtung schulische oder staatliche Ausbildungsgänge sowie Studiengänge beraten, sind sie nicht die unmittelbaren Ansprechpartner für die Betriebe selbst. Dies sind die **Ausbildungsplatzvermittler**, die – basierend auf der gemeldeten Zahl der Ausbildungsplätze – das koordinierende Bindeglied zwischen Berufsberatern, Ausbildungsplatzsuchenden und ausbildenden Betrieben verkörpern.

Abhängig von der Anzahl der zu vertretenden Betriebe und Unternehmen sind die wichtigsten **zuständigen Stellen** die Industrie- und Handelskammern (IHK), die Landwirtschaftskammern (LWK) und die Handwerkskammern (HWK). Sie sind in den einzelnen Bundesländern regional im Bereich der Bezirksregierungen oder Landratsämter organisiert. Für alle Betriebe ist die Mitgliedschaft Pflicht. Für die Ausbildungsgänge im öffentlichen Dienst hingegen sind z. B. die Bezirksregierungen oder die Kirchenorganisationen zuständige Stellen.

Zur Überwachung der betrieblichen Ausbildung und Beratung der Ausbildenden, Ausbilder und Auszubildenden bestellen die zuständigen Stellen **Ausbildungsberater** und richten Berufsbildungs-, Prüfungs- und eventuell auch Schlichtungsausschüsse ein. Der Ausbildungsberater übt seine Tätigkeit auf der Grundlage des § 76 BBiG aus. In größeren Kammerbezirken werden die Aufgaben des Ausbildungsberaters auf mehrere Sachbearbeiter verteilt. Generell hat der Ausbildungsberater folgende Funktionen:

Beratung der Ausbildenden und Ausbilder

- Art und Einrichtung der Ausbildungsstätte
- Ausbildungsmöglichkeiten
- persönliche und fachliche Eignung
- Ausbildungsordnungen
- Rechte und Pflichten im Ausbildungsverhältnis

Beratung der Auszubildenden

- Abkürzung und Verlängerung von Ausbildungszeiten
- vorzeitige Zulassung zur Abschlussprüfung
- Rechte und Pflichten im Ausbildungsverhältnis
- Fortbildungs- und Fördermöglichkeiten

Überwachung der Ausbildung

- Eignungsanforderungen
- Durchführung der Ausbildung bzw. des Ausbildungsplans
- rechtliche Schutzbestimmungen (JArbSchG usw.)

Art der Überwachung und Beratung

- Durchführung von Informationsveranstaltungen
- regelmäßiger Besuch der Ausbildungsstätten
- Sprechstunden
- Einzelberatung

Das wichtigste Gremium einer zuständigen Stelle ist der sogenannte **Berufsbildungsausschuss**. Nach Maßgabe des BBiG hat die zuständige Stelle Satzungen und Rechtsvorschriften zu erlassen. Die wichtigsten Rechtsvorschriften sind die Prüfungsordnungen zur Ablegung von Zwischen- und Abschlussprüfungen in der Erstausbildung und Fortbildung. Diese Rechtsvorschriften werden vom Berufsbildungsausschuss beschlossen, der sich aus sechs Arbeitgeber-, sechs Arbeitnehmer- sowie sechs Lehrervertretern berufsbildender Schulen (letztere ohne Stimmrecht) zusammensetzt.

Der **Schlichtungsausschuss** einer zuständigen Stelle schlichtet Rechtsstreitigkeiten zwischen Ausbildenden und Auszubildenden. Eine Schlichtungsverhandlung ist einer arbeitsgerichtlichen Auseinandersetzung immer vorgeschaltet.

Prüfungsausschüsse werden eingerichtet zur Abnahme von Zwischen- und Abschlussprüfungen im Rahmen der Berufsbildung. Die Zusammensetzung und die Aufgaben von Prüfungsausschüssen werden im Handlungsfeld 4 näher erläutert.

Eignung der Ausbildungsstätte

1. Welche Eignungsvoraussetzungen müssen der Ausbildende und Ausbilder mindestens besitzen?
2. Inwiefern muss ein Betrieb geeignet sein, um ausbilden zu können?
3. Kann ein Betrieb trotz bestehender Mängel ausbilden?
4. Welche betrieblichen Lernorte gibt es?

1. Welche Eignungsvoraussetzungen müssen der Ausbildende und Ausbilder mindestens besitzen?

BBiG und AEVO verlangen bestimmte Eignungsvoraussetzungen vom Ausbildenden, Ausbilder und der Ausbildungsstätte.

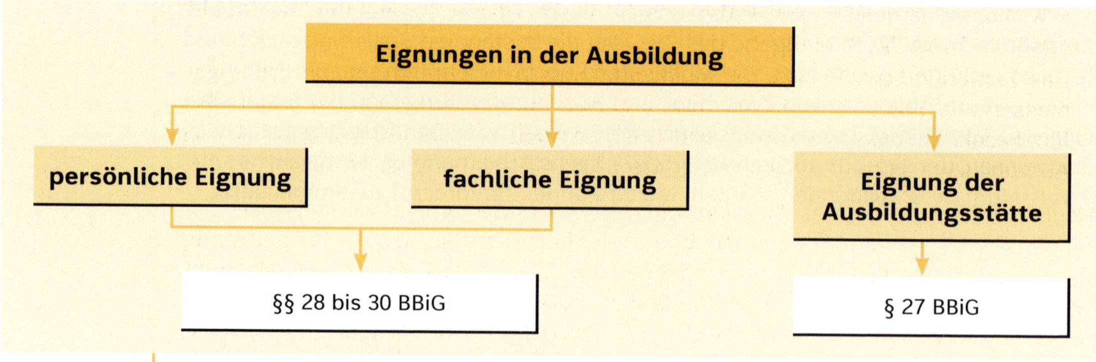

Ein Ausbildender, der nicht ausbildet, muss zumindest die persönliche Eignung besitzen. Ein Ausbilder muss sowohl persönlich als auch fachlich geeignet sein. Zur fachlichen Eignung ist in der Regel notwendig:

- Berufsabschluss in dem Beruf, in dem ausgebildet werden soll, oder in einem artverwandten Beruf
- berufs- und arbeitspädagogische Fähigkeiten
- angemessene Berufserfahrung

Über die gesetzlichen Anforderungen hinaus sollte ein Ausbilder besondere pädagogische Eigenschaften besitzen. Welche sollte der ideale Ausbilder mitbringen?

2. Inwiefern muss ein Betrieb geeignet sein, um ausbilden zu können?

§ 27 BBiG Eignung der Ausbildungsstätte

(1) Auszubildende dürfen nur eingestellt und ausgebildet werden, wenn

1. die Ausbildungsstätte nach Art und Einrichtung für die Berufsausbildung geeignet ist und
2. die Zahl der Auszubildenden in einem angemessenen Verhältnis zur Zahl der Ausbildungsplätze oder zur Zahl der beschäftigten Fachkräfte steht, es sei denn, dass anderenfalls die Berufsausbildung nicht gefährdet wird.

(2) Eine Ausbildungsstätte, in der die erforderlichen beruflichen Fertigkeiten, Kenntnisse und Fähigkeiten nicht im vollen Umfang vermittelt werden können, gilt als geeignet, wenn diese durch Ausbildungsmaßnahmen außerhalb der Ausbildungsstätte vermittelt werden.

Zu diesen allgemeinen gesetzlichen Regeln hat der ehemalige Bundesausschuss für Berufsbildung eine Empfehlung herausgegeben, die das Gesetz konkretisiert. Die Berufsbildungsausschüsse der zuständigen Stellen haben die Empfehlung in das Satzungsrecht der Kammern übernommen.

Die wesentlichen Inhalte dieser Empfehlung sind:

- Für jeden Beruf, in dem ausgebildet werden soll, muss die **Ausbildungsordnung** vorliegen.
- Der Ausbildungsbetrieb hat eine **Übersicht (betrieblicher Ausbildungsplan)** zu führen, aus der die systematische Ausbildung hervorgeht.

- **Art und Umfang der Produktion** und/oder der Dienstleistung müssen für die Ausbildung geeignet sein.
- Das **Zahlenverhältnis** zwischen Auszubildenden und den Fachkräften soll angemessen sein. So kommen auf ein bis zwei Fachkräfte ein Auszubildender, auf drei bis fünf Fachkräfte bis zu zwei Auszubildende, auf sechs bis acht Fachkräfte bis zu drei Auszubildende und auf jeweils weitere drei Fachkräfte je ein weiterer Auszubildender.

Als Fachkräfte gelten der Ausbildende, der Ausbilder und alle Mitarbeiter mit einem entsprechenden Berufsabschluss in der Fachrichtung sowie alle Mitarbeiter ohne Berufsabschluss, die aber mindestens die 1,5-fache Zeit der vorgeschriebenen Ausbildungszeit in dem Ausbildungsberuf tätig waren.
Ferner ist ein bestimmtes Zahlenverhältnis zwischen Ausbilder und Auszubildenden einzuhalten. Ein hauptamtlicher Ausbilder soll nicht mehr als 16 Auszubildende betreuen. Ein nebenamtlicher Ausbilder nicht mehr als drei.

3. Kann ein Betrieb trotz bestehender Mängel ausbilden?

Das BBiG regelt in § 76, dass die zuständigen Stellen die Eignungsvoraussetzungen zu überwachen haben. Sie sollen diese Überwachungsaufgabe bei Beginn oder bei längerer Unterbrechung der Ausbildung und darüber hinaus mindestens einmal jährlich während der Ausbildung durchführen.
Ein formelles Anerkennungsverfahren als Ausbildungsbetrieb gibt es nur in der Hauswirtschaft und in der Landwirtschaft. Grundsätzlich hat der Ausbildende selbst für die Eignung der Ausbildungsstätte Sorge zu tragen. So hat er Änderungen, die die Ausbildung betreffen und das Ausbildungsziel gefährden können, der zuständigen Stelle mitzuteilen. Außerdem ist er gegenüber Vertretern der zuständigen Stelle auskunftspflichtig.
Bei fehlenden Eignungsvoraussetzungen können Betriebe mit erheblichen Geldbußen belegt werden. Näheres regelt § 102 BBiG. Stellt die zuständige Stelle Mängel in der Ausbildung fest (§ 76 BBiG), so hat der Ausbildungsbetrieb diese in einer angemessenen Frist zu beseitigen. Kann der Ausbildungsbetrieb die Mängel nicht beheben, so hat die zuständige Stelle die nach Landesrecht zuständige Behörde zu informieren, die wiederum die Mitteilung zu prüfen hat und ggf. die Ausbildung untersagen kann. Ist dies der Fall, darf der Ausbildende weder einstellen noch ausbilden noch jemanden mit der Einstellung oder Ausbildung beauftragen.

Ausbildung durch verschiedene Ausbildungsbetriebe und Organisationen im Verbund

Betriebe, die bestimmte Ausbildungsinhalte nicht vermitteln können oder denen eine ausreichende betriebliche Organisation fehlt, können mit anderen Ausbildungsbetrieben im Verbund ausbilden. Eine solche Verbundausbildung ist in verschiedenen Organisationsformen möglich:

Ein **Leitbetrieb** stellt die Auszubildenden ein, die dann in die Partnerbetriebe aufgenommen werden. Verantwortlich ist der Leitbetrieb.

Die Ausbildungsbetriebe schließen, meist als eingetragener **Verein**, gemeinsam Ausbildungsverträge ab. Die einzelnen Ausbildungsabschnitte werden in den „Vereinsbetrieben“ absolviert. Der Verein ist verantwortlich.

Die einzelnen Ausbildungsbetriebe schließen die Ausbildungsverträge ab und zahlen die Vergütung. Die Auszubildenden werden zu den einzelnen Ausbildungsabschnitten in andere Ausbildungsbetriebe des **Konsortiums** entsandt. Die abschließenden Ausbildungsbetriebe tragen die Verantwortung. Die Ausbildungskosten werden verrechnet.

Betriebe, die nicht die gesamte Ausbildung selbst durchführen können, geben anderen Ausbildungsbetrieben **Ausbildungsaufträge**. Die Verantwortung trägt der abschließende Ausbildungsbetrieb. Ausbildungsaufträge werden in Rechnung gestellt.

In allen Fällen muss im Ausbildungsvertrag eindeutig festgelegt sein, in welchem Ausbildungsbetrieb welche Ausbildungsteile durchgeführt werden.

Aufgrund welcher Mängel darf ein Betrieb nicht ausbilden? Und wie kann er diese Mängel beheben, um trotzdem ausbilden zu dürfen?

4. Welche betrieblichen Lernorte gibt es?

Die betriebliche Ausbildung findet, abhängig von der Organisation der Ausbildung und der Größe des Betriebs, an unterschiedlichen Stellen (Lernorten) statt. Diese betrieblichen Stellen werden als **interne Lernorte** im Gegensatz zu externen (außer- oder überbetrieblichen) Lernorten bezeichnet. Die wichtigsten betrieblichen Lernorte sind

- der Arbeitsplatz,
- die Lernecke,
- die Lerninsel,
- die Ausbildungswerkstatt,
- das Lernbüro und
- der Unterrichtsraum.

Der Lernort Arbeitsplatz

Diese Organisationsform ist am häufigsten anzutreffen. Besonders kleine Betriebe und das Handwerk bilden vorwiegend am Arbeitsplatz aus. Der Vorteil dieses Lernortes ist es, die Handlungsfähigkeit des Auszubildenden direkt an echten Arbeitsprozessen zu fördern. Der Auszubildende kann hier gut die Zusammenhänge der einzelnen Arbeitsabläufe erkennen und den Wertschöpfungsprozess begreifen. Allerdings könnte hier eine systematische Ausbildung zu kurz kommen, wenn einfache und ständig wiederkehrende Aufgaben mit hohem Arbeitstempo erledigt werden. Komplexe Aufgaben mit Teiltätigkeiten überfordern die Auszubildenden eventuell.

Der Lernort Lernecke

Eine Lernecke besteht aus wenigen Arbeitsplätzen, die für Auszubildende in der Fachabteilung eingerichtet werden. Hier können sich die Auszubildenden zurückziehen, um selbstständig z. B. theoretische Grundlagen zu erarbeiten oder Arbeitsabläufe zu üben. Lernecken dienen auch der Entlastung der Fachkräfte.

Der Lernort Lerninsel

Lerninseln findet man vorwiegend im technischen Bereich. Sie sind wie andere Arbeitsinseln (Qualitätsinseln, Fertigungsinseln) aufgebaut. In Lerninseln werden echte Arbeitsaufträge erledigt. Der Unterschied zu den anderen Inseln besteht im Wesentlichen darin, dass die Auszubildenden für die Erledigung der Arbeitsaufgaben mehr Zeit haben und von einer Fachkraft beraten werden, die ihre Erfahrungen zur Verfügung stellt.

Der Lernort Ausbildungswerkstatt

Seit Jahrzehnten wird in gewerblichen und technischen Bereichen größerer Ausbildungsbetriebe in Ausbildungswerkstätten ausgebildet. Wesentliche Teile der Ausbildung, insbesondere die Grundausbildung, können hier durchgeführt werden. Die Ausbildungswerkstätten dienen u. a. der systematischen Erarbeitung von Grundlagen, dem Erlernen neuer Techniken, der Projektarbeit und der Prüfungsvorbereitung.

Der Lernort Lernbüro

Analog zur Lerninsel im gewerblichen und technischen Bereich können für kaufmännische und verwaltende Berufe Lernbüros eingerichtet werden. In Lernbüros wird versucht, in einfacher Form das Unternehmen nachzubilden und evtl. bis zu einer Übungsfirma hin zu gestalten. Auch reale Geschäftsvorfälle können in Lernbüros erledigt werden.

Der Lernort Unterrichtsraum

In vielen Betrieben stehen den Ausbildern zusätzlich Unterrichtsräume zur Verfügung, die z. B. für den Zusatzunterricht und als Ergänzung zur Berufsschule Verwendung finden können. Firmenspezifische Ausbildungsinhalte, wie z. B. Firmengeschichte, Darstellungen über Geschäftstätigkeit und Märkte, aber auch über Unternehmensgliederungen lassen sich besonders gut in einem Unterrichtsraum erarbeiten.

Der Lernort Juniorfirma

In Juniorfirmen haben Auszubildende die Aufgabe in Eigenregie z. B. einen Betriebsteil des Unternehmens zu leiten. Der Ausbilder wirkt hier überwiegend als Coach.

Externe Lernorte können außerbetriebliche (siehe auch Verbundausbildung) sowie überbetriebliche Lernorte sein. Unter einer überbetrieblichen Ausbildung versteht man, dass Teile der Ausbildung in speziellen Fachschulen oder Bildungszentren durchgeführt werden. Diese überbetriebliche Ausbildung ist in den Ausbildungsvertrag aufzunehmen.

Erarbeiten Sie die Vor- und Nachteile der einzelnen, auf den Seiten 36 und 37 genannten Lernorte und stellen Sie diese in einer tabellarischen Übersicht zusammen.

Handlungsfeld 2

Ausbildung vorbereiten und bei der Einstellung von Auszubildenden mitwirken

2

Ausbildungsplan erstellen

Mitwirkung betrieblicher Interessenvertretungen

Kooperation mit der Berufsschule

Auswahl von Auszubildenden

An Einstellungen mitwirken

Am Vertragsabschluss mitwirken

Ausbildungsplan erstellen

1. Welche Bedeutung hat ein Ausbildungsrahmenplan für die Ausbildung?
2. Was ist die Grundlage der Ausbildungsplanung?
3. Welche Pläne sind zu erstellen, welche können zusätzlich notwendig sein?

1. Welche Bedeutung hat ein Ausbildungsrahmenplan für die Ausbildung?

Im Berufsausbildungsvertrag (BAV) hat der Ausbildende zum einen zu beschreiben, wie die Ausbildung sachlich und zeitlich gegliedert durchgeführt werden soll (betrieblicher Ausbildungsplan) und zum anderen das Ziel der Berufsausbildung zu nennen (§ 11 BBiG).
Der Ausbildende hat entweder selbst oder durch den Ausbilder und die ausbildenden Fachkräfte die Ausbildung sachlich und zeitlich so zu gliedern, dass das Ausbildungsziel in der vereinbarten Ausbildungszeit erreicht wird (§ 14 BBiG).
Abhängig von dieser Planungsvorgabe sind für den Ausbildungszweck Aufgaben auszuwählen, die diesem Ziel dienen. Berücksichtigt werden muss hierbei auch, dass die zur Verfügung stehende Zeit kürzer ist als die vereinbarte, da Berufsschule, außerbetriebliche Ausbildung, Urlaub und sonstige ausbildungsnotwendige Zeiten mitgeplant werden müssen.
Der Rahmenplan aus der entsprechenden Ausbildungsordnung gibt Auskunft über die Ausbildungsinhalte (Fertigkeiten und Kenntnisse). Außerdem können betriebsspezifische Inhalte vermittelt werden. Daher ist die Stoffmenge nach dem Ausbildungsrahmenplan (Anlage zur sachlichen und zeitlichen Gliederung) in Ausbildungseinheiten zusammenzufassen, nach Lernorten und Zeitanteilen zu ordnen und im betrieblichen Ausbildungsplan schriftlich festzuhalten. Berücksichtigt werden muss hier, dass Auszubildende mit bestimmten Voraussetzungen (§ 8 BBiG) die Ausbildungszeit verkürzen können bzw. müssen.

Aus diesem betrieblichen Ausbildungsplan für einen Ausbildungsberuf werden dann die individuellen Ausbildungspläne (Versetzungsplan, Belegplan) für den einzelnen Auszubildenden abgeleitet. In diesen individuellen Plänen wird zeitlich genau (Datum) beschrieben, in welcher Reihenfolge die einzelnen Lernorte durchlaufen werden sollen. Urlaub und andere Zeiten der Abwesenheit wie z. B. Prüfungstage sind dabei zu berücksichtigen.
Neben dem betrieblichen Ausbildungsplan ist es in mittleren und großen Betrieben üblich, weitere Pläne für die Ausbildung zu erstellen, insbesondere in Betrieben, in denen mehrere Auszubildende mehrere Abteilungen durchlaufen.

2. Was ist die Grundlage der Ausbildungsplanung?

Insbesondere wenn ein Betrieb erstmalig ausbilden will, muss ein Ausbilder grundsätzliche Entscheidungen treffen, die in die Planung der betrieblichen Ausbildung einfließen.

1. Was soll vermittelt werden?
- Ausbildungsordnung
  - Ausbildungsrahmenplan
  - Prüfungsanforderungen
- betrieblicher Ausbildungsplan
- Anforderungen der Fachabteilungen
- Unternehmenswerte

2. Wo können Ausbildungseinheiten durchgeführt werden?
- interne betriebliche Lernorte (Fachabteilungen)
- eventuelle externe Lernorte

3. Wer könnte Ausbildungseinheiten durchführen?
- hauptamtliche Ausbilder
- nebenamtliche Ausbilder
- Ausbildungsbeauftragte
- Fachkräfte

4. Wann und wie lange soll die Ausbildungseinheit durchgeführt werden?
- Ausbildungsjahr
- Ausbildungshalbjahr/-monat
- saisonale Zeiten
- Dauer des Ausbildungseinsatzes in einer Abteilung

5. Wem soll die Ausbildungseinheit vermittelt werden?
- Ausbildungsjahr (Lernfortschritt)
- Lernverhalten der Auszubildenden
- Eingangsvoraussetzung für Bewerber

6. Wohin soll der Auszubildende geführt werden?
Festlegung individueller Lernziele

7. Wie soll die Ausbildungseinheit durchgeführt werden?
- Festlegung der Methoden

8. Womit soll die Ausbildungseinheit durchgeführt werden?
- Festlegung der Ausbildungsmittel

Der Bundesausschuss für Berufsbildung hat in einer Empfehlung zur **Aufstellung und Durchführung eines Ausbildungsplans** Regeln festgelegt, die als Grundlage von den Berufsbildungsausschüssen der zuständigen Stellen vollständig oder teilweise beschlossen worden sind. Die wesentlichen Regeln werden hier zusammengefasst dargestellt:

- Alle im Ausbildungsrahmenplan aufgeführten **Fertigkeiten und Kenntnisse** müssen in den betrieblichen Ausbildungsplan übernommen werden.
- Sie sind in **Ausbildungseinheiten** zu gliedern, sodass sie einer betrieblichen Organisationseinheit (Abteilung, Gruppe) zuzuordnen sind. Große Ausbildungseinheiten sind in Teileinheiten zu untergliedern.
- Die **Probezeit** ist so zu gestalten, dass Aussagen über die Eignung und die Neigung eines Auszubildenden möglich sind; d. h., dass Auszubildende innerhalb der Probezeit überwiegend mit berufstypischen Aufgaben beauftragt werden sollen.
- Die gesamte **Ausbildung soll nach der Reihenfolge der Prüfungen gegliedert** sein. Die Zwischenprüfung ist bei der sachlichen und zeitlichen Gliederung zu berücksichtigen.
- Die Ausbildung soll sich in den unterschiedlichen **Lernorten** ergänzen.
- **Zuerst** soll die **Grundlagenbildung**, dann die **Fachausbildung** (eventuell eine Spezialisierung) erfolgen.
- Ist eine **zeitliche Reihenfolge** der Ausbildungsinhalte im Ausbildungsrahmenplan vorgegeben, so muss diese innerhalb eines Ausbildungsjahres eingehalten werden.
- Die einzelnen **Ausbildungsabschnitte** sollen **nicht länger als sechs Monate** dauern. Die Unterabschnitte sind mit Zeitangaben nach Monaten oder Wochen zu versehen.
- Wird aus betrieblichen oder aus pädagogischen Gründen von der Dauer oder zeitlichen Reihenfolge abgewichen, so darf weder das Teilziel noch das Gesamtziel der Ausbildung gefährdet werden.
- Wird vom Ausbildungsplan generell abgewichen, so ist dies der zuständigen Stelle anzuzeigen.

Neben diesen Vorgaben durch den Bundesausschuss sind allgemeine pädagogische Regeln zu beachten:

- Am **Anfang** sollten **einfache Aufgaben** und einfache Aufgabenstellungen stehen, die später zu komplexen Geschäfts- und Arbeitsprozessen führen sollen.
- Die einfachen Aufgaben sollten **leicht erlernbar** sein. Schwierige Aufgabenstellungen können anschließend folgen.
- **Zuerst** muss das vorhandene **allgemeine Wissen** des Auszubildenden für die Aufgabenbewältigung genutzt werden. Später kommt **Spezialwissen** hinzu.
- Junge Menschen müssen erst lernen, **abstrakt zu denken**. Daher sind am Anfang der Ausbildung konkrete Aufgaben zu stellen.
- Die Ausbildung muss **anschaulich** sein. Der Auszubildende soll sich eine Vorstellung über Arbeitsabläufe, Werkstoffe, Formulare, Belege usw. machen können.
- Die Ausbildung muss **praxisnah** sein. Die Theorie soll die Grundlage für die Praxis bilden.
- Die Ausbildung soll **handlungsorientiert** sein und zum selbstgesteuerten Lernen und Arbeiten befähigen.
- Der Erfolg der Ausbildung muss **durch Erfolgskontrollen messbar** sein.

3. Welche Pläne sind zu erstellen, welche können zusätzlich notwendig sein?

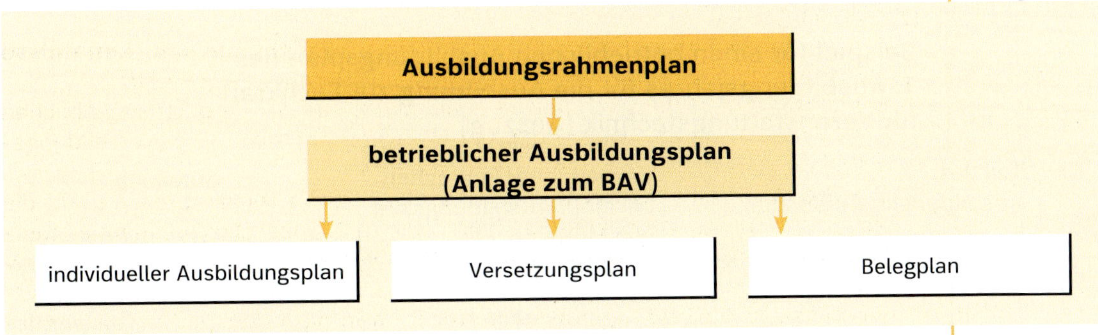

Beispiel für eine Anleitung zur sachlichen und zeitlichen Gliederung (Auszug aus dem Ausbildungsrahmenplan der Fachkraft für Veranstaltungstechnik, 1. Ausbildungsjahr)

sachliche Gliederung zu vermittelnde Fertigkeiten und Kenntnisse	**zeitliche Gliederung** zeitliche Richtwerte in Wochen
5. Konzipieren und Kalkulieren von Veranstaltungen a. Preise, Leistungen und Konditionen vergleichen b. technische, gestalterische, rechtliche und wirtschaftliche Entwicklungen der Branche feststellen	4
6. Planen von Arbeitsabläufen; Zusammenarbeit in Teams a. Urheber-, Nutzungs- und Persönlichkeitsrechte sowie Regelungen zum Datenschutz anwenden b. Kommunikationseinrichtungen nutzen, Informationen einholen, auswählen und weiterleiten c. veranstaltungstechnische Fachsprache anwenden d. Arbeitsschritte für den eigenen Arbeitsbereich festlegen e. Unterlagen erstellen, Protokolle anfertigen, Standardsoftware anwenden	4
7. Bereitstellen, Einrichten und Prüfen von Geräten und Anlagen a. technische Zeichnungen und Schaltungsunterlagen, insbesondere Blockschaltbilder und Anschlusspläne lesen sowie Skizzen anfertigen	4

Aus diesem Ausbildungsrahmenplan erstellt der jeweilige Ausbilder für **seinen Ausbildungsbetrieb** nun einen betrieblichen Ausbildungsplan, in dem eine eventuell verkürzte Ausbildung, der Jahresurlaub und die Abteilung (Lernort im Betrieb) zusätzlich geplant und dargestellt sind.

Beispiel für einen betrieblichen Ausbildungsplan des 1. Ausbildungsjahres für die Ausbildung zur Fachkraft für Veranstaltungstechnik (Auszug)

Nr.	Teil des Ausbildungsberufsbildes	Verweildauer in Wochen bei einer Ausbildungszeit von Monaten			Abteilung
		36	30	24	
4	...	...	...	...	...
5	Konzipieren und Kalkulieren von Veranstaltungen	4	3	2	Planungsbüro
6	Planen von Arbeitsabläufen	4	3	2	Planungsbüro
7	Bereitstellen, Einrichten	4	3	3	Konstruktion
8	...	8	6	3	...
9	...	...	...	...	...
Urlaub		6	6	6	
		52	52	52	

Aus dem betrieblichen Ausbildungsplan können nun weitere Pläne abgeleitet werden, die je nach Größe des Ausbildungsbetriebs notwendig und sinnvoll sind.

Beispiel für einen individuellen Teilausbildungsplan

Ausbildungsplan für Markus Bode

Name des Auszubildenden:	Markus Bode
Ausbildungsberuf:	Fachkraft für Veranstaltungstechnik
Lernort:	Planungsbüro
Gesamtdauer der Ausbildung:	36 Monate
Dauer der bisherigen Ausbildung:	6 Monate
Ausbildungsdauer hier:	8 Wochen
Verantwortliche Fachkraft:	Herr Klein
Verantwortliche Ausbilderin:	Frau Behnsen

Bisher vermittelte Fertigkeiten und Kenntnisse:	Nr. 1, Nr. 2, Nr. 3 und Nr. 4 des betrieblichen Ausbildungsplanes
Jetzt zu vermittelnde Fertigkeiten und Kenntnisse:	Nr. 5 und Nr. 6 des betrieblichen Ausbildungsplanes

Beispiel für einen Versetzungsplan (Auszug)

Versetzungsplan für Markus Bode	
Ausbildungsbeginn:	01.08.201_
Ausbildungsdauer:	36 Monate
Abteilung	Einsatz von/bis ....
Planungsbüro	01.01.201_ bis 28.02.201_
Konstruktion	01.03.201_ bis 31.03.201_
....	....

Beispiel für einen Belegplan der Lernorte (Auszug)

Belegplan für Planungsbüro	
Auszubildender	Einsatz von/bis ....
Markus Bode	01.01.201_ bis 28.02.201_
Frank Krull	01.03.201_ bis 30.04.201_
....	....

2

Stellen Sie die Bedeutung der einzelnen Pläne dar und erarbeiten Sie, unter welchen Umständen die einzelnen Pläne erstellt werden müssen bzw. sinnvoll sind.

Mitwirkung betrieblicher Interessenvertretungen

Wie sind die Rechte des Betriebrats und der Jugend- und Auszubildendenvertretung geregelt?

Das Betriebsverfassungsgesetz sieht vor, dass in Betrieben mit mindestens fünf ständigen wahlberechtigten Arbeitnehmern, die mindestens 18 Jahre alt sind und von denen drei wählbar sein müssen (d. h. länger als sechs Monate im Betrieb), ein Betriebsrat gewählt werden kann. Dieses Gremium hat im Bereich der sogenannten personellen, wirtschaftlichen und sozialen Angelegenheiten, also auch in der Berufsbildung des Betriebs, umfassende Beteiligungsrechte. Diese werden unterschieden in:

- Informationsrecht,
- Anhörungsrecht,
- Beratungsrecht,
- Vorschlagsrecht,
- Mitbestimmungsrecht.

Der Betriebsrat (in öffentlichen Unternehmen der Personalrat) hat insbesondere bei der Durchführung der betrieblichen Berufsbildung ein Mitbestimmungsrecht. Er hat also z. B. bei der Einführung eines betrieblichen Beurteilungssystems oder beim betrieblichen Versetzungsplan mitzubestimmen und kann außerdem „der Bestellung einer mit der betrieblichen Berufsbildung beauftragten Person widersprechen oder sogar ihre Abberufung verlangen, wenn diese die persönliche oder fachliche, insbesondere die berufs- und arbeitspädagogische Eignung im Sinne des Berufsbildungsgesetzes nicht besitzt oder ihre Aufgaben vernachlässigt“ (vgl. § 98 Abs. 2 BetrVG, gilt nicht für das Personalvertretungsgesetz).

Darüber hinaus kann der Betriebsrat (in Betrieben mit mehr als 20 Arbeitnehmern) die Zustimmung zur Einstellung von Auszubildenden verweigern. Der Arbeitgeber hat dem Betriebsrat die erforderlichen Bewerbungsunterlagen vorzulegen und Auskunft über die Person zu geben (vgl. § 99 BetrVG). Auch bei Kündigungen hat der Betriebsrat die Möglichkeit, seine Zustimmung zu verweigern. Voraussetzung dafür ist, dass der Arbeitgeber den Betriebsrat vor der Kündigung angehört hat. Eine Kündigung ohne vorherige Anhörung des Betriebsrats ist gemäß § 102 BetrVG unwirksam.

Ein Beratungsrecht hat der Betriebsrat bei der Einrichtung von betrieblichen Bildungsstätten (z. B. Ausbildungswerkstatt, Schulungsräume) und deren Ausstattung sowie bei der Einführung betrieblicher und der Teilnahme der Mitarbeiter an außerbetrieblichen Berufsbildungsmaßnahmen (z. B. Prüfungsvorbereitungskurse für Auszubildende).

Für die Vertretung der besonderen Belange jugendlicher Arbeitnehmer oder der Auszubildenden im Betrieb kann eine Jugend- und Auszubildendenvertretung (JAV) gewählt werden. Voraussetzung dafür sind fünf Arbeitnehmer unter 18 Jahren und/oder Auszubildende unter 25 Jahren sowie das Bestehen eines

Betriebsrats. Die Hauptaufgaben der Jugend- und Auszubildendenvertretung sind gemäß § 70 BetrVG:

- Maßnahmen, die den jugendlichen Arbeitnehmern und Auszubildenden dienen, insbesondere in Fragen der Berufsbildung und Übernahme von zu ihrer Berufsbildung Beschäftigten in ein Ausbildungsverhältnis, beim Betriebsrat zu beantragen
- Überwachung der Einhaltung der Gesetze, Verordnungen, Unfallverhütungsvorschriften, Tarifverträge und Betriebsvereinbarungen für die oben genannte Zielgruppe
- Anregungen, vor allem im Bereich der Berufsbildung, aus der o. g. Zielgruppe entgegenzunehmen und bei berechtigtem Anliegen beim Betriebsrat auf Erledigung hinzuwirken

Die besondere Bedeutung der Jugend- und Auszubildendenvertretung wird auch durch das Recht, an Betriebsratssitzungen teilzunehmen, Sprechstunden für jugendliche Arbeitnehmer und Auszubildende einzurichten und Versammlungen für diese einzuberufen, hervorgehoben.

Zu beachten ist aber, dass die Jugend- und Auszubildendenvertretung kein selbstständiges Organ der Betriebsverfassung ist, keine eigenen Mitbestimmungsrechte und keinerlei direkten Vertretungsanspruch gegenüber dem Arbeitgeber hat, sondern ein Unterorgan des Betriebsrats darstellt und diesen immer in Beratungen und Entscheidungen einbeziehen muss.

Kooperation mit der Berufsschule

1. Welche Aufgaben soll die Berufsschule erfüllen?
2. Welche Aufgaben muss die Berufsschule in Zukunft zusätzlich erfüllen?
3. Warum gibt es gelegentlich Spannungen zwischen Berufsschule und Ausbildungsbetrieb und wie können sich Ausbilder und Berufsschullehrer ergänzen?

1. Welche Aufgaben soll die Berufsschule erfüllen?

Neben dem Ausbildungsbetrieb mit seinen inner-, außer- und überbetrieblichen Lernorten bildet die Berufsschule den zweiten selbstständigen Lernort in der beruflichen Ausbildung (Duales System).
Die Berufsschule soll aber nicht nur die Berufsbildung fachtheoretisch durchführen und auf den Berufsabschluss vorbereiten, sondern darüber hinaus Allgemeinbildung vermitteln und die jungen Auszubildenden auf ihre Rolle als Erwachsene im demokratischen Staatswesen der Bundesrepublik Deutschland vorbereiten (Fächer wie Deutsch, Politik, Religion, Sprachen).

2. Welche Aufgaben muss die Berufsschule in Zukunft zusätzlich erfüllen?

In der Vergangenheit hatte die Berufsschule die Aufgabe, den mehr fachtheoretischen Teil der Ausbildung durchzuführen. Der Ausbildungsbetrieb sollte vorwiegend für die praktische Ausbildung zuständig sein. Durch neue Ausbildungsinhalte, besonders bei neuen Berufen, können Theorie und Praxis kaum noch getrennt werden; z. B. werden grundsätzlich PC-Aufgaben zu einem Block verschmolzen, der sowohl schulisch als auch betrieblich ausgebildet werden kann. Eine der Forderungen unserer Zeit ist es, Berufsschulen mit den erforderlichen Informations- und Kommunikationsgeräten auszustatten („Schulen ans Netz"), um komplexere Aufgaben übernehmen zu können und die Handlungsfähigkeit der Auszubildenden zu fördern. An vielen Berufsschulen laufen Modelle, in denen in Projektform die Zusammenarbeit mit den Betrieben erprobt wird.

3. Warum gibt es gelegentlich Spannungen zwischen Berufsschule und Ausbildungsbetrieb und wie können sich Ausbilder und Berufsschullehrer ergänzen?

Besonders durch Überschneidungen in der Stoffvermittlung, aber auch durch mangelnde Kommunikation und Kooperation sind die Beziehungen zwischen Betrieb und Ausbilder einerseits und Schule und Lehrer andererseits nicht immer spannungsfrei. Berufsschulen unterrichten nach eigenen Rahmenlehrplänen, die nach Landesrecht geregelt und mit der Ausbildungsordnung abgestimmt sind. Der Ausbilder muss die Rahmenlehrpläne der Berufsschule kennen, dem Lehrer muss die Ausbildungsordnung bekannt sein. Beide müssen wissen, welche Inhalte in den einzelnen Ausbildungsjahren und Ausbildungsabschnitten ausgebildet werden. So kann Doppelarbeit vermieden werden. Ausbilder und Lehrer können sich gegenseitig unterstützen und so jeweils die Arbeit des anderen fortsetzen.
Darüber hinaus sollten sich Ausbilder und Berufsschullehrer regelmäßig über den Ausbildungsstand abstimmen. Sie können sich gegenseitig unterstützen, neue Impulse geben, Ausbildungsinhalte besprechen, gemeinsame Aktivitäten planen und sich über das Verhalten und die Leistungen von Auszubildenden austauschen. Die Initiative der Zusammenarbeit zwischen Berufsschule und Ausbildungsbetrieben kann allerdings nur von den Ausbildern ausgehen.

Zusammenarbeit in Prüfungsausschüssen der zuständigen Stelle

Das BBiG (§ 40) bestimmt, dass in jedem Prüfungsausschuss mindestens ein Lehrer einer berufsbildenden Schule Mitglied sein muss. Ausbilder und Berufsschullehrer nutzen häufig die Sitzungen der Prüfungsausschüsse zur gegenseitigen Information und Abstimmung.

Erarbeiten Sie Möglichkeiten, wie Berufsschullehrer und Ausbilder zusammenarbeiten könnten.

Auswahl von Auszubildenden

Welche Kriterien kommen bei der Auswahl der Bewerber in Betracht?

Bevor es zur konkreten Bewerbergewinnung kommt, sollte sich der Ausbilder im Vorfeld überlegen, über welches persönliche Eignungsprofil der Auszubildende verfügen muss, d. h., welche Fähigkeiten, Interessen und Eigenschaften beim jeweiligen Ausbildungsplatzbewerber vorliegen sollten. Die Anforderungsprofile der einzelnen Berufe sind verschieden ausgeprägt (vgl. kaufmännische und gewerblich-technische Berufe). Bei der Erstellung eines derartigen Anforderungsprofils sollte folgende Fragestellung im Mittelpunkt stehen:

Welche Anforderungen sind für den Beruf heute und zukünftig von Bedeutung?

Bereich der Fähigkeiten (Auswahl)

- Beherrschung der deutschen Sprache
- Beherrschung von Rechentechniken
- Beherrschung von Fremdsprachen
- Verständnis für naturwissenschaftliche und technische Fragestellungen
- Ideenreichtum
- manuelle Fertigkeiten
- Erinnerungsvermögen und Konzentrationsfähigkeit
- Ausdauer
- Flexibilität
- schlussfolgerndes Denken
- räumliches Vorstellungsvermögen
- logisches Denken
- Kooperations- und Teamfähigkeit

Bereich der Interessen (Auswahl)

- Freizeitverhalten
- Hobbys
- abgeleistete Praktika
- Prägung durch das Elternhaus/den Bekanntenkreis

Persönliche Eigenschaften (Auswahl)

- körperliche Belastbarkeit
- Sorgfalt
- Offenheit
- Freundlichkeit
- Zuverlässigkeit
- Begabung für Fremdsprachen
- Lern- und Leistungsbereitschaft
- Gesundheitszustand

Das Anforderungsprofil soll die Wertigkeit einer Anforderung berücksichtigen. Dazu zwei Beispiele:

Beispiel für ein Anforderungsprofil an eine Fachkraft als Industriemechaniker

Priorität	unabdingbar	wünschenswert
1. Fachliche Anforderungen		
Gute Allgemeinbildung	x	
Interesse an der Technik	x	
Gute Leistungen in Mathematik und Physik	x	
Kenntnisse zum Berufsbild	x	
2. Physische Anforderungen		
Normaler Körperbau	x	
Gutes Seh- und Hörvermögen	x	
Gute körperliche Belastbarkeit	x	
Keine allergischen Reaktionen gegenüber Ölen, Fetten und Metallstaub	x	
3. Psychische Anforderungen	x	
Konzentrationsfähigkeit	x	
Gutes räumliches Vorstellungsvermögen	x	
Engagement und Eigeninitiative		x
Logisches Denken	x	
4. Psychosoziale Anforderungen		
Kritikfähigkeit	x	
Zuverlässigkeit	x	
Teamfähigkeit	x	
5. Sonstige Anforderungen		
Interesse am Ausbildungsberuf	x	
Praktika in technischen Einrichtungen		x

Quelle: https://www.uni-magdeburg.de/Universit%C3%A4t/Stellensuchende/Lehrstellensuchende/Industriemechaniker.html [04.07.2017]

Beispiel für ein Anforderungsprofil an eine Fachkraft als Kaufmann für Büromanagement

	Priorität unabdingbar	wünschenswert
1. Fachliche Anforderungen		
Gute Allgemeinbildung		x
Sichere Rechtschreibkenntnisse	x	
Gute Englischkenntnisse	x	
Guter Ausdruck	x	
PC-Grundkenntnisse	x	
Freude am Umgang mit der Technik		x
Spaß am Umgang mit Zahlen		x
Kenntnisse zum Berufsbild		x
4. Psychosoziale Anforderungen		
Teamfähigkeit	x	
Konfliktfähigkeit		x
Kritikfähigkeit		x
Einfühlungsvermögen	x	
Verschwiegenheit	x	

Quelle: https://www.uni-magdeburg.de/Universit%C3%A4t/Stellensuchende/Lehrstellensuchende/Kauffrau_mann+f%C3%BCr+B%C3%BCrokommunikation-p-10044.html [04.07.2017]

Bei der Erstellung eines Anforderungsprofils sind folgende Fragen zu berücksichtigen:

1. Welche Fähigkeiten können von einem Bewerber, der von einer allgemeinbildenden Schule kommt, tatsächlich erwartet werden (z. B. Teamfähigkeit)?
2. Wenn bestimmte Anforderungen erwartet werden, wie können diese Fähigkeiten in einem Auswahlverfahren ermittelt werden (z. B. durch Zeugnisse, Test, Arbeitsprobe, im persönlichen Gespräch)?
3. Welche Erwartungen haben die Fachabteilungen und Kunden zusätzlich an einen Bewerber (z. B. Sprach- oder EDV-Kenntnisse)?

Der nächste Schritt besteht nun darin, solche Bewerber zu finden, deren persönliches Eignungsprofil möglichst genau mit dem Anforderungsprofil übereinstimmt.

Erarbeiten Sie ein Anforderungsprofil an einen Ausbildungsplatzbewerber aus dem kaufmännischen oder gewerblichen Bereich.

An Einstellungen mitwirken

1. Welche Instrumente können bei der Anwerbung der Bewerber genutzt werden?
2. Welche Faktoren können bei der Auswahl der Bewerber von Bedeutung sein?
3. Wie wird ein Bewerbungsgespräch geführt?

1. Welche Instrumente können bei der Anwerbung der Bewerber genutzt werden?

Um geeignete und interessierte junge Ausbildungsplatzsuchende anzusprechen, können u. a. folgende Instrumente eingesetzt werden:

- Annonce in der Lokalpresse/in Schülerzeitungen
- Internet
- Tag der offenen Tür
- Lehrstellenbörse
- betriebsinterne Mitteilung in der Werkszeitung im Intranet
- Bundesagentur für Arbeit/Berufsberatung
- Betriebspraktikum

2. Welche Faktoren können bei der Auswahl der Bewerber von Bedeutung sein?

Nachdem nun die Bereitschaft zum Ausbilden öffentlich gemacht wurde, folgt der nächste Schritt des Bewerberauswahlverfahrens: das Sichten und Auswerten der eingegangenen Bewerbungen (eventuell als Vorauswahl).

Dabei stehen in der Regel folgende Entscheidungshilfen zur Verfügung:

- Bewerbungsanschreiben
- Lebenslauf mit Bewerbungsfoto
- Zeugniskopien

Das **Bewerbungsanschreiben** und der **Lebenslauf** haben im Regelfall bei Abgängern von allgemeinbildenden Schulen nicht immer die erwünschte Aussagekraft. Es werden allenfalls die Gründe für die Wahl des Berufes und der Ausbildungsstätte sowie ggf. die persönlichen Interessen dargestellt. Darüber hinaus enthält der Lebenslauf persönliche Daten und Angaben zur Schulausbildung. Allein aufgrund dieser Informationen kann noch nicht auf die Eignung des Bewerbers geschlossen werden.
Auch die beigefügten **Zeugniskopien** sind im Hinblick auf ihren inhaltlichen Aussagewert mit Vorsicht zu betrachten. Sie geben individuelle Tendenzen hinsichtlich der Neigung zu bestimmten Fächern und der Leistungsbereitschaft in der Schule wieder. Sie sind aber bei dem Vergleich von Ausbildungsplatzbewerbern untereinander problematisch, da diese häufig unterschiedliche Schulen und Schulformen (mit schwer vergleichbarem Niveau) besuchen.

Für den Ausbilder kann jedoch die **äußere Form der Dokumente** von Bedeutung sein. Hierbei wird ein erster Eindruck in puncto Sorgfalt, Sauberkeit und ggf. Ideenreichtum der zukünftigen Auszubildenden vermittelt.
Als **Anhaltspunkte für die engere Auswahl** von zukünftigen Auszubildenden mögen folgende Fragen hilfreich sein:

- Hat der Bewerber sein Interesse am Ausbildungsberuf und am Ausbildungsbetrieb stichhaltig begründet?
- Sind die eingesandten Unterlagen vollständig und sauber zusammengestellt?
- Lassen die Zeugniszensuren auf grundlegende Lücken schließen, die bis zum Beginn oder innerhalb der Ausbildung nicht mehr beseitigt werden können?
- Wie hoch ist der Grad an Übereinstimmung des aufgestellten Anforderungsprofils mit dem persönlichen Eignungsprofil des Bewerbers?

Zusammengefasst lässt sich festhalten, dass der gewonnene **Gesamteindruck** den Ausbilder veranlassen sollte, geeignete Bewerber zu einem Vorstellungsgespräch einzuladen. Betriebe, die sich nicht nur auf die zugeschickten Dokumente und den ersten persönlichen Eindruck verlassen wollen, können ergänzende Informationen über die zukünftigen Auszubildenden durch betriebliche Eignungstests gewinnen. Auf dem Markt werden verschiedene **Tests** angeboten. Dabei ist zu überlegen, was genau ein Test für ein bestimmtes Anforderungsprofil ermitteln soll.

Häufig eingesetzte **Testarten** sind

- Intelligenztests (logisches Denken, räumliches Vorstellungsvermögen usw.),
- Wissenstest (Allgemeinbildung, Rechtschreibkenntnisse, Rechenfertigkeiten usw.),
- praktische Tests (Fingerfertigkeit, Geschicklichkeit usw.).[1]

Ferner gibt noch die durch das Berufsbildungsgesetz vorgeschriebene Probezeit (§ 20 BBiG) Aufschluss darüber, ob Auszubildender und Betrieb „zusammenpassen“ bzw. ob die mitgebrachte Neigung und Eignung des Auszubildenden ausreicht, um das Ausbildungsziel erreichen zu können.

3. Wie wird ein Bewerbungsgespräch geführt?

Im Vorstellungsgespräch geht es darum, die gewonnenen (Erst-)Eindrücke daraufhin zu überprüfen, ob der Ausbildungsplatzbewerber in den Betrieb passt und eine erfolgreiche Ausbildung gewährleistet werden kann. Das heißt, man möchte den möglichen Auszubildenden näher kennenlernen, etwas mehr über seine beruflichen Vorstellungen und Neigungen erfahren und ihm auch weitergehende Auskünfte über die Inhalte des Berufes und die Ausbildung im Betrieb geben. Um ein derartiges Gespräch effektiv zu führen, ist dieses in seinem Ablauf vorher zu strukturieren. Grundlage dafür sollten die vorliegenden Bewerbungsunterlagen sein. Ein möglicher Ablauf wäre z. B.:

- **Begrüßung und Einleitung:** sich gegenseitig vorstellen, Zweck des Gesprächs erläutern
- **Informationen über den Bewerber einholen:** Schulbildung, Praktika, Familie, Freizeitaktivitäten, Entscheidung für diesen Beruf und diesen Ausbildungsbetrieb

[1] *Eine Übersicht über Eignungstests ist bei der Testzentrale Göttingen, Herbert-Quandt-Straße 4, 37081 Göttingen oder unter www.testzentrale.de erhältlich.*

- **Informationen über den Betrieb geben:**
  - Bedeutung des Unternehmens, Mitarbeiterzahl
  - Ausbildungsberuf und -verlauf
  - Arbeitszeit
  - Ausbildungsvergütung, Sozialleistungen
  - Weiterentwicklungsmöglichkeiten nach der Ausbildung
- **Fragen des Bewerbers beantworten**
- **Abschluss des Gesprächs, evtl. Zusammenfassung**
- **Hinweis auf das weitere Bewerberauswahlverfahren**

Während des Gesprächs sollte der Ausbilder den Bewerber genau beobachten, um im Anschluss Notizen hinsichtlich des Eindrucks machen zu können.

Hierbei könnten folgende Merkmale Aufschluss über die Persönlichkeit des Bewerbers geben:
- Sprech- und Redeverhalten (Fragen ausreichend beantwortet? etc.)
- Redegewandtheit
- Blickkontakt
- Mimik und Gestik
- Selbstsicherheit
- äußeres Erscheinungsbild

Dabei ist zu beachten, dass es im Regelfall junge Menschen sind, mit denen ein Bewerbungsgespräch geführt wird. Da es sich für die meisten um eine ungewohnte Situation handelt, in der sie nervös sind, sollte der Ausbilder versuchen, eine entspannte Gesprächsatmosphäre zu schaffen.

Am Vertragsabschluss mitwirken

1. Was sind die wesentlichen Inhalte eines Berufsausbildungsvertrags?
2. Was darf ausdrücklich nicht in dem Vertrag niedergelegt werden?
3. Was ist hinsichtlich der Anmeldung bei der zuständigen Stelle zu beachten?
4. Welche Rechte und Pflichten ergeben sich aus dem Berufsausbildungsvertrag?

1. Was sind die wesentlichen Inhalte eines Berufsausbildungsvertrags?

Wenn nun der „Richtige“ aus einer Gruppe von Ausbildungsplatzbewerbern ausgewählt worden ist, muss ein Berufsausbildungsvertrag zwischen dem Ausbildenden und dem Auszubildenden geschlossen werden (§ 10 Abs.1 BBiG).
Die wesentlichen Inhalte sind unverzüglich nach Abschluss des Vertrags, spätestens jedoch vor Beginn der Ausbildung, vom Ausbildenden schriftlich niederzulegen. Das heißt, mit der Ausbildung darf erst begonnen werden, wenn diese Formvorschrift

erfüllt ist. Beide Vertragsparteien müssen den Vertrag unterzeichnen; bei minderjährigen Auszubildenden bedarf es darüber hinaus der Unterzeichnung durch die gesetzlichen Vertreter.

Das **Berufsbildungsgesetz** schreibt die Inhalte des Berufsausbildungsvertrags vor:

- **Art, sachliche und zeitliche Gliederung sowie Ziel der Ausbildung:** Der Berufsausbildungsvertrag muss zur Dokumentation der sachlichen und zeitlichen Gliederung einen betrieblichen Ausbildungsplan enthalten. Zudem muss im Vertrag angegeben werden, in welchem Beruf und eventuell in welcher Fachrichtung ausgebildet wird.
- **Beginn und Dauer der Ausbildung:** Das Eintrittsdatum des Auszubildenden in den Betrieb muss konkret angegeben werden, ebenso das Ende der Ausbildungszeit sowie die Dauer der Berufsausbildung in Monaten. Die Dauer der jeweiligen Berufsausbildung ist der entsprechenden Ausbildungsordnung zu entnehmen. Natürlich müssen etwaige Anrechnungs- bzw. Verkürzungszeiten Berücksichtigung bei der Vertragsniederschrift finden (z. B. aufgrund vorangegangener erfolgreicher Besuche des Berufsgrundbildungsjahres, einer Berufsfachschule oder aufgrund bestimmter Abschlüsse an allgemeinbildenden Schulen).
- **Ausbildungsmaßnahmen außerhalb der Ausbildungsstätte:** Diese Ausbildungsmaßnahmen können sich beispielsweise ergeben, wenn im Ausbildungsbetrieb Eignungsmängel festgestellt wurden. Das heißt, dass nicht alle Ausbildungsinhalte im eigenen Betrieb vermittelt werden können, was jedoch durch außerbetriebliche Ausbildung (z. B. in einem Partnerbetrieb) oder durch überbetriebliche Ausbildung (z. B. in einem übergeordneten Bildungszentrum eines Berufsverbandes) ausgeglichen werden kann.
  Des Weiteren können Ausbildungsmaßnahmen außerhalb des Betriebs durch die jeweilige Ausbildungsordnung vorgeschrieben werden. Die vorgesehenen Zeiten sind in allen Fällen mit Angabe der Dauer und des Ortes im Berufsausbildungsvertrag zu vermerken. Der Berufsschulunterricht fällt nicht darunter.
- **Dauer der regelmäßigen täglichen Ausbildungszeit:** Die tägliche Ausbildungszeit wird entweder abgeleitet aus dem geltenden Tarifvertrag oder aus dem Arbeitszeitgesetz bzw. Jugendarbeitsschutzgesetz und muss konkret im Vertrag angegeben werden.
- **Dauer der Probezeit:** Das Berufsausbildungsverhältnis beginnt mit der Probezeit; sie muss mindestens einen Monat und darf höchstens vier Monate betragen. Innerhalb der konkret im Vertrag festgelegten Probezeit sollen die Vertragsbeteiligten feststellen, ob der Auszubildende eine ausreichende Eignung und Neigung für den gewählten Beruf aufweist und die Ausbildung somit voraussichtlich erfolgreich zu Ende geführt werden kann.
- **Zahlung und Höhe der Vergütung:** Der Ausbildende hat dem Auszubildenden eine angemessene Vergütung zu zahlen, die mindestens jährlich ansteigt und für das jeweilige Ausbildungsjahr im Vertrag angegeben werden muss. Die Angemessenheit wird häufig durch laufende Tarifverträge definiert. Für andere Fälle ist durch Rechtsprechung festgelegt, dass das vereinbarte Entgelt mindestens 80 % des entsprechend ortsüblichen Tarifvertrags betragen muss. Ferner ist durch das Berufsbildungsgesetz bestimmt, dass die Vergütung bis spätestens zum letzten Arbeitstag des laufenden Kalendermonats zu zahlen ist.

- **Dauer des Urlaubs:** Die Dauer des Urlaubs muss für jedes Kalenderjahr konkret angeführt werden. Die gesetzliche Mindestdauer wird durch das Bundesurlaubs- bzw. Jugendarbeitsschutzgesetz festgelegt. In tarifgebundenen Betrieben gelten die Vorschriften des entsprechenden Tarifvertrags.

- **Voraussetzungen zur Kündigung eines Berufsausbildungsvertrags:** Das Berufsausbildungsverhältnis kann beiderseits während der Probezeit ohne die Einhaltung einer Frist und ohne Angabe von Gründen gekündigt werden. Nach Ablauf der Probezeit können sowohl der Ausbildende als auch der Auszubildende aus wichtigem Grund außerordentlich und darüber hinaus der Auszubildende bei Berufswechsel oder Aufgabe der Berufsausbildung mit einer Frist von vier Wochen kündigen. Jede Kündigung bedarf der Schriftform.

- **Hinweis auf Tarifverträge, Betriebs- oder Dienstvereinbarungen:** Finden o. g. Rechtsnormen in der Ausbildung Anwendung, so ist auf diese im Vertrag hinzuweisen.

2. Was versteht das BBiG unter „nichtigen Vereinbarungen“, die im BAV nicht niedergelegt werden dürfen?

Im Berufsausbildungsvertrag sind alle Vereinbarungen nichtig, die dem Sinn einer ordnungsgemäßen Ausbildung zuwiderlaufen.

Das Berufsbildungsgesetz (§ 12) untersagt insbesondere, dass

- der Auszubildende für Ausbildungsbemühungen des Ausbildenden eine Entschädigung zu zahlen hat,
- der Auszubildende sich verpflichten muss, sich über das Ausbildungsende hinaus arbeitsvertraglich an den Betrieb zu binden,
- Vertragsstrafen, der Ausschluss oder die Beschränkung von Schadenersatzansprüchen in den Ausbildungskontrakt aufgenommen werden.

Es sei darauf hingewiesen, dass es sinnvoll ist, für den Vertragsabschluss die vorgefertigten **Vertragsformulare der zuständigen Stellen** zu verwenden.

Berufsausbildungsvertrag
(§§ 10, 11 Berufsbildungsgesetz – BBiG)

Zwischen dem/der Ausbildenden (Ausbildungsbetrieb)

Öffentlicher Dienst ☐
KNR | Firmenident-Nr. | Tel.-Nr.
Anschrift des/der Ausbildenden (Ausbildungsbetrieb)
Straße, Haus-Nr.
PLZ | Ort
E-Mail-Adresse des/der Ausbildenden
Verantwortliche/r Ausbilder/in | Geburtsjahr

und dem/der Auszubildenden **männlich** ☐ **weiblich** ☐

Name | Vorname
Straße, Haus-Nr.
PLZ | Ort
Geburtsdatum | Staatsangehörigkeit
Gesetzliche/r Vertreter/in[1)]
Eltern ☐ Vater ☐ Mutter ☐ Vormund ☐
Namen, Vornamen der gesetzlichen Vertreter
Straße, Hausnummer
PLZ | Ort

wird nachstehender Vertrag zur Ausbildung im Ausbildungsberuf
mit der Fachrichtung/dem Schwerpunkt/ dem Wahlbaustein etc.
nach Maßgabe der Ausbildungsordnung[2)] geschlossen.

Änderungen des wesentlichen Vertragsinhaltes sind vom/von der Ausbildenden unverzüglich zur Eintragung in das Verzeichnis der Berufsausbildungsverhältnisse bei der Industrie- und Handelskammer anzuzeigen.

Die beigefügten Angaben zur sachlichen und zeitlichen Gliederung des Ausbildungsablaufs (Ausbildungsplan) sowie die umseitigen Regelungen sind Bestandteil dieses Vertrages.

A Die Ausbildungszeit beträgt nach der Ausbildungsordnung ____ Monate.
Die vorausgegangene
☐ schulische Vorbildung
☐ abgeschlossene betriebliche Berufsausbildung als
☐ abgebrochene betriebliche Berufsausbildung als
☐ abgeschlossene Berufsausbildung in schulischer Form mit Abschluss als

wird mit ____ Monaten angerechnet bzw. es wird eine entsprechende Verkürzung beantragt.
Das Berufsausbildungsverhältnis beginnt am ____ und endet am ____ .

B Die Probezeit (§ 1 Nr. 2) beträgt ____ Monate.[3)]

C Die Ausbildung findet vorbehaltlich der Regelungen nach D in

und den mit dem Betriebssitz für die Ausbildung üblicherweise zusammenhängenden Bau-, Montage- und sonstigen Arbeitsstellen statt (§ 3 Nr. 12).

D Ausbildungsmaßnahmen außerhalb der Ausbildungsstätte (§ 3 Nr. 12) (mit Zeitraumangabe):

E Der/die Ausbildende zahlt dem/der Auszubildenden eine angemessene Vergütung (§ 5); diese beträgt zur Zeit monatlich brutto

€				
im	ersten	zweiten	dritten	vierten

Ausbildungsjahr.

F Die regelmäßige Ausbildungszeit in Stunden beträgt täglich[4)] ____ und/oder wöchentlich ____
Teilzeitausbildung wird beantragt (§ 6 Nr. 2) ja ☐ nein ☐

G Der/Die Ausbildende gewährt dem/der Auszubildenden Urlaub nach den geltenden Bestimmungen. Es besteht ein Urlaubsanspruch

Im Jahr					
Werktage					
Arbeitstage					

H Hinweise auf anzuwendende Tarifverträge und Betriebsvereinbarungen; sonstige Vereinbarungen:

J Die beigefügten Vereinbarungen sind Gegenstand dieses Vertrages und werden anerkannt.
Ort, Datum:

Der/Die Ausbildende:

Stempel und Unterschrift

Der/Die Auszubildende:

Vor- und Familienname

Der/Die gesetzlichen Vertreter/in des/der Auszubildenden:

Vater und Mutter/Vormund

1) Vertretungsberechtigt sind beide Eltern gemeinsam, sowie nicht die Vertretungsberechtigung nur einem Elternteil zusteht. Ist ein Vormund bestellt, so bedarf dieser zum Abschluss des Ausbildungsvertrages der Genehmigung des Vormundschaftsgerichtes.
2) Solange die Ausbildungsordnung nicht erlassen ist, sind gem. § 104 Abs. 1BBIG die bisherigen Ordnungsmittel anzuwenden
3) Die Probezeit muss mindestens einen Monat und darf höchstens vier Monate betragen.
4) Das Jugendarbeitsschutzgesetz sowie für das Ausbildungsverhältnis geltende tarifvertragliche Regelungen und Betriebsvereinbarungen sind zu beachten.

2. Blatt = Ausfertigung für den Ausbildungsbetrieb, Seite 1 von 2

Beispiel eines Formularvordrucks Berufsausbildungsvertrag (Abdruck mit freundlicher Genehmigung des Deutschen Industrie- und Handelskammertages e.V.)

Weitere Besonderheiten in einem Ausbildungsverhältnis

1. Die Berufsausbildung kann bei berechtigtem Interesse des Auszubildenden auch in Teilzeitform durchgeführt werden, z. B. wenn der Auszubildende Angehörige oder Kinder zu pflegen hat. Hierbei wird nicht die Gesamtausbildungsdauer, sondern nur die tägliche oder wöchentliche Ausbildungszeit gekürzt (Teilzeitausbildung).
2. Teile der Berufsausbildung können im Ausland erbracht werden, wobei der Auslandsaufenthalt nicht mehr als ein Viertel der in der Ausbildungsordnung vorgesehenen Ausbildungsdauer betragen soll. In dieser Zeit wird der Auszubildende von dem Besuch einer deutschen Berufsschule befreit.

3. Was ist hinsichtlich der Anmeldung bei der zuständigen Stelle zu beachten?

Der Berufsausbildungsvertrag (BAV) wird in dreifacher Ausfertigung vom Ausbildenden ausgefüllt und von beiden Vertragsparteien (Ausbildende und Auszubildenden) unterschrieben; bei Minderjährigen auch von den Erziehungs- bzw. Personensorgeberechtigten (gesetzliche Vertreter). Daraufhin reicht der Ausbildende den BAV zusammen mit dem **Antrag auf Eintragung in das Verzeichnis der Ausbildungsverhältnisse**, dem betrieblichen Ausbildungsplan und bei Minderjährigen die Bescheinigung der ärztliche Erstuntersuchung gem. Jugendarbeitsschutzgesetz bei der zuständigen Stelle ein. Nach erfolgter Prüfung durch die zuständige Stelle wird der BAV an den Ausbildenden zurückgeschickt. Dieser leitet jeweils eine Kopie des eingetragenen BAV an den Auszubildenden und eventuell an den gesetzlichen Vertreter weiter.

Ist der Vertrag nicht bei der zuständigen Stelle eingetragen, kann dies dazu führen, dass der Auszubildende nicht zur Zwischen- und Abschlussprüfung zugelassen wird.

Darüber hinaus muss der Ausbildende den Auszubildenden bei den Sozialversicherungsträgern anmelden. Dieses sind die gesetzliche

- Krankenversicherung,
- Pflegeversicherung,
- Arbeitslosenversicherung,
- Rentenversicherung,
- Unfallversicherung.

Formal meldet der Ausbildende den Auszubildenden lediglich bei der Krankenkasse an, die ihn wiederum bei den weiteren Sozialversicherungsträgern (außer Unfallversicherung) anmeldet.

Antrag auf Eintragung

in das Verzeichnis der Berufsausbildungsverhältnisse
zum nachfolgenden
Berufsausbildungsvertrag

IHK

Zwischen dem/der Ausbildenden (Ausbildungsbetrieb)

Öffentlicher Dienst ☐

KNR | Firmenident-Nr. | Tel.-Nr.

Anschrift des/der Ausbildenden (Ausbildungsbetrieb)

Straße, Haus-Nr.

PLZ | Ort

E-Mail-Adresse des/der Ausbildenden

Verantwortliche/r Ausbilder/in | Geburtsjahr

und dem/der Auszubildenden **männlich** ☐ **weiblich** ☐

Name | Vorname

Straße, Haus-Nr.

PLZ | Ort

Geburtsdatum | Staatsangehörigkeit

Gesetzliche/r Vertreter/in[1)]

Eltern ☐ Vater ☐ Mutter ☐ Vormund ☐

Namen, Vornamen der gesetzlichen Vertreter

Straße, Hausnummer

PLZ | Ort

wird nachstehender Vertrag zur Ausbildung im Ausbildungsberuf
mit der Fachrichtung/dem Schwerpunkt/ dem Wahlbaustein etc.
nach Maßgabe der Ausbildungsordnung[2)] geschlossen.

Vom/Von der Auszubildenden besuchte allgemeinbildende Schule
Zuletzt[3)]
Abschluss[4)]

Berufsvorbereitung, berufliche Grundbildung
☐ betriebliche Qualifizierungsmaßnahme
☐ schulisches Berufsgrundbildungsjahr (BGJ)[5)]
☐ Berufsvorbereitungsmaßnahme (SGB III)
☐ schulisches Berufsvorbereitungsjahr (BVJ)[5)]
☐ Berufsfachschule ohne voll qualifizierenden Berufsabschluss

Zuständige Berufsschule | Berufsfeld

A Die Ausbildungszeit beträgt nach der Ausbildungsordnung ____ Monate.

Die vorausgegangene
☐ schulische Vorbildung
☐ abgeschlossene betriebliche Berufsausbildung als
☐ abgebrochene betriebliche Berufsausbildung als
☐ abgeschlossene Berufsausbildung in schulischer Form mit Abschluss als

wird mit ____ Monaten angerechnet bzw. es wird eine entsprechende Verkürzung beantragt.

Das Berufsausbildungsverhältnis beginnt am ____ und endet am ____.

B Die Probezeit (§ 1 Nr. 2) beträgt ____ Monate.[6)]

C Die Ausbildung findet vorbehaltlich der Regelungen nach D in

und den mit dem Betriebssitz für die Ausbildung üblicherweise zusammenhängenden Bau-, Montage- und sonstigen Arbeitsstellen statt (§ 3 Nr. 12).

D Ausbildungsmaßnahmen außerhalb der Ausbildungsstätte (§ 3 Nr. 12) (mit Zeitraumangabe):

E Der/Die Ausbildende zahlt dem/der Auszubildenden eine angemessene Vergütung (§ 5); diese beträgt zur Zeit monatlich brutto

€				
im	ersten	zweiten	dritten	vierten

Ausbildungsjahr.

Öffentliche Förderung der Ausbildung (monatlich, regelmäßig, >50% der Kosten): nein ☐

Wenn ja[7)]

F Die regelmäßige Ausbildungszeit in Stunden beträgt täglich[8)] ____ und/oder wöchentlich ____

Teilzeitausbildung wird beantragt (§ 6 Nr. 2) ja ☐ nein ☐

G Der/die Ausbildende gewährt dem/der Auszubildenden Urlaub nach den geltenden Bestimmungen. Es besteht ein Urlaubsanspruch

Im Jahr					
Werktage					
Arbeitstage					

H Hinweise auf anzuwendende Tarifverträge und Betriebsvereinbarungen; sonstige Vereinbarungen:

Die sachliche und zeitliche Gliederung
☐ ist beigefügt
☐ liegt der IHK mit Stand vom ____ vor.

1) Vertretungsberechtigt sind beide Eltern gemeinsam, sowie nicht die Vertretungsberechtigung nur einem Elternteil zusteht. Ist ein Vormund bestellt, so bedarf dieser zum Abschluss des Ausbildungsvertrages der Genehmigung des Vormundschaftsgerichtes.

2) Solange die Ausbildungsordnung nicht erlassen ist, sind gem. § 104 Abs. 1 BBiG die bisherigen Ordnungsmittel anzuwenden

3) besuchte Schule, bitte Schlüssel eintragen
00 unbekannt
05 Hauptschule
06 Polytechnische Oberschule
10 Sonderschule
20 Realschule
30 Gymnasium
31 Erweiterte Oberschule
35 Oberstufenzentrum
40 Gesamtschule
51 Berufsvorbereitungsjahr
52 Berufsgrundschuljahr
53 Berufsfachschule
54 Höhere Berufsfachschule
57 Fachoberschule
59 Sonstige berufliche Vollzeitschulen
80 Hochschule
81 Fachhochschule
90 Sonstige Schule

4) Abschluss, bitte Schlüssel eintragen
00 unbekannt
01 Hauptschulabschluss
02 Qualifizierter Hauptschulabschluss
03 Mittlerer Bildungsabschluss
04 Fachhochschulreife
05 Hochschulreife
06 Hochschulabschluss
07 im Ausland erworbener Abschluss, nicht zuzuordnen
08 Sonstiger Abschluss
09 Ohne Abschluss

5) Bitte Zeugniskopie beifügen.

6) Die Probezeit muss mindestens einen Monat und darf höchstens vier Monate betragen.

7) Öffentliche Förderung des Ausbildungsverhältnisses, bitte Schlüssel eintragen
01 Sonderprogramm des Bundes/Landes
02 außerbetriebliche Berufsausbildung nach § 241 (2) SGB III
03 außerbetriebliche Berufsausbdg. Reha nach § 100 Nr. 5 SGB III
04 nur für Brandenburg: betriebsnahe Förderung

8) Das Jugendarbeitsschutzgesetz sowie für das Ausbildungsverhältnis geltende tarifvertragliche Regelungen und Betriebsvereinbarungen sind zu beachten.

Bitte den Antrag auf der Rückseite unterschreiben!

Beispiel eines Formularvordrucks Berufsausbildungsvertrag (Abdruck mit freundlicher Genehmigung des Deutschen Industrie- und Handelskammertages e.V.)

4. Welche Rechte und Pflichten ergeben sich aus dem BAV?

Die Pflichten der beiden Vertragsparteien (Ausbildernder und Auszubildender) sind im Berufsbildungsgesetz geregelt. Damit Unstimmigkeiten während der Ausbildungszeit von vornherein vermieden werden, drucken die zuständigen Stellen diese Pflichten in ihren Vordruckformularen der Berufsbildungsverträge zusätzlich auf der Rückseite eines BAV ab (siehe nächste Seite). Die so oft publizierten sogenannten Rechte der Vertragsparteien (insbesondere der Auszubildenden) werden aber nicht besonders formuliert, sondern ergeben sich aus den gegenseitigen Pflichten der beiden Vertragspartner.

Die Reihenfolge der folgenden Pflichten des Ausbildenden und des Auszubildenden ist willkürlich gewählt. Ordnen Sie die Pflichten entsprechend zu.

Pflichten des Ausbildenden	Pflichten des Auszubildenden
1. Ausbildungspflicht	a. Teilnahme am Berufsschulunterricht
2. Aufsichtspflicht	b. Pflicht der ärztlichen Untersuchung
3. Vergütungspflicht	c. Erholungspflicht
4. Freistellung für Prüfungen	d. Berichtsheftführung
5. Freistellung für Berufsschulunterricht	e. Weisungsgebundenheit
6. Berichtsheftkontrolle	f. Lernpflicht
7. Benennung weisungsberechtigter Personen	g. Teilnahme an Prüfungen
8. Bereitstellung der Ausbildungsmittel	h. Verschwiegenheits- und Treuepflicht
9. Urlaubsgewährung	i. sorgfältige Ausführung der Arbeiten
10. Übertragung zweckgebundener Aufgaben	j. Benachrichtigungspflicht
11. Schutz vor körperlicher Gefährdung	k. pflegliche Behandlung der ...
12. Zeugniserstellungspflicht	l. Einhaltung der Ordnung

1	2	3	4	5	6	7	8	9	10	11	12

Das „Kleingedruckte“ eines BAV bzw. Rechte und Pflichten während der Berufsausbildung

§ 1 – Ausbildungszeit

1. **Dauer (siehe A *)**

2. **Probezeit (siehe B *)**
   Die Probezeit muss mindestens einen Monat und darf höchstens vier Monate betragen (§ 20 S. BBiG). Wird die Ausbildung während der Probezeit um mehr als ein Drittel dieser Zeit unterbrochen, so verlängert sich die Probezeit um den Zeitraum der Unterbrechung.

3. **Vorzeitige Beendigung des Berufsausbildungsverhältnisses**
   Besteht der/die Auszubildende vor Ablauf der unter Nr. 1 vereinbarten Ausbildungszeit die Abschlussprüfung, so endet das Berufsausbildungsverhältnis mit Bekanntgabe des Ergebnisses durch den Prüfungsausschuss (§ 21 Abs. 2 BBiG).

4. **Verlängerung des Berufsausbildungsverhältnisses**
   Besteht der/die Auszubildende die Abschlussprüfung nicht, so verlängert sich das Berufsausbildungsverhältnis auf sein/ihr Verlangen bis zur nächstmöglichen Wiederholungsprüfung, höchstens um ein Jahr (§ 21 Abs. 3 BBiG). Bei Inanspruchnahme der Elternzeit verlängert sich die Ausbildungszeit um die Zeit der Elternzeit (§ 20 BEEG).

§ 2 – Ausbildungsstätte(n)
(siehe C *)

§ 3 – Pflichten des/der Ausbildenden

Der/Die Ausbildende verpflichtet sich,

1. **Ausbildungsziel**
   dafür zu sorgen, dass dem/der Auszubildenden die Fertigkeiten, Kenntnisse und Fähigkeiten vermittelt werden, die zum Erreichen des Ausbildungszieles nach der Ausbildungsordnung erforderlich sind, und die Berufsausbildung nach den Angaben zur sachlichen und zeitlichen Gliederung des Ausbildungsablaufs so durchzuführen, dass das Ausbildungsziel in der vorgesehenen Ausbildungszeit erreicht werden kann;

2. **Ausbilder/in**
   selbst auszubilden oder eine/n persönlich und fachlich geeignete/n Ausbilder/in ausdrücklich damit zu beauftragen und diese/n dem/der Auszubildenden schriftlich bekanntzugeben;

3. **Ausbildungsordnung**
   dem/der Auszubildenden vor Beginn der Ausbildung die Ausbildungsordnung kostenlos auszuhändigen;

4. **Ausbildungsmittel**
   dem/der Auszubildenden kostenlos die Ausbildungsmittel, insbesondere Werkzeuge, Werkstoffe und Fachliteratur zur Verfügung zu stellen, die für die Ausbildung in den betrieblichen und überbetrieblichen Ausbildungsstätten und zum Ablegen von Zwischen- und Abschlussprüfungen, auch soweit solche nach Beendigung des Berufsausbildungsverhältnisses und in zeitlichem Zusammenhang damit stattfinden, erforderlich sind;

5. **Besuch der Berufsschule und von Ausbildungsmaßnahmen außerhalb der Ausbildungsstätte**
   den/die Auszubildende/n zum Besuch der Berufsschule anzuhalten und freizustellen. Das gleiche gilt, wenn Ausbildungsmaßnahmen außerhalb der Ausbildungsstätte vorgeschrieben oder nach Nr. 12 durchzuführen sind;

6. **Führen eines schriftlichen Ausbildungsnachweises**
   dem/der Auszubildenden vor Ausbildungsbeginn und später die schriftlichen Ausbildungsnachweise für die Berufsausbildung kostenfrei auszuhändigen (Muster auf www.dihk.de erhältlich) sowie die ordnungsgemäße Führung durch regelmäßiges Abzeichnen zu überwachen, soweit schriftliche Ausbildungsnachweise im Rahmen der Berufsausbildung verlangt werden;

7. **Ausbildungsbezogene Tätigkeiten**
   dem/der Auszubildenden nur Aufgaben zu übertragen, die dem Ausbildungszweck dienen und seinen/ihren körperlichen Kräften angemessen sind;

8. **Sorgepflicht**
   dafür zu sorgen, dass der/die Auszubildende charakterlich gefördert sowie sittlich und körperlich nicht gefährdet wird;

9. **Ärztliche Untersuchungen**
   von dem/der jugendlichen Auszubildenden sich Bescheinigungen gemäß §§ 32, 33 Jugendarbeitsschutzgesetz darüber vorlegen zu lassen, dass diese/r
   a) vor der Aufnahme der Ausbildung untersucht und
   b) vor Ablauf des ersten Ausbildungsjahres nachuntersucht worden ist;

10. **Eintragungsantrag**
   unverzüglich nach Abschluss des Berufsausbildungsvertrages die Eintragung in das Verzeichnis der Berufsausbildungsverhältnisse bei der IHK zu beantragen. Eine Ausfertigung der Vertragsniederschrift ist beizufügen. Bei Auszubildenden unter 18 Jahren ist ferner eine Kopie oder Mehrfertigung der ärztlichen Bescheinigung über die Erstuntersuchung gemäß § 32 Jugendarbeitsschutzgesetz beizufügen. Entsprechendes gilt bei späteren Änderungen des wesentlichen Vertragsinhaltes;

11. **Anmeldung zu Prüfungen**
   den/die Auszubildende/n rechtzeitig zu den Zwischen- und Abschlussprüfungen anzumelden und für die Teilnahme freizustellen sowie der Anmeldung zur Zwischenprüfung bei Auszubildenden unter 18 Jahren eine Kopie oder Mehrfertigung der ärztlichen Bescheinigung über die erste Nachuntersuchung gemäß § 33 Jugendarbeitsschutzgesetz beizufügen;

12. **Ausbildungsmaßnahmen außerhalb der Ausbildungsstätte** (siehe D *)

§ 4 – Pflichten des/der Auszubildenden

Der/Die Auszubildende muss sich bemühen, die Fertigkeiten, Kenntnisse und Fähigkeiten zu erwerben, die erforderlich sind, um das Ausbildungsziel zu erreichen. Er/Sie verpflichtet sich insbesondere

1. **Lernpflicht**
   die ihm/ihr im Rahmen seiner/ihrer Berufsausbildung übertragenen Aufgaben sorgfältig auszuführen;

2. **Berufsschulunterricht, Prüfungen und sonstige Maßnahmen**
   am Berufsschulunterricht und an Prüfungen sowie an Ausbildungsmaßnahmen außerhalb der Ausbildungsstätte teilzunehmen, für die er/sie nach § 3 Nr. 5, 11 und 12 freigestellt wird; sein/ihr Berufsschulzeugnis unverzüglich dem/der Ausbildenden zur Kenntnisnahme vorzulegen und ist damit einverstanden, dass sich Berufsschule, IHK und Ausbildungsbetrieb über seine/ihre Leistungen unterrichten;

3. **Weisungsgebundenheit**
   den Weisungen zu folgen, die ihm/ihr im Rahmen der Berufsausbildung vom/von der Ausbildenden, vom Ausbilder/von der Ausbilderin oder von anderen weisungsberechtigten Personen, soweit sie als weisungsberechtigt bekannt gemacht worden sind, erteilt werden;

4. **Betriebliche Ordnung**
   die für die Ausbildungsstätte geltende Ordnung zu beachten;

5. **Sorgfaltspflicht**
   Werkzeug, Maschinen und sonstige Einrichtungen pfleglich zu behandeln und sie nur zu den ihm/ihr übertragenen Arbeiten zu verwenden;

6. **Betriebsgeheimnisse**
   über Betriebs- und Geschäftsgeheimnisse Stillschweigen zu wahren;

7. **Führen eines schriftlichen Ausbildungsnachweises**
   einen vorgeschriebenen schriftlichen Ausbildungsnachweis ordnungsgemäß zu führen und regelmäßig dem/der Ausbilder/in sowie der Berufsschule vorzulegen;

8. **Benachrichtigung bei Fernbleiben**
   bei Fernbleiben von der betrieblichen Ausbildung, vom Berufsschulunterricht oder von sonstigen Ausbildungsveranstaltungen dem/der Ausbildenden unter Angabe von Gründen unverzüglich Nachricht zu geben und ihm/ihr Arbeitsunfähigkeit und deren voraussichtliche Dauer unverzüglich mitzuteilen. Dauert die Arbeitsunfähigkeit länger als 3 Kalendertage, muss der/die Auszubildende eine ärztliche Bescheinigung über die bestehende Arbeitsunfähigkeit sowie deren voraussichtliche Dauer spätestens an dem darauffolgenden Arbeitstag vorzulegen. Der/Die Ausbildende ist berechtigt, die Vorlage der ärztlichen Bescheinigung früher zu verlangen;

9. **Ärztliche Untersuchungen**
   soweit auf ihn/sie die Bestimmungen des Jugendarbeitsschutzgesetzes Anwendung finden, sich gemäß §§ 32 und 33 dieses Gesetzes ärztlich
   a) vor Beginn der Ausbildung untersuchen zu lassen,
   b) vor Ablauf des ersten Ausbildungsjahres nachuntersuchen zu lassen und die Bescheinigungen hierüber dem/der Ausbildenden vorzulegen.

10. **Benachrichtigung nach Ende der Abschlussprüfung**
   unverzüglich nach dem Ende der Abschlussprüfung den/die Ausbildende/n über das Ergebnis zu informieren und die „vorläufige Bescheinigung über das Prüfungsergebnis" der IHK bzw. das IHK-Abschlusszeugnis vorzulegen.

§ 5 – Vergütung und sonstige Leistungen

1. **Höhe und Fälligkeit** (siehe E *)
   Eine über die vereinbarte regelmäßige Ausbildungszeit hinausgehende Beschäftigung wird besonders vergütet oder wird durch entsprechende Freizeit ausgeglichen.
   Die Vergütung wird spätestens am letzten Arbeitstag des Monats gezahlt.
   Die Beiträge für die Sozialversicherung tragen die Vertragsschließenden nach Maßgabe der gesetzlichen Bestimmungen.

2. **Sachleistungen**
   Soweit der/die Ausbildende dem/der Auszubildenden Kost und/oder Wohnung gewährt, gilt als Anlage beigefügte Regelung (ggf. Anlage beifügen).

3. **Kosten für Maßnahmen außerhalb der Ausbildungsstätte**
   Der/Die Ausbildende trägt die Kosten für Maßnahmen außerhalb der Ausbildungsstätte gemäß § 3 Nr. 5, soweit sie nicht anderweitig gedeckt sind. Ist eine auswärtige Unterbringung erforderlich, so können dem/der Auszubildenden anteilige Kosten für Verpflegung in dem Umfang in Rechnung gestellt werden, in dem diese/r Kosten einspart. Die Anrechnung von anteiligen Kosten und Sachbezugswerten nach § 17 Abs. 2 BBiG darf 75 % der vereinbarten monatlichen Bruttovergütung nicht übersteigen.

4. **Berufskleidung**
   Wird vom/von der Ausbildenden eine besondere Berufskleidung vorgeschrieben, so wird sie von ihm/ihr zur Verfügung gestellt.

5. **Fortzahlung der Vergütung**
   Dem/Der Auszubildenden wird die Vergütung auch gezahlt
   a) für die Zeit der Freistellung gem. § 3 Nr. 5 und 11 dieses Vertrages sowie gem. § 10 Abs. 1 Nr. 2 und § 43 Jugendarbeitschutzgesetz,
   b) bis zur Dauer von 6 Wochen, wenn er/sie
      aa) sich für die Berufsausbildung bereithält, diese aber ausfällt,
      bb) aus einem sonstigen in seiner/ihrer Person liegenden Grund unverschuldet verhindert ist, seine/ihre Pflichten aus dem Berufsausbildungsverhältnis zu erfüllen.

6. **Entgeltfortzahlung im Krankheitsfall**
   Bei unverschuldeter Arbeitsunfähigkeit infolge Krankheit wird dem/der Auszubildenden die Vergütung gemäß den Vorschriften des Entgeltfortzahlungsgesetzes gezahlt.

§ 6 – Ausbildungszeit und Urlaub

1. **Tägliche, wöchentliche Ausbildungszeit** (siehe F *)
2. **Teilzeitausbildung** (siehe F *)
3. **Urlaub** (siehe G *)
4. **Lage des Urlaubs**
   Der Urlaub soll zusammenhängend und in der Zeit der Berufsschulferien erteilt und genommen werden. Während des Urlaubs darf der/die Auszubildende keine dem Urlaubszweck widersprechende Erwerbstätigkeit leisten.

§ 7 – Kündigung

1. **Kündigung während der Probezeit**
   Während der Probezeit kann das Berufsausbildungsverhältnis ohne Einhaltung einer Kündigungsfrist und ohne Angabe von Gründen gekündigt werden.

2. **Kündigungsgründe**
   Nach der Probezeit kann das Berufsausbildungsverhältnis nur gekündigt werden
   a) aus einem wichtigen Grund ohne Einhalten einer Kündigungsfrist,
   b) von dem/der Auszubildenden mit einer Kündigungsfrist von 4 Wochen, wenn er/sie die Berufsausbildung aufgeben oder sich für eine andere Berufstätigkeit ausbilden lassen will.

3. **Form der Kündigung**
   Die Kündigung muss schriftlich, im Falle der Nr. 2 unter Angabe der Kündigungsgründe erfolgen.

4. **Unwirksamkeit einer Kündigung**
   Eine Kündigung aus einem wichtigen Grund ist unwirksam, wenn die ihr zugrunde liegenden Tatsachen dem/der zur Kündigung Berechtigten länger als 2 Wochen bekannt sind. Ist ein Schlichtungsverfahren gem. § 9 eingeleitet, so wird bis zu dessen Beendigung der Lauf dieser Frist gehemmt.

5. **Schadenersatz bei vorzeitiger Beendigung**
   Wird das Berufsausbildungsverhältnis nach Ablauf der Probezeit vorzeitig gelöst, so kann der/die Ausbildende oder der/die Auszubildende Ersatz des Schadens verlangen, wenn der/die andere den Grund für die Auflösung zu vertreten hat. Das gilt nicht bei Kündigung wegen Aufgabe oder Wechsels der Berufsausbildung (Nr. 2 b). Der Anspruch erlischt, wenn er nicht innerhalb von 3 Monaten nach Beendigung des Berufsausbildungsverhältnisses geltend gemacht wird.

6. **Aufgabe des Betriebes, Wegfall der Ausbildungseignung**
   Bei Kündigung des Berufsausbildungsverhältnisses wegen Betriebsaufgabe oder wegen Wegfalls der Ausbildungseignung verpflichtet sich der/die Ausbildende, sich mit Hilfe der Berufsberatung der zuständigen Arbeitsagentur rechtzeitig um eine weitere Ausbildung im bisherigen Ausbildungsberuf in einer anderen geeigneten Ausbildungsstätte zu bemühen.

§ 8 – Zeugnis

Der/Die Ausbildende stellt dem/der Auszubildenden bei Beendigung des Berufsausbildungsverhältnisses ein Zeugnis aus (§ 16 BBiG). Hat der/die Ausbildende die Berufsausbildung nicht selbst durchgeführt, so soll auch der/die Ausbilder/in das Zeugnis unterschreiben. Es muss Angaben enthalten über Art, Dauer und Zeit der Berufsausbildung sowie über die erworbenen Fertigkeiten, Kenntnisse und Fähigkeiten des/der Auszubildenden, auf Verlangen des/der Auszubildenden auch Angaben über Verhalten und Leistung.

§ 9 – Beilegung von Streitigkeiten

Bei Streitigkeiten aus dem bestehenden Berufsausbildungsverhältnis ist vor Inanspruchnahme des Arbeitsgerichts der nach § 111 Abs. 2 des Arbeitsgerichtsgesetzes errichtete Schlichtungsausschuss anzurufen, sofern ein solcher bei der IHK besteht.

§ 10 – Erfüllungsort

Erfüllungsort für alle Ansprüche aus diesem Vertrag ist der Ort der Ausbildungsstätte.

§ 11 – Sonstige Vereinbarungen (siehe H *)

Rechtswirksame Nebenabreden, die das Berufsausbildungsverhältnis betreffen, können nur durch schriftliche Ergänzung dieses Berufsausbildungsvertrages getroffen werden.

*) Die Buchstaben verweisen auf den entsprechenden Text der ersten Seite des Ausbildungsvertrags.

2. Blatt = Ausfertigung für den Ausbildungsbetrieb

Handlungsfeld 3
Ausbildung durchführen

Einführung planen

Probezeit planen

Lernförderliche Bedingungen schaffen

Lern- und Arbeitsaufgaben entwickeln

Handlungsfähigkeit fördern

Ausbildungsmethoden einsetzen

Auf Lernschwierigkeiten und Verhaltensauffälligkeiten reagieren

Zusatzqualifikationen nutzen

Bewerten und Beurteilen

Interkulturelle Kompetenzen fördern

3

Einführung planen

Wie könnte der erste Ausbildungstag im Betrieb gestaltet werden?

Gerade in den ersten Tagen der Ausbildung geht es darum, dem neuen Auszubildenden zu helfen, sich an die für ihn neue Situation anzupassen. Denn: **Die ersten Eindrücke bestimmen die Einstellung zur Ausbildung und zum Betrieb.** Es gilt also, eine erste positive Hinwendung zum Ausbildungsberuf und -betrieb zu schaffen und somit einen Wohlfühleffekt zu erzeugen. Deshalb sollte die Einführung in den Betrieb sorgfältig vom Ausbilder vorbereitet sein.

Der erste Ausbildungstag für Auszubildende könnte folgendermaßen gestaltet sein:

- Begrüßung des Auszubildenden durch den Ausbilder
- Vorstellung des aktuellen Tagesablaufs
- Personalverantwortliche, der Betriebsrat und die Jugend- und Auszubildendenvertretung stellen sich vor
- Betriebsrundgang mit Vorstellung der weisungsberechtigten Personen/Ansprechpartner in den einzelnen Abteilungen, Zeigen der Sozialräume/Kantine
- Erläuterung des Ausbildungsplans in groben Zügen, insbesondere der Ausbildungsstationen in der Probezeit
- Besprechung organisatorischer Inhalte wie z. B. Arbeitszeit, Pausen, Berufsschulbesuch
- Hinweise auf arbeitssicheres Verhalten (Betriebsordnung, Unfallverhütungsvorschriften [UVV])
- Hinweise zum Führen des Ausbildungsnachweises
- Mittagspause, evtl. gemeinsam mit Auszubildenden aus fortgeschrittenen Ausbildungsjahren
- Ausgabe der notwendigen Ausbildungsmittel
- In der gewerblichen Ausbildung Ausgabe der persönlichen Schutzausrüstung (PSA)

?

Entwerfen Sie einen Plan, wie Sie die erste Ausbildungswoche für die neuen Auszubildenden gestalten würden.

Probezeit planen

1. Wozu dient die Probezeit? Welche Tätigkeiten sollen dem Auszubildenden innerhalb der Probezeit übertragen werden?
2. Woraufhin kann der Auszubildende am Ende der Probezeit beurteilt werden?

1. Wozu dient die Probezeit? Welche Tätigkeiten sollen dem Auszubildenden innerhalb der Probezeit übertragen werden?

Die Probezeit, die gemäß Berufsbildungsgesetz ein bis vier Monate dauern muss, dient in erster Linie dazu, die Vertragsparteien erkennen zu lassen, ob der Auszubildende in ausreichendem Maße Eignung und Neigung (Interesse) für den Ausbildungsberuf aufweist. Um dies feststellen zu können, müssen dem Betroffenen möglichst unterschiedliche berufstypische Aufgaben übertragen werden. Verzichten sollte man hingegen weitgehend auf Routinetätigkeiten, die die Begeisterung und das Engagement schnell ins Gegenteil umschlagen lassen können.
Die Ausführung dieser Tätigkeiten sollte durch sorgfältige Beobachtung des Ausbildungspersonals begleitet werden, um gegen Ende der vereinbarten Probezeit mittels einer Beurteilung zu entscheiden, ob das Berufsausbildungsverhältnis fortzuführen oder aufzulösen ist. Aufgrund der Bedeutung dieser Entscheidung sei angemerkt, dass es empfehlenswert ist, die Maximalfrist der Probezeit von vier Monaten auszuschöpfen.

2. Woraufhin kann der Auszubildende am Ende der Probezeit beurteilt werden?

- Talent für den Beruf
- Lernbereitschaft und -fähigkeit
- Leistungsfähigkeit
- Motivation
- Hilfsbereitschaft
- Einsatzwille

Folgende Fragestellungen sind für eine Beurteilung am Ende der Probezeit wichtig:

1. Reicht die Neigung zum Beruf aus, um das Ausbildungsziel zu erreichen?
2. Ist der Auszubildende fähig, sich neuen Aufgaben zu stellen und diese zu bewältigen?
3. Wie belastbar ist der Auszubildende?
4. Inwiefern zeigt er Einsatzbereitschaft und Leistungswillen?
5. Wie arbeitet er im Team und wie geht er mit anderen um?
6. Wie nimmt er neues Wissen auf?
7. Zeigt er ein ausreichendes Maß an Geschicklichkeit?

Lernförderliche Bedingungen schaffen

1. Nach welchen Kriterien sollen Arbeitsplätze zur Ausbildung ausgesucht und aufbereitet werden?
2. Welche Veränderungen der Arbeitsplatzorganisation müssen bei der Auswahl der Arbeitsplätze zur Ausbildung berücksichtigt werden?
3. Was bedeutet Lernen?
4. Was sind Lernziele?
5. Wie wirkt sich das Ausbilderverhalten auf das Lernen aus?
6. Welche Umgebungseinflüsse begünstigen das Lernen?
7. Wie kann die Leistungsbereitschaft das Lernen beeinflussen?

1. Nach welchen Kriterien sollen Arbeitsplätze zur Ausbildung ausgesucht und aufbereitet werden?

Unabhängig von der Art der Ausbildung wird in den meisten Betrieben überwiegend dezentral ausgebildet, d. h., dass die Ausbildung zu mehr als 50 % in den Fachabteilungen direkt am Arbeitsplatz gestaltet wird; in der kaufmännischen Ausbildung mehr, in der gewerblich-technischen Ausbildung von Großbetrieben mit Ausbildungszentren weniger. Das bedeutet, dass ein Ausbildungsverantwortlicher diese Arbeitsplätze sorgfältig aussuchen muss. Insbesondere muss hier auf einen alters- und entwicklungsgemäßen Einsatz geachtet werden, der die Auszubildenden weder über- noch unterfordert.

Kriterien zur Auswahl von Arbeitsplätzen in den Fachabteilungen für die Ausbildung

1. Fachkräfte

- Haben die Fachkräfte ausreichende Fachqualifikationen?
- Wer ist bereit, Auszubildende zu betreuen?
- Sind diese Personen persönlich geeignet?
- Besitzen diese Personen pädagogische Qualifikationen und methodische Kenntnisse?
- Liegen bereits Ausbildungserfahrungen vor?
- Kann ausreichend Zeit für die Ausbildung aufgewendet werden?
- Besteht die Bereitschaft, mit der Ausbildungsabteilung zu kooperieren?
- Welchen Stellenwert hat die Ausbildung in der Abteilung?

2. Arbeitsaufgaben

- Lässt die Arbeitsorganisation ein Mitwirken der Auszubildenden zu?
- Sind die Arbeitsaufgaben interessant und vielfältig?
- Wie hoch sind die Anforderungen an die Auszubildenden?
- In welchem Ausbildungsjahr sollen die Auszubildenden diese Fachabteilung durchlaufen?
- Welche Vorkenntnisse müssen die Auszubildenden mitbringen?
- Lässt die Arbeitsorganisation ein selbstständiges Arbeiten der Auszubildenden zu?

3. Arbeitszeit

- Fällt die tägliche Arbeitszeit der Fachabteilung mit der Ausbildungszeit zusammen?
- Können jugendliche Auszubildende die Pausen nach dem JArbSchG einhalten?
- Ist eine Betreuung gewährleistet?

4. Lernmöglichkeiten

- Können in der Fachabteilung die zugeordneten Ausbildungsziele erreicht werden?
- Kann an diesem Arbeitsplatz die Sozial- und Methodenkompetenz gefördert werden?

5. Arbeitssicherheit

- Wird die Gesundheit nicht gefährdet?
- Ist eine Unfallbelehrung notwendig und die Arbeitssicherheit ausreichend gewährleistet?
- Ist eine Aufsicht vorhanden?
- Wird in Schichten oder im Akkord gearbeitet?

6. Arbeitsmittel-Ausstattung

- Sind am Arbeitsplatz berufstypische Einrichtungen vollständig vorhanden?
- Sind die Einrichtungen auf dem betrieblich aktuellen technischen Stand?
- Sind Hilfsmittel wie Schreibmaterial usw. vorhanden?
- Sind Umkleide- und Sozialräume vorhanden?

7. Ausbildungsmittel-Ausstattung

- Ist Fachliteratur am Arbeitsplatz vorhanden?
- Stehen eventuell Lernprogramme zur Verfügung?
- Sind Handbücher, Bedienungsanleitungen usw. vorhanden?

Bei der Auswahl von Arbeitsplätzen soll nicht nur der Ausbildungsstand der Auszubildenden berücksichtigt werden, sondern auch die individuelle Entwicklung der einzelnen Auszubildenden, z. B. pubertäre Entwicklung, Spät- oder Frühentwicklung, Entwicklungsstand der Methoden- und Sozialkompetenz.

Erarbeiten Sie Möglichkeiten der Zusammenarbeit zwischen der Ausbildungsabteilung und den einzelnen Fachabteilungen, um Fehlentwicklungen in diesen Abteilungen zu vermeiden.

Sie stellen fest, dass ein Defizit (eine Nichterfüllung von Anforderungen aus den o. g. Anforderungsbereichen) in einer Fachabteilung vorliegt. Entwickeln Sie Ideen, um dieses Defizit auszugleichen. Wählen Sie hierzu drei Defizite beispielhaft aus.

2. Welche Veränderungen der Arbeitsorganisation müssen bei der Auswahl der Arbeitsplätze zur Ausbildung berücksichtigt werden?

Der Ausbildungsverantwortliche muss Veränderungen der Arbeitsorganisation innerhalb des Unternehmens nicht nur beobachten, sondern sie in der Auswahl von Arbeitsplätzen für den Einsatz von Auszubildenden in den Fachabteilungen auch berücksichtigen. Es ist also von erheblicher Bedeutung,

- ob in den Fachabteilungen Einzelarbeitsplätze vorhanden sind oder bereits Gruppenarbeit eingeführt worden ist,

- welche unternehmerischen Ziele in den Fachabteilungen verfolgt werden,
- wie schlank die Abteilung geführt wird (Lean-Management),
- wie hoch die Kundenorientierung in den Fachabteilungen ist oder
- mit welchen Mitteln die Fachabteilungen rationalisiert werden.

Aus diesem Grund gewinnen die Zusammenarbeit mit den einzelnen Fachabteilungen und die Kontrolle der Ausbildungsplanung durch die Ausbildungsnachweishefte eine noch größere Bedeutung.

Folgende Punkte sind deshalb regelmäßig zu überprüfen:

- Hat sich die Arbeitsorganisation (Einzel- oder Gruppenarbeit) in der Fachabteilung verändert?
- Haben sich die Arbeitszeiten (Schichtmodelle, Gleitzeit) in der Fachabteilung verändert?
- Haben sich Technologien in der Fachabteilung verändert?
- Welche Ziele werden in der Fachabteilung verfolgt?
- Wie haben sich die Anforderungen an die Fachkräfte in der Fachabteilung verändert?
- Wie stark sind die Kundenanbindung und die Kundenorientierung in der Fachabteilung?
- Wie haben sich die Wertvorstellungen (Zusammenarbeit, Selbstständigkeit, Problemlösefähigkeit) in der Fachabteilung verändert?
- Wie hat sich der Führungsstil in der Fachabteilung verändert?
- Hat sich die Erwartungshaltung der Fachkräfte an die Auszubildenden verändert?

3. Was bedeutet Lernen?

Lernen bedeutet mehr als die Aufnahme von (neuem) Wissen. Lernen wird in der Pädagogik gewöhnlich als die **dauerhafte Veränderung von Verhaltensweisen aufgrund von Erfahrungen** bezeichnet, die das Individuum in Auseinandersetzungsprozessen mit seiner Umwelt gemacht hat.

Das mag sich an dieser Stelle etwas abstrakt anhören und soll daher anhand eines alltäglichen Beispiels verdeutlicht werden:
Was zeigt dieses Beispiel hinsichtlich des Lernens? Ausgangspunkt war die Unkenntnis des Kindes im Hinblick auf die Wirkung eines eingeschalteten Elektroherdes. Trotz des deutlichen Hinweises der Mutter setzte sich das Kind mit dem Herd auseinander und machte dabei eine schmerzhafte Erfahrung, die es die Nähe

> Das zweijährige Kleinkind befindet sich mit seiner Mutter in der Küche, wo diese mit der Essenszubereitung am Elektroherd beschäftigt ist. Sie bemerkt ein wachsendes Interesse ihres Kindes am Geschehen rund um die Herdplatten. Deshalb gibt sie den eindringlichen Hinweis: „Das darfst du nicht anfassen, sonst verbrennst du dir die Finger und das tut furchtbar weh." Das kleine Kind ist in seinem Erlebnisdrang jedoch nicht zu stoppen und berührt in einem unbeobachteten Moment mit seinen Fingern eine der heißen Platten mit dem Resultat, dass es sich leichte Verbrennungen an den Fingerkuppen zuzieht, die die Mutter mit kaltem Wasser kühlt. In der Folgezeit macht das Kind in der Küche einen großen Bogen um den Herd.

des Herdes vorläufig meiden lässt. Das Endverhalten unterscheidet sich also deutlich vom dem, was vor dieser Erfahrung lag.

Lernen ist ein Prozess, der Veränderungen in verschiedenen Lernbereichen, nämlich dem kognitiven, dem psychomotorischen und dem affektiven Bereich bewirkt.

- **Kognitiv** *(„Kopf“)* bezeichnet das Spektrum des *Wissens, Erkennens und Begreifens, der Kenntnisse*. Bsp.: Der Auszubildende soll die Pflichten des Ausbildenden und Auszubildenden erläutern können.
- **Psychomotorisch** *(„Hand, Finger“)* bezeichnet die Ebene der manuellen Tätigkeiten, der Fertigkeiten. Bsp.: Der Auszubildende soll eine Serviette falten können.
- **Affektiv** *(„Bauch, Herz“)* umfasst die Einstellungen, Gefühle, Werte und Normen. Bsp.: Der Auszubildende soll sich in einer Arbeitsgruppe teamorientiert verhalten.

Bezogen auf die angestrebte Handlungsfähigkeit in der Ausbildung müssen heute alle drei Lernbereiche angesprochen und gefördert werden. Die Menschen lernen unterschiedlich, d. h., sie fassen durch die verschiedenen Wahrnehmungskanäle Informationen unterschiedlich stark auf. Die Lernpsychologie kennt folgende Wahrnehmungstypen:
- den **visuellen Wahrnehmungstyp** – das ist derjenige, der am besten über die **Augen** aufnimmt
- den **auditiven Wahrnehmungstyp** – das ist derjenige, der am besten über das **Gehör** aufnimmt
- den **haptischen Wahrnehmungstyp** – das ist derjenige, der am besten über die **Hände** *(durch Anfassen)* begreift

Um einen möglichst hohen Wirkungsgrad des Lernens zu erzielen, ist es daher notwendig, im Lernprozess alle Wahrnehmungskanäle anzusprechen. Dies wird im Übrigen durch Studien bezüglich der durchschnittlichen Leistung, Neues zu behalten, bestätigt:

– Lesen	10 %	– Sehen und Hören	50 %
– Hören	20 %	– darüber reden	70 %
– Sehen	30 %	– Selbermachen	90 %

Diese Erkenntnisse sollten dazu veranlassen, zukünftig in der Ausbildung verstärkt sogenannte **aktivierende Methoden** einzusetzen. Das sind solche Methoden, bei denen möglichst viele Sinne und auch alle Lernbereiche angesprochen werden und bei denen der Auszubildende in einem größeren Umfang selbstständig arbeiten muss. Aktivierende Methoden gewährleisten einen höheren „Behaltenserfolg“ und wirken außerdem motivierend auf die Auszubildenden.

Notwendige Voraussetzung des Lernens ist jedoch auch eine entsprechende Reife. Nichtsdestotrotz lernt der Mensch zu ca. 80 % unbewusst, d. h., nur zu 20 % wird entweder autodidaktisch oder durch Lehren gelernt.

Lernen durch Nachahmung

Bewusstes Lernen: Bei der wahrscheinlich häufigsten Lernart in der Ausbildung plant der Ausbilder den Lernprozess im Vorfeld und macht dem Auszubildenden die einzelnen Lernschritte vor. Dieser hat sie dann so oder zumindest ähnlich nachzumachen und später zu üben. Dieses Lernen ist vom Ausbilder bewusst und absichtlich initiiert und wird deshalb „intentionales Lernen“ genannt (Intention = Absicht).

Unbewusstes Lernen: Hier werden unbewusst Personen oder Äußerlichkeiten nachgeahmt, z. B. Kleidung (Mode), Meinungen (Medien) usw.

Lernen am Modell

Bei dieser Lernart werden unbewusst **Verhaltensweisen des Ausbilders oder anderer nachgeahmt**, allerdings ohne dass dieses von der Modellperson beabsichtigt ist. Hierbei wird deutlich, wie wichtig die Vorbildfunktion des Ausbilders oder anderer mit der Ausbildung befasster Personen ist (z. B. in Bereichen wie der Arbeitssicherheit oder der Kundenorientierung).

Lernen durch Versuch, Irrtum und Erfolg

Bewusstes Lernen: Hierbei wird dem Auszubildenden eine Arbeits- oder Lernaufgabe gestellt, die er selbstständig durch Ausprobieren lösen soll. Durch die aktive Auseinandersetzung mit dem Lerngegenstand und das anschließende Üben kommt es im Regelfall bei Erreichen des Ziels zu einer nachhaltigen Behaltensleistung. Zugleich wird das Selbstvertrauen des Auszubildenden durch das Finden der richtigen Lösung gestärkt. Allerdings ist der Zeitaufwand bei dieser Lernart relativ hoch.

Unbewusstes Lernen: Hier probiert der Lernende aus, wie weit es gut geht, bevor er sein Verhalten ändert. Deshalb nennt man diese Lernart auch ‚entdeckendes Lernen'.

Lernen durch Einsicht

Bewusstes Lernen: Bei dieser Lernart werden durch die Anknüpfung an das Vorwissen bzw. die Vorerfahrungen des Auszubildenden Ursachen und Zusammenhänge verdeutlicht, sodass dieser eine neue Einsicht in bestimmte Sachverhalte oder Problemstellungen gewinnt.

Unbewusstes Lernen: Hier kommt der Auszubildende ohne besondere Absicht zu einer neuen Einsicht. Man nennt diese Lernart auch ‚Aha-Effekt'.

Didaktische Aufbereitung des Lernstoffs[1]

Weitere wichtige Erkenntnisse der Lernpsychologie und der Pädagogik sind, dass das Lernen umso leichter fällt, wenn der Lernstoff eine sinnvolle innere Struktur (einen „roten Faden") aufweist und ableitbare Prinzipien bzw. Gesetzmäßigkeiten für den Lernenden erkennbar sind. Außerdem sollte nach Möglichkeit neu zu Vermittelndes immer Anknüpfungspunkte an bereits Bekanntes haben. Davon abzuleiten ist, dass der Ausbilder im Vorfeld einer Ausbildungseinheit den zu vermittelnden **Lernstoff zerlegen** *(analysieren)*, die **didaktisch bedeutsamen Anteile herausfiltern**, auf das Wesentliche beschränken *(didaktische Reduktion)* und in einer **sachlogischen Reihenfolge wieder zusammenfügen** *(synthetisieren)* sollte. Deshalb müssen bei der Aufbereitung des Lernmaterials folgende didaktischen Faustregeln (Prinzip der Fasslichkeit) berücksichtigt werden:

- vom Bekannten zum Unbekannten
- vom Leichten zum Schweren

[1] *Didaktik = Lehre vom Lehren und Lernen*

- vom Nahen zum Fernen
- vom Einfachen zum Zusammengesetzten
- vom Konkreten zum Abstrakten
- vom Allgemeinen zum Speziellen

Im Übrigen lässt sich erkennen, dass die Ausbildungsrahmenpläne in den jeweiligen Ausbildungsordnungen gemäß dieser pädagogischen Prinzipien aufgebaut sind. Neben dem oben vorgestellten **Prinzip der Fasslichkeit** sollten darüber hinaus weitere pädagogische Grundsätze bei der Planung von Lernprozessen in der Berufsausbildung berücksichtigt werden:

Prinzip der Zielklarheit
Lernziele müssen zu Beginn des Lernprozesses klar und eindeutig definiert sein, damit sowohl der Ausbilder als auch der Auszubildende wissen, wohin „die Reise gehen soll" und was am Ende des Lernvorgangs an verändertem Verhalten vom Auszubildenden erwartet wird.

Prinzip der Praxisnähe
Berufsausbildung im Dualen System bedeutet in erster Linie, dass auf die Anforderungen einer späteren Tätigkeit im Ausbildungsberuf vorbereitet wird. Der Auszubildende muss also innerhalb der Ausbildungszeit mit vielen Anwendungsbeispielen aus der Praxis konfrontiert werden.

Prinzip der altersgemäßen Entwicklungsanpassung
Hierbei ist zu berücksichtigen, dass der Auszubildende im Regelfall noch Jugendlicher oder junger Erwachsener ist und er aufgrund dessen ggf. bestimmte Defizite im Verhaltensbereich oder bei seinem geistigen Aufnahmevermögen hat. Dieses ist vom Ausbilder entsprechend zu berücksichtigen – nicht zuletzt um eine Unter-, aber mehr noch eine Überforderung zu vermeiden.

Prinzip der Anschaulichkeit
Um eine konkretere Vorstellung bestimmter Sachverhalte vermitteln zu können, sollten vom Ausbilder Ausbildungsmittel (Medien) eingesetzt werden. Diese fördern die Einsichtsfähigkeit des Auszubildenden und erhöhen zugleich die Behaltensleistung.

Prinzip des selbstständigen Handelns
Wie bereits angeführt, dient die Berufsausbildung zur Vorbereitung auf eine spätere Tätigkeit als selbstständig und eigenverantwortlich handelnder Mitarbeiter. Diese Erwartungsanforderungen sollten relativ früh in der Ausbildung eingeübt und gefördert werden.

Prinzip der Erfolgssicherung
Über die gesamte Dauer der Ausbildungszeit ist es notwendig zu prüfen, ob der Auszubildende die Vielzahl der neuen Lerninhalte auch entsprechend aufgenommen und verinnerlicht hat (Lernzielkontrollen). Um das Erreichte, also den Erfolg, zu sichern, müssen Wiederholungs- und Vertiefungszeiträume eingeplant werden.

4. Was sind Lernziele?

Wie bei dem Prinzip der Zielklarheit angeführt, ist es unabdingbar, bei der Vorbereitung des Lernstoffs Lernziele zu formulieren. Der amerikanische Lernzieltheoretiker Mager hat zur Begründung sinngemäß gesagt: *Wer nicht genau weiß, wohin er will, braucht sich nicht darüber zu wundern, wenn er dort ankommt, wo er nicht hinwollte.*

Lernprozesse, die also nicht mit eindeutigen, überprüfbaren Zielen gekoppelt und Beliebigkeiten und Zufälligkeiten ausgesetzt sind, gefährden den Lernerfolg. Das könnte sich sowohl für den Ausbilder als auch für den Auszubildenden frustrierend auswirken.

Lernziele dienen dazu, dem Lernenden zu Beginn einer Ausbildungseinheit eine Orientierung hinsichtlich der Erwartung an sein Endverhalten zu geben und am Ende die Möglichkeit zur Überprüfung des gewünschten Endverhaltens zu haben.

Nur durch genau formulierte Lernziele kann eine Ausbildungseinheit
1. geplant, 2. durchgeführt und 3. kontrolliert werden.

Lernzielarten werden gemäß ihrer Eindeutigkeit und Genauigkeit unterschieden.

Das **Richtlernziel** gibt die Richtung an, ist sehr allgemein gehalten und lässt viele Interpretationsmöglichkeiten hinsichtlich der Erreichung zu.

Das **Groblernziel** wird aus dem Richtlernziel abgeleitet und stellt somit eine Konkretisierung des Richtlernziels dar, lässt aber noch immer unterschiedliche Interpretationsmöglichkeiten hinsichtlich der Erreichung zu.

Das **Feinlernziel** wird aus dem Groblernziel abgeleitet. Es beschreibt das gewünschte Endverhalten ganz konkret, sodass kein Interpretationsspielraum mehr hinsichtlich der Erreichung besteht.

Nur Feinlernziele können auf ihren erreichten Erfolg hin kontrolliert werden.

Richt(lern)ziel:
Ich will nach Hamburg!

← Dieses Ziel veranlasst mich nicht, etwas zu tun.

↓

Grob(lern)ziel:
Ich will im Sommer nach Hamburg!

← Auch dieses Ziel veranlasst mich noch nicht, etwas zu tun.

↓

Fein(lern)ziel:
Ich will am 27.06. mit dem Zug um 14:00 Uhr in Hamburg ankommen!

← Jetzt fahre ich!

Im Regelfall sind Richt- und Groblernziele in den Ausbildungsrahmenplänen der jeweiligen Ausbildungsordnung aufgeführt. Die konkrete Umsetzung dieser Lernzielkategorien in Feinlernziele überlässt der Verordnungsgeber dem Ausbildungspersonal in den einzelnen Betrieben. Das bedeutet, dass der Umgang mit den Feinlernzielen den betrieblichen Gegebenheiten individuell angepasst wird.

Motivation als Voraussetzung zum Erreichen des Lernziels

Lernen vollzieht sich in verschiedenen Stufen. An dieser Stelle wird ein sehr bekanntes Lernmodell nach Heinrich Roth vorgestellt, in dem diese Stufung deutlich wird:

Lernmodell nach Heinrich Roth	
1. Stufe der Motivation	Zunächst muss bei einem erfolgreich verlaufenden Lernprozess der Anstoß zum Lernen gegeben werden. Dieses erfolgt vielfach durch den Ausbilder, indem dieser den Lerngegenstand als besonders attraktiv präsentiert, das Lernziel nennt und ggf. auf die Bedeutung für zukünftiges Handeln hinweist (Zukunftsbedeutung).
2. Stufe der Schwierigkeit	Derart eingestimmt möchte sich der Auszubildende den Lerninhalt aneignen, stößt dabei aber auf Schwierigkeiten, das für ihn Neue umzusetzen.
3. Stufe der Lösung	Nun gilt es, die Schwierigkeit zu lösen. Vor dem Hintergrund einer handlungsorientierten Ausbildung wäre es ratsam, den Auszubildenden die Lösung selbst finden zu lassen anstatt sie durch den Ausbilder zu präsentieren.
4. Stufe des erstmaligen Ausführens	In der nächsten Stufe wird die Lösung erstmals praktisch durchgeführt. Nun ist davon auszugehen, dass durch das einmalige Durchführen das Erlernte noch nicht fest im Gedächtnis verankert ist.
5. Stufe des Behaltens und Einübens	Deshalb schließt sich nun die Wiederholungs- und Übungsphase an. Hier können, um Monotonie zu vermeiden, schon erste Variationen eingebaut werden.
6. Stufe der Übertragung (Transfer)	Nachdem festgestellt wird, dass der Auszubildende sicher im Umgang mit dem neu Erlernten ist, kann dazu übergegangen werden, das Gelernte auf ähnliche Lerninhalte zu übertragen, zu transferieren (z. B. durch Einsatz in der Praxis). Hierbei muss beachtet werden, dass die Struktur und die Prinzipien identisch oder zumindest ähnlich sein sollten.

Wie in dem Modell nach Heinrich Roth deutlich geworden ist, ist **Lernen ohne Motivation nicht möglich**. Was ist nun unter Motivation zu verstehen? Der Wortbedeutung nach heißt es *„etwas in Bewegung setzen“*. Es werden Beweggründe gebündelt, die ein bestimmtes Verhalten zur Erreichung eines Ziels in Gang setzen und während des Lernprozesses auch aufrechterhalten.

In der Motivationspsychologie werden **zwei Arten der Motivation** unterschieden:

1. **Die direkte (auch primäre oder intrinsische) Motivation** kommt vom Lernenden selbst *(von innen)*. Hierbei wird aus Spaß an der Sache gelernt; es ist ein hohes Maß an Interesse vorhanden.
2. **Die indirekte (auch sekundäre oder extrinsische) Motivation** kommt von *außen*. Hierbei liegen die Beweggründe im Erhalten von Belohnung (materiell wie immateriell) oder im Vermeiden von Strafe (negativen Konsequenzen), gemeinhin auch „Zuckerbrot-und-Peitsche-Prinzip“ genannt. In der neueren Motivationspsychologie wird diese Motivationsart auch als „Manipulation“ bezeichnet.

Welche Art von Motivation man in der Ausbildungspraxis antreffen wird, ist pauschal nicht zu beantworten, da diese von den einzelnen Auszubildenden und den jeweiligen Ausbildungsinhalten abhängt. Häufig ist jedoch von einer Mischform direkter und indirekter Motivation auszugehen.

Durch welche Vorgehens- bzw. Verhaltensweisen seitens des Ausbilders kann der Anteil der direkten Motivation, durch die das Lernen leichter fallen soll, erhöht werden?

- Einstimmung der Auszubildenden auf den Lerngegenstand, Herausstellung der Bedeutung für zukünftiges Handeln und der damit verbundenen Vorteile
- Nennung der zu erreichenden Lernziele

- Ermutigung der Auszubildenden hinsichtlich der Erreichbarkeit der Ziele, evtl. mit Hinweis auf bisher Geleistetes
- Erteilen realitätsnaher Aufgaben und Aufträge, dabei Über- oder Unterforderung vermeiden; die Aufgaben und Aufträge sollten von den Auszubildenden als erstrebenswert angesehen werden und Erfolgserlebnisse vermitteln können
- den Auszubildenden Möglichkeiten zum aktiven, selbstständigen Handeln lassen
- die Auszubildenden bei erkennbarem Lernfortschritt loben
- durch das eigene Verhalten motivierend auf die Auszubildenden wirken

?

Formulieren Sie jeweils ein Richt-, Grob- und Feinlernziel zu den jeweiligen Lernbereichen Ihres Ausbildungsberufes.

5. Wie wirkt sich das Ausbilderverhalten auf das Lernen der Auszubildenden aus?

Lehr- bzw. Lernprozesse bedeuten immer Wechselwirkungen zwischen dem Ausbilder und seinen Auszubildenden. In der Ausbildungspraxis sind unterschiedliche Typen von Ausbildern zu beobachten, z. B. diejenigen, die sich überhöhend über die Auszubildenden stellen und nur ihre eigene Meinung gelten lassen. Oder diejenigen, die auf die Bedürfnisse und Belange der Auszubildenden eingehen und ein offenes Ohr für diese haben. Oder diejenigen, denen der Umgang mit jungen Menschen nicht behagt und sie in der Ausbildung führungslos sich selbst überlassen.

Alle drei genannten Typen lassen sich bestimmten **Führungs- oder Erziehungsstilen** zuordnen:

1. Der **autokratische Stil** geht von einem Über- bzw. Unterordnungsprinzip zwischen Ausbilder und Auszubildenden aus.
2. Der **kooperative Stil** zeichnet sich durch das Bemühen des Ausbilders aus, den Auszubildenden als gleichwertigen Partner anzusehen, den es entsprechend zu fördern gilt.
3. Beim **gleichgültigen Stil (laissez-faire)** überlässt der Ausbilder die Auszubildenden weitgehend sich selbst und erfüllt seine Aufgaben auf minimalem Niveau.

?

Beschreiben Sie, wie sich die drei Führungs- bzw. Erziehungsstile eines Ausbilders in der täglichen Ausbildungspraxis auf das Lern- und Leistungsverhalten von Auszubildenden auswirken könnten.

In der Praxis wird es diese Führungs- bzw. Erziehungsstile in Reinform kaum geben, vielmehr werden sich Überschneidungen oder individuelle Abweichungen feststellen lassen. Das hat in der Managementtheorie dazu geführt, sich von den starren Konzepten zu lösen und einen vierten Stil zu propagieren, der sich anteilsmäßig aus den drei genannten zusammensetzt und jeweils situationsabhängig angewendet wird: Der **situative persönliche Führungsstil**.
Die *Grundausrichtung* hierbei bleibt das *kooperative Verhalten*, verlangt aber in speziellen Situationen mitunter autokratisches Handeln (z. B. bei der Einhaltung von Arbeitssicherheitsvorschriften) oder auch ein bestimmtes Maß an „Sich-selbst-überlassen-Sein" (z. B. bei Projektaufgaben).

Abschließend ist festzuhalten, dass der Erfolg des Lernens auch in einem engen Kontext mit dem Verhalten und Handeln des Ausbilders seinen Auszubildenden gegenüber steht. Das heißt, je mehr persönliche Autorität der Ausbilder bei den Auszubildenden erlangt und je mehr sich seine Rolle von der ursprünglichen Vermittlerrolle zur Beraterrolle (Coach) wandelt, desto wahrscheinlicher ist es, dass die jungen Menschen mit Freude und Engagement an die ihnen gestellten Aufgaben herangehen werden und ihnen das Lernen dadurch leichter fällt.

Was verstehen Sie in diesem Zusammenhang unter einer persönlichen Autorität (Vorbild) und wie sollte nach Ihrer Meinung der ‚ideale' Ausbilder aussehen?

Die Bedeutung der Kommunikation in Bezug auf den Ausbildungsprozess

„Ohne Kommunikation kein Führen." Dieser Grundsatz gilt natürlich auch in der Ausbildung. Das unten abgebildete Kommunikationsmodell soll erläutern, wie wichtig Kommunikation in der Ausbildung ist. Damit kann kein Kommunikations- oder Konfliktseminar ersetzt, aber verdeutlicht werden, wie wichtig es ist, **Was** und **Wie** man etwas und vor allen Dingen **Wem** man etwas sagt.

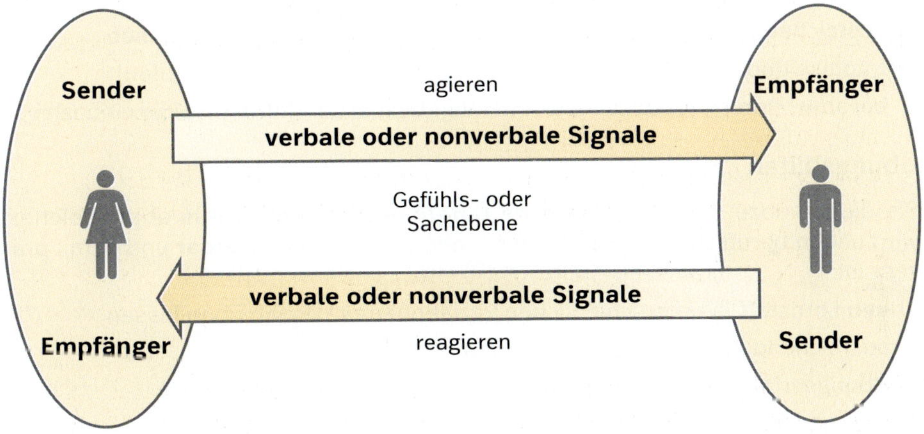

Eine **falsche Kommunikation** führt zu	→	**Missverständnissen.**
Nicht ausgeräumte Missverständnisse führen zu	→	**zwischenmenschlichen Konflikten.**
Nicht gelöste Konflikte führen zu	→	**Problemen.**
Nicht gelöste Probleme sind	→	**Kosten.**

Neben dem „richtigen“ Umgang mit den Auszubildenden steht dem Ausbilder zur Gestaltung erfolgreich verlaufender Lernprozesse ein **Instrumentarium an Hilfsmitteln** zur Verfügung:

- Motivationshilfen
- Lösungshilfen
- Übungshilfen

Motivationshilfen

Sie sollen das **Lernen initiieren** und den **Lernvorgang aufrechterhalten**. Dazu können dienen:

- Darstellung der Lernziele und daraus abgeleiteter Teilziele
- Bedeutung des Lerngegenstands
- Hemmungen nehmen, indem auf vorangegangene Lernerfolge hingewiesen wird
- Erfolgszuversicht herausstellen
- interessanten Einstieg wählen
- Lernstoff didaktisch sinnvoll gliedern (z. B. „vom Leichten zum Schweren“), damit erste Lernfortschritte relativ bald erkennbar sind
- Lob und Anerkennung aussprechen

Lösungshilfen

Sie bieten die Möglichkeit, **Barrieren** auf dem Weg zur Lösung **zu überwinden**. Dazu können beitragen:

- ausreichend Zeit für das Erarbeiten einer Lösungsstrategie einplanen
- Impulse geben (ggf. auf Vorwissen hinweisen und daran anknüpfen)
- bei absehbaren Fehlern den Auszubildenden bei der Korrektur aktiv einbeziehen

Übungshilfen

Sie dienen dazu, dass das **Gelernte langfristig im Gedächtnis abgespeichert** wird und in beruflichen Anwendungssituationen **schnell abrufbar** und damit präsent ist:

- den Lernstoff in unterschiedlichen Variationen praxisnah üben lassen
- ausreichend Zeit zum Üben einplanen
- Übungserfolge ermöglichen und entsprechend darstellen

6. Welche Umgebungseinflüsse begünstigen das Lernen?

Um den Lernerfolg langfristig zu sichern, muss das frisch Erlernte wiederholt und geübt werden. Dabei sollte berücksichtigt werden, dass die Übungs- und Wiederholungsphasen über längere Zeiträume verteilt werden, denn kürzeres und häufigeres Üben und Wiederholen ist auf Dauer effizienter als einmaliges, geballtes Rekapitulieren. Neben den lernpsychologischen und pädagogischen Hinweisen gilt es weitere für einen erfolgreichen Lernprozess bedeutsame Erkenntnisse zu beachten: die **physiologischen Gegebenheiten**.

Zunächst sollte beachtet werden, dass der **Lernort** nach Möglichkeit frei von **störenden äußeren Einflüssen** ist. Diese können das Konzentrationsvermögen und damit das Lernen nachhaltig beeinträchtigen. Zu einem optimalen lernförderlichen Umfeld gehören insbesondere

- ein heller Raum (Lichtverhältnisse),
- angenehme klimatische Bedingungen (Raumtemperatur ca. 20 °C, ausreichende Belüftung),
- keine störenden Außengeräusche und
- ein angemessenes Raumdesign (Anordnung der Arbeitsplätze, ausreichender Platz).

7. Wie kann die Leistungsbereitschaft das Lernen beeinflussen?

Darüber hinaus sollte bei der Planung von Lernprozessen die Leistungsbereitschaft (Motivation) des Menschen beachtet werden, d. h. die Erkenntnis, dass die Leistungsbereitschaft des Individuums Schwankungen unterliegt. Diese können im Regelfall nur minimal beeinflusst werden.

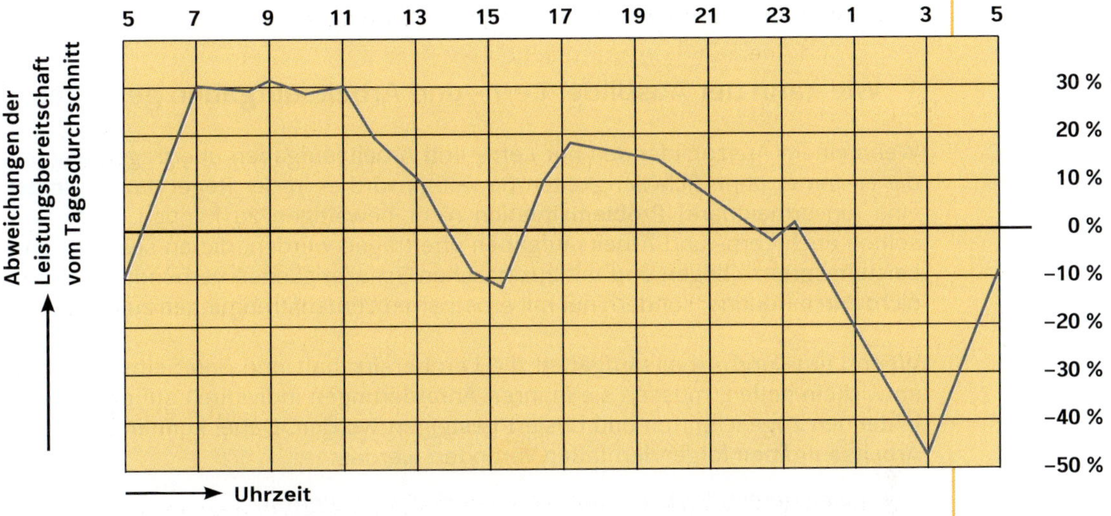

Nach Möglichkeit sollte also die Vermittlung theoretischen Wissens oder die Erarbeitung komplexer Sachverhalte in die Vormittagsstunden gelegt werden. In der Zeit nach der Mittagspause wäre es sinnvoll, wiederholen und üben zu lassen. Bei praktischen Aufgaben sei daraufhin gewiesen, dass aufgrund möglicher Ermüdungstendenzen auf die Arbeitssicherheit besonderes Augenmerk gelegt werden muss.
Diese Aufgaben sollten ein breites Maß an Variationen aufweisen, um Monotonie zu vermeiden und dadurch den Aufmerksamkeitsgrad auf hohem Niveau zu halten. Um einer fortschreitenden Ermüdung am Ausbildungsplatz entgegenzuwirken, ist es sinnvoll, ausreichend **Pausen** zur Wiederherstellung der psychischen und physischen Leistungsbereitschaft einzuräumen. Dabei hat sich Folgendes im Hinblick auf die Erholungswirkung als günstig herausgestellt: Häufigere Kurzpausen (3–5 Minuten) bewirken einen besonders hohen Effekt hinsichtlich der Wiederherstellung der Arbeitskraft. Lange Pausen ergeben keine Leistungssteigerung. Diese Kurzpausen sollten insbesondere in den Mittags- und Nachmittagsstunden liegen. Eine längere Pause (Mittagspause) sollte in den zweiten Teil des Ausbildungstages gelegt werden.

Lern- und Arbeitsaufgaben entwickeln

1. Wie kann der Ausbilder Lern- und Arbeitsaufgaben gestalten?
2. Welche Bedeutung hat aktives Lernen in der Ausbildung?

1. Wie kann der Ausbilder Lern- und Arbeitsaufgaben gestalten?

Wenn einem Auszubildenden nur Lern- und Arbeitsaufgaben übertragen werden, die er immer ohne Schwierigkeiten bewältigt, wird er in der Regel dazu erzogen, eine (unvermeidbare) Problemsituation nicht bewältigen zu können. Deswegen sollten auch Lern- und Arbeitsaufgaben übertragen werden, die an seiner oberen Leistungsgrenze liegen und mit zusätzlichen Schwierigkeiten verbunden sind, die nicht durch Routine, sondern nur mit ernsthaften Lernanstrengungen zu lösen sind.

Wenn Lern- und Arbeitsaufgaben die Lernbereitschaft und das Selbstvertrauen entwickeln sollen, müssen sie in ihren Anforderungen individuell auf den Auszubildenden zugeschnitten und dosiert gesteigert werden. Dabei können Lern- und Arbeitsaufgaben folgendermaßen verändert werden:

- Problemgehalt der Lern- und Arbeitsaufgabe steigern
- Umfang und Komplexität der Lern- und Arbeitsaufgabe erhöhen
- Umfang der notwendigen Informationsbeschaffung anheben
- Umfang der Außenkontakte aufstocken
- Anforderung an die Qualität verstärken
- verfügbare Arbeitszeit verknappen

Bei der Bewältigung von Lern- und Arbeitsaufgaben sollte sich der Auszubildende einige Kriterien verinnerlichen, um sein eigenes Handeln einordnen zu können:

- Warum mache ich das?
- Welches Ziel soll erreicht werden? Welches Arbeitsergebnis soll ich erreichen?
- Welche Methoden und Arbeitsweisen soll ich anwenden?
- Welche Qualitätskriterien müssen erfüllt werden?

- Wie viel Zeit steht mir zur Verfügung?
- Welche Materialien, Hilfsstoffe, Werkzeuge, Informationen benötige ich?
- In welcher Form arbeite ich anderen zu und muss mit anderen kooperieren?
- Welche Normen und Vorschriften sind einzuhalten?

2. Welche Bedeutung hat aktives Lernen in der Ausbildung?

Als aktives Lernen bezeichnet man z. B. Situationen, in denen der Auszubildende selbstständig Eigeninitiative zeigt oder erwartet wird, dass er diese entwickelt: etwa während eines Lernprozesses, in dem sich Schwierigkeiten ergeben und der Auszubildende selbst nach Problemlösungen zur Überwindung der Schwierigkeiten sucht, oder wenn aus Zeitgründen keine Fachkraft zur Verfügung steht.

Darstellung eines Lernprozessablaufs nach Heinrich Roth

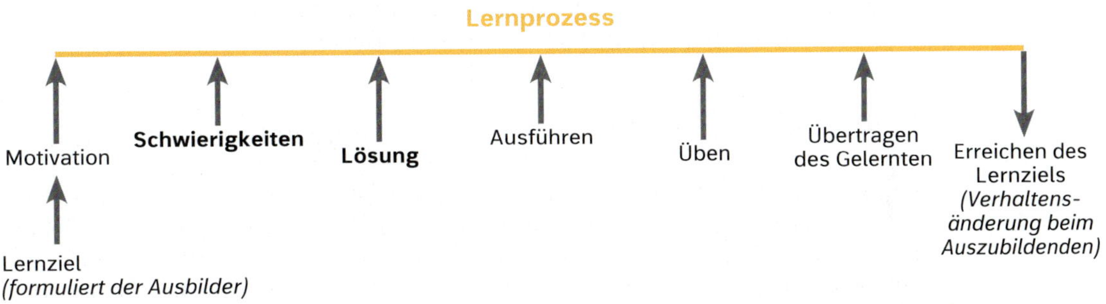

In Situationen, in denen der Auszubildende auf wie auch immer geartete Schwierigkeiten stößt, müssen diese gelöst werden, um den Lernprozess nicht abbrechen zu lassen. Das Einfachste, aber pädagogisch „Falscheste" wäre, wenn der Ausbilder die Problemlösung vorgibt. Die Schwelle, sich bei Schwierigkeiten an den Ausbilder zu wenden, würde immer kleiner werden und der Auszubildende würde zur Unselbstständigkeit erzogen.

Hier sollte die Förderung zum aktiven Lernen einsetzen. Der Ausbilder muss Lernherausforderungen schaffen und Orientierungshilfen geben.

Die Bereitschaft des Auszubildenden zum aktiven Lernen ist von folgenden Faktoren abhängig:
- Motive und Interessen
- Leistungsbereitschaft
- Selbstvertrauen

Zusammenhänge zwischen Motivation, Leistungsbereitschaft, Selbstvertrauen und Selbstständigkeit beim aktiven Lernen

Motivation

Motivation ist der Antrieb zum Handeln: **Ohne Motivation kein Lernen** (Verhaltensänderung). Wer nicht motiviert ist, wird sich Wissen nur so lange auswendig einprägen, bis es abgefragt wurde, es aber nicht lernen.

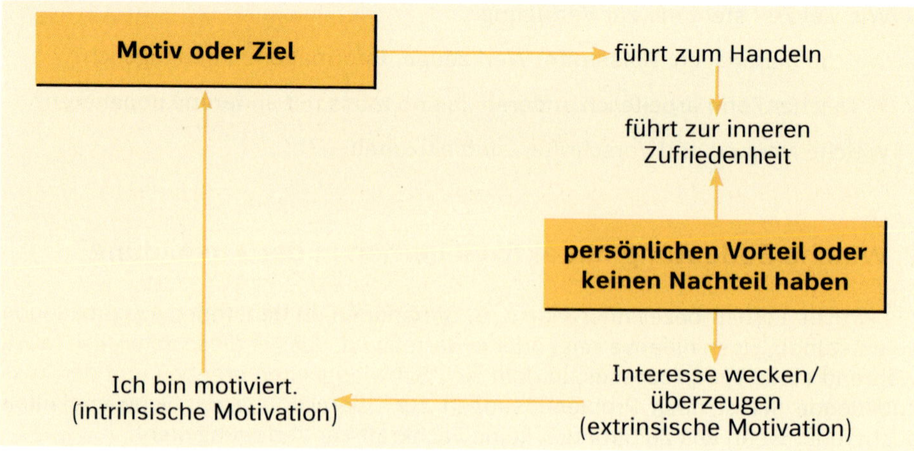

Die Bereitschaft zum Lernen (Lernmotivation) ist die Grundvoraussetzung des aktiven Lernens. Der Ausbilder muss in der Lage sein, beim Auszubildenden das Interesse zu wecken, indem er diesen davon überzeugt, dass er persönliche Vorteile hat, wenn er selbst Eigeninitiative entwickelt.

Leistungsbereitschaft

Die Bereitschaft zum Lernen und insbesondere zum aktiven Lernen entwickelt sich aus der Eigenmotivation. Sie wird weiterhin positiv beeinflusst durch eigene Erfolge (**„Nichts ist erfolgreicher als der Erfolg!“**), Anerkennung und Selbstständigkeit.

Selbstvertrauen

Selbstvertrauen kann sich nur entwickeln, wenn man den Auszubildenden in einem abgesteckten Rahmen selbstständig gewähren lässt, um so Erfolge zu erzielen. Auch hier besteht ein **enger Zusammenhang zwischen Motivation und Leistungsbereitschaft.**

Selbstständigkeit

Aktives Lernen heißt in erster Linie, den Auszubildenden zum selbstständigen „Planen, Durchführen und Kontrollieren“ zu befähigen.
Daher sollten Zielformulierungen

- realistisch,
- klar und verständlich,
- nicht unter- oder überfordernd,
- erreichbar und
- kontrollierbar sein.

Planen	**Durchführen**	**Kontrollieren**
– Konkretisieren der Aufgaben und Ziele – Arbeitsgliederung erstellen und Arbeitsschritte festlegen – Entwerfen eines Zeitplans	– Beschaffungs-, Rüst- und Vorarbeiten – Ausführung – abschließende Arbeiten	– Prüfen auf Vollständigkeit und Qualität – kritische Würdigung im Hinblick auf die Ziele – Dokumentation

Handlungsfähigkeit fördern

1. Welche Bedeutung hat das erzieherische Wirken des Ausbilders im Zusammenhang mit der Förderung der Handlungsfähigkeit?
2. Was heißt „Erziehen“?
3. Welche Schlüsselqualifikationen sind in der Ausbildung zu fördern?

1. Welche Bedeutung hat das erzieherische Wirken des Ausbilders im Zusammenhang mit der Förderung der Handlungsfähigkeit?

Wie im vorangegangenen Kapitel beschrieben, soll beim Fördern aktiven Lernens die Leistungsbereitschaft und das Selbstvertrauen des Auszubildenden entwickelt werden, damit er sein Handeln einordnen kann.

Woran soll nun der Auszubildende sein Handeln orientieren? Selten findet man hierzu in der einschlägigen Fachliteratur eine eingängige Definition. Aus der Perspektive der betrieblichen Praxis ist die Definition aber sehr einfach:

Der Auszubildende kann dann kompetent handeln (Handlungsfähigkeit), wenn er sein Handeln ständig an den Auswirkungen seines Handelns orientiert (Handlungsorientierung).

Dies ist gegeben, wenn sich der Auszubildende ständig fragt: Welche Auswirkung hat mein Handeln ...

– ... auf die Kunden?	→	kundenbewusstes Handeln
– ... auf die Produktqualität?	→	qualitätsbewusstes Handeln
– ... auf die Arbeitssicherheit?	→	arbeitssicheres Handeln
– ... auf die Kosten?	→	kostenbewusstes Handeln
– ... auf die Kollegen?	→	teambewusstes Handeln
– ... auf die Umwelt?	→	umweltbewusstes Handeln

und letztlich auch ... auf mich selbst?

Wie in Handlungsfeld 1 bereits dargestellt, ist das Ziel der Ausbildung das Erreichen der Handlungsfähigkeit des Auszubildenden. Dies gelingt zunächst dadurch, dass der Ausbilder Fertigkeiten und Kenntnisse vermittelt (= ausbilden), die den Auszubildenden befähigen, fachlich seine Kompetenz zu beweisen (Fachkompetenz). Dabei sind auch Methoden zu vermitteln, um z. B. systematisch und planvoll vorgehen zu können bzw. um die Schlüsselqualifikation Planungsfähigkeit zu entwickeln. Darüber hinaus sollte aber auch das erzieherische Wirken des Ausbilders einsetzen, um fach- oder berufsübergreifende Qualifikationen zu fördern, die notwendig sind, um überhaupt Fachkompetenz anwenden zu können: Qualifikationen, die somit den Schlüssel darstellen (Schlüsselqualifikationen), die Fachkompetenz umzusetzen. Was nützt eine hohe Fachkompetenz z. B. einem Verkäufer, wenn er nicht mit dem Kunden umgehen kann, oder einer Fachkraft, wenn sie nicht teamfähig ist?

2. Was heißt „Erziehen“?

„Erziehen“ heißt, dass vom Ausbilder erwartet wird, **die betrieblichen Werte und Normen auf den Auszubildenden zu übertragen**. Er versucht ein negatives Verhalten in ein positives zu wandeln oder ein vorhandenes **positives Verhalten zu stärken**.

Erziehen heißt auch, **Schlüsselqualifikationen** zu fördern, und setzt in der Regel dann ein, wenn ein bestimmtes Normenverhalten erwartet wird oder sich jemand nicht normgerecht verhält.

In *konservativ* geführten Unternehmen sind *Pünktlichkeit, Ordnung, Fleiß und Sauberkeit* wichtige Wertvorstellungen. *Modern* geführte Unternehmen definieren *Schlüsselqualifikationen vor allem als Teamfähigkeit* (hier fließt z. B. Pünktlichkeit ein), *selbstverantwortliches Handeln, Flexibilität oder Kommunikationsfähigkeit*.

3. Welche Schlüsselqualifikationen sind in der Ausbildung zu fördern?

In welche Richtung der Auszubildende erzogen werden soll, hängt von den Wertvorstellungen des Betriebs ab. Hier muss der Ausbilder wissen, welche Werte im Betrieb wichtig sind, und er muss ggf. eigene Wertmaßstäbe zurückstellen, um letztlich die geforderten Schlüsselqualifikationen fördern zu können.

?

Ordnen Sie in Partnerarbeit die unten aufgeführten Schlüsselqualifikationen den jeweiligen Kompetenzbereichen zu.

Fähigkeit	Methodenkompetenz	Sozialkompetenz
selbstständiges Lernen (aktives Lernen)		
Transferbildung		
Eigeninitiative		
Erkennen der Grenzen des eigenen Könnens		
Entscheidungen treffen		
Arbeit im Team		
Kooperation		
Selbstständigkeit in der Arbeitsabwicklung		
systematisches, analytisches Vorgehen		
selbstständiges Planen		
Verantwortungsbereitschaft		
Sorgfalt		
Einfühlungsvermögen		
soziales Verhalten		
sicheres Arbeitsverhalten		
Kritikfähigkeit		
problemlösendes Denken		
methodische Vorgehensweise		
kundengerechtes Verhalten		
soziale Verantwortung		

Ausbildungsmethoden einsetzen

1. Was sind Methoden?
2. Wie kann der Auszubildende praktisch am Arbeitsplatz eingesetzt werden?
3. Welche Bedeutung hat das Lernen in Gruppen während der Ausbildung?
4. Was sind ausbilderkonzentrierte und gruppenorientierte Methoden?
5. Welche Methoden fördern das selbstgesteuerte Lernen in Gruppen?
6. Welche Ausbildungsmittel können unterstützend in Methoden eingesetzt werden?

1. Was sind Methoden?

Als Methode bezeichnet man eine planmäßige und folgerichtige Vorgehensweise, auch „Weg zum Ziel" genannt. Zur Erreichung von Ausbildungszielen können verschiedene Wege eingeschlagen werden. Welche Methode der Ausbilder wählt, ist abhängig von den zu erreichenden Ausbildungsinhalten und -zielen (kognitiv, psychomotorisch oder affektiv), dem Ausbildungsstand der Auszubildenden, der pädagogischen Erfahrung des Ausbilders, der Anzahl der Auszubildenden und den betrieblichen Rahmenbedingungen.

3

Methoden haben eine unterschiedliche Gewichtung im Hinblick auf die Einbindung des Auszubildenden. Es gibt Ausbildungsmethoden, die den Ausbilder in das Zentrum des Geschehens stellen (ausbilderkonzentrierte Methoden), die vorwiegend in der Grundbildung zum Einsatz kommen sollten. Und es gibt Ausbildungsmethoden, die dem Auszubildenden einen hohen Grad an Aktivität und Selbstständigkeit einräumen (selbstgesteuertes Lernen), die neben der Erreichung der Fachkompetenz auch viele Schlüsselqualifikationen fördern können.

Die folgende Übersicht stellt die Form, wie die Auszubildenden unterwiesen werden, dar. Bei den ausbilderkonzentrierten Ausbildungsmethoden wird der Ausbilder einen Ausbildungsinhalt vormachen (Fertigkeit), vortragen, vorführen oder fragend bzw. besprechend entwickeln (Kenntnisse), und beim selbstgesteuerten Lernen er- oder verarbeiten die Auszubildenden dann den Ausbildungsinhalt selbstständig.

Unterweisungsform	Methode
vortragend	Kurzvortrag
vormachend	Vier-Stufen-Methode
vorführend	Demonstration
entwickelnd (fragend- oder besprechend)	Lehrgespräch
er-/verarbeitend	Moderation Fallmethode Brainstorming Leittextmethode Leitfragenmethode Projektmethode Rollenspiel

2. Wie kann der Auszubildende praktisch am Arbeitsplatz eingesetzt werden?

Beim betrieblichen Einsatz in den Fachabteilungen („Vor-Ort-Ausbildung") werden die Auszubildenden von ausbildenden Fachkräften praktisch angeleitet. In den meisten Ausbildungsbetrieben, die nicht über zentrale Ausbildungsräume (Ausbildungswerkstatt, Ausbildungszentrum, Unterrichtsräume) verfügen, wird hauptsächlich in dieser Form ausgebildet.

Deswegen sollte nicht nur der verantwortliche Ausbilder Kenntnisse über methodische Wege zur „praktischen Anleitung" beherrschen, sondern auch das ausbildende Fachkräftepersonal.

Wenn Auszubildenden neue Aufgaben übertragen werden, darf das ausbildende Personal nicht voraussetzen, dass diese bereits beherrscht werden. Je nach Ausbildungsfortschritt unterscheiden sich Auszubildende möglicherweise durch folgende Defizite von den Fachkräften:

- Kenntnislücken
- mangelndes Handlungswissen
- fehlende Handlungsmethoden
- unzureichende Zielorientierung
- fehlende Problemlösungsstrategien
- unzureichende Handlungsschnelligkeit

In der zentralen Ausbildung werden von sogenannten **hauptamtlichen Ausbildern** gruppenorientierte Methoden eingesetzt, wie z. B. Lehrgespräch, Kurzvortrag, Brainstorming, Projekt- oder Leittextmethode. Beim betrieblichen Einsatz muss das Ausbildungspersonal auf Methoden zur praktischen Anleitung individuell, d. h. je nach Ausprägung eines Defizits, zurückgreifen.

Folgende Methoden bieten sich bei der Ausbildung am Arbeitsplatz an:

- Vier-Stufen-Methode
- Anleitung bei Bedarf
- praktische Anleitung über Arbeitsblätter
- Einarbeitungsmethode

Die Vier-Stufen-Methode

Insbesondere um fehlende Grundfertigkeiten (bei überwiegend psychomotorischen Lernzielen) zu vermitteln, wird die Vier-Stufen-Methode eingesetzt. Ziel dieser Methode ist es, dass der Ausbilder die Arbeitsschritte vormacht, die der Auszubildende genauso nachmachen soll, damit sich der Auszubildende von vornherein richtige und systematische Handhabungen einprägt.

1. Stufe (Vorbereitung)

Eigene Vorbereitung des Ausbilders:
- Festlegung des Ausbildungsinhalts
- Formulierung des konkreten Lernziels
- Erarbeiten einer Arbeitsgliederung
- Bereitstellen der Ausbildungsmittel
- Vorbereiten des Lernortes

Vorbereitung des Auszubildenden durch den Ausbilder:
- Lernziel und Arbeitsaufgabe erklären
- Hemmungen vor der Arbeitsaufgabe nehmen
- Motivation wecken
- benötigte Arbeitsmittel erklären

Je nach Umfang des Lernziels werden die Stufen 2 und 3 in mehreren kleineren Schritten durchgeführt.

2. Stufe (vormachen und erklären)

Der Ausbilder macht die Arbeitsschritte gemäß der Arbeitszergliederung vor und erklärt die Arbeitsausführung. Der Auszubildende sieht und hört zu.

3. Stufe (nachmachen und erklären)

Der Auszubildende macht die Arbeitsschritte (eventuell mehrmals) nach und erklärt die Arbeitsausführung. Der Ausbilder sieht und hört zu, greift bei Fehlern ein oder bestätigt richtiges Verhalten.

4. Stufe (selbstständig arbeiten lassen)

Der Auszubildende arbeitet zur Übung und Vertiefung selbstständig weiter. Der Ausbilder kontrolliert, bewertet, lobt den Fortschritt und greift nur noch bei groben Fehlern ein.

Beispiel zur Aufbereitung einer Ausbildungseinheit mithilfe der Vier-Stufen-Methode (1. Stufe)

Dies ist nur ein mögliches Beispiel.

a) Festlegung des Ausbildungsinhalts

Beispiel: Ausbildungsinhalt „bargeldloser Zahlungsverkehr"
- Bedeutung des bargeldlosen Zahlungsverkehrs (1. Ausbildungsinhalt)
- rechtliche Rahmenbedingungen des bargeldlosen Zahlungsverkehrs (2. Ausbildungsinhalt)
- Ausfüllen von Formularen im bargeldlosen Zahlungsverkehr (3. Ausbildungsinhalt)

Aus jedem Ausbildungsinhalt ergeben sich je nach Umfang mehrere Feinlernziele.

b) Formulierung eines konkreten Lernziels aus dem dritten Ausbildungsinhalt

Der Auszubildende soll nach einer vorliegenden Rechnung ein Formular ausfüllen können.

c) Erarbeiten einer Arbeitsgliederung: „Was, wie und vor allen Dingen warum soll der Auszubildende die Arbeitsschritte erlernen?“

- Erklären des Formularaufbaus (besprechend)
- Erklären des Aufbaus einer Rechnung (besprechend)
- Rechnungsdaten übertragen (vormachend)
- notwendige Datenfelder erläutern (vortragend)
- Durchschriften vom Original trennen (vormachend)

d) Notwendige Ausbildungsmittel bereitstellen

- Originalformulare
- Kugelschreiber
- Musterrechnungen

e) Vorbereiten des Lernortes

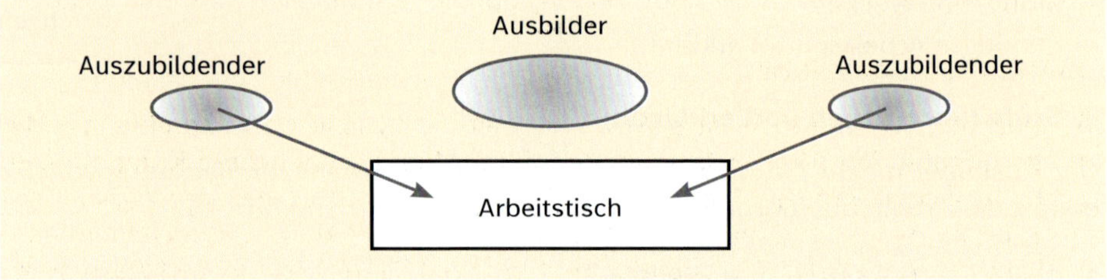

Der Arbeitsplatz muss so vorbereitet werden, dass die beiden Auszubildenden (maximale Zahl an Auszubildenden bei dieser Methode) rechts und links vom Ausbilder stehen oder sitzen, um den gleichen Blickwinkel auf die vorgemachte Fertigkeit zu haben. Wenn sich der Ausbilder und die Auszubildenden z. B. gegenüberstehen würden, bekämen die Auszubildenden die Fertigkeit nur spiegelverkehrt zu sehen.

Anleitung bei Bedarf

Wenn man dem Auszubildenden bereits zutraut, dass er kleinere Aufgaben oder Teilaufgaben selbstständig erledigen kann, bietet sich diese Methode an.

Vorgehensweise

1. **Rundumorientierung:** Die Fachkraft überträgt eine Arbeitsaufgabe, indem sie erklärt und beschreibt:
   - Ziel und Arbeitsaufgabe
   - erwartetes Arbeitsergebnis
   - mögliche einzusetzende Arbeitsmittel
   - bevorzugte Arbeitsmethode

   Die Fachkraft fordert den Auszubildenden auf zu fragen, wenn er nicht weiterkommt.
2. **Eventuell Hilfestellungen geben:** Die Fachkraft greift nur ein, um Hilfestellungen zu geben, wenn der Auszubildende bei seiner Arbeitsaufgabe auf Schwierigkeiten stößt, die er selbst nicht lösen kann.
3. **Absicherung/Kontrolle:** Nach Beendigung der Arbeitsaufgabe wird das Ergebnis mit der Fachkraft besprochen. Diese gibt ggf. Hinweise zur Nachbesserung.

Die Methode **Praktische Anleitung über Arbeitsblätter** verläuft identisch; nur statt der Beschreibung der bevorzugten Arbeitsmethode erhält der Auszubildende benötigte Arbeitsblätter (z. B. Bedienungsanleitungen, Aufbauhilfen, Wartungspläne), die entsprechend vom Ausbilder erläutert werden.

Lernen in der Arbeit

Diese Methode versetzt den Auszubildenden in die Lage, sich durch komplex gestaltete Arbeitsprozesse Fach- und Methodenkompetenz anzueignen bzw. diese zu erweitern. Es soll der selbstständigen Einarbeitung in neue Fachinhalte durch eigenständige Informationsbeschaffung dienen.

Der Ausbilder überträgt eine Arbeitsaufgabe, für deren Erfüllung der Auszubildende zunächst ein geringes Repertoire an Fachwissen besitzt. Er ist aufgefordert, seine Wissensdefizite durch bereitgestellte Informationsträger (Internet, Intranet, Fachbücher) aufzuarbeiten. Der Ausbilder berät bei unüberwindlichen Schwierigkeiten. Am Schluss soll der Auszubildende sein Arbeitsergebnis selbstständig kontrollieren und mit dem Ausbilder ein Abschlussgespräch führen (Stufung siehe S. 88).

Einarbeitungsmethode

Die Einarbeitungsmethode ist gekennzeichnet durch eine hohe Komplexität der Arbeitsaufgabe, bei der der Auszubildende im Ablauf immer mehr Kompetenzen erhält. Zunächst wird der Arbeitsplatz von der Fachkraft vorbereitet. Hierbei beobachtet der Auszubildende die Tätigkeiten, die die Fachkraft ausführt. Im nächsten Schritt erledigt der Auszubildende Hilfstätigkeiten und sieht weiterhin der Fachkraft bei ihren Arbeiten zu. Anschließend führt der Auszubildende als Assistent der Fachkraft vor- und nachbereitende Aufgaben aus. In der darauf folgenden Stufe überträgt die Fachkraft dem Lernenden Teilaufgaben, die dieser selbstständig erledigt. Ziel ist, dass der Auszubildende den gesamten Arbeitsprozess selbstständig ausführt, was in der sich anschließenden Phase erfolgt. Am Ende werden die Erfahrungen des Auszubildenden mit der Fachkraft oder dem Ausbilder besprochen und erörtert.

Darstellung der Einarbeitungsmethode anhand eines Praxisbeispiels:
Der Auszubildende im Beruf Koch soll am Ende der Ausbildungseinheit selbstständig eine italienische Gemüsesuppe herstellen können.

1. Vorbereitung
Die Fachkraft bereitet den Arbeitsplatz vor, legt die Utensilien zur Suppenherstellung bereit. Der Auszubildende schaut zu.

2. Zuarbeit
Der Auszubildende holt aus dem Kühlraum die zu verarbeitenden Nahrungsmittel und beobachtet die Fachkraft bei der Zubereitung.

3. Assistenz
Der Auszubildende unterstützt die Fachkraft, indem er Tätigkeiten wie Gemüsewaschen ausführt.

4. Übernahme von Teilaufgaben
Dem Auszubildenden wird die Aufgabe übertragen, selbstständig die Verarbeitung des Gemüses zu übernehmen.

5. **Selbstständige Mitarbeit**
Der Auszubildende bereitet nun eigenverantwortlich die Suppe zu.

6. **Verarbeitung der Erfahrung**
Mit der Fachkraft werden die neu gewonnenen Erkenntnisse besprochen.

Übersicht Ausbildungsmethoden I

Stufung	Vier-Stufen-Methode	Anleitung bei Bedarf	Lernen in der Arbeit	Einarbeitungs-methode
1. Stufe	Vorbereitung	Rundumorientierung	Übertragung des Arbeitsauftrags	Vorbereitung
2. Stufe	Vormachen und Erläutern	evtl. Hilfestellungen geben	Durchführung	Zuarbeit
3. Stufe	Nachmachen und Erläutern	Absicherung/ Kontrolle	Kontrolle	Assistenz
4. Stufe	Üben und Transferbildung		Besprechung der Erfahrungen	Ausführen von Teilaufgaben
5. Stufe				Mitarbeit
6. Stufe				Feedback

3. Welche Bedeutung hat das Lernen in Gruppen während der Ausbildung?

Gruppen- und Teamarbeit nehmen in der Arbeitswelt einen immer größeren Raum ein. Viele Arbeitsprozesse sind heutzutage so strukturiert, dass sie nur durch die konstruktive Zusammenarbeit mehrerer Mitarbeiter effizient zum Ziel geführt werden können. Deshalb soll moderne Berufsausbildung so angelegt sein, dass die jungen Menschen befähigt werden, teamorientiert tätig sein zu können.

Insbesondere vor dem Hintergrund der starken Individualisierung in der Gesellschaft ist die Ausprägung sozialer Fähigkeiten bei zahlreichen Ausbildungsanfängern nicht zu erwarten. Dies hat zur Folge, dass der Betrieb in dieser Hinsicht ein Stück wichtiger Erziehungsarbeit leisten muss.

Lernen in Gruppen hat für den Einzelnen enorme Vorteile:

Lernarbeit in Gruppen/Teams ist nachweislich lernförderlich, denn in der Gruppe wird das Schutzbedürfnis des Menschen berücksichtigt. Sie gibt Sicherheit bei der Bearbeitung neuer, unbekannter Aufgaben, ermöglicht es, von anderen lernen zu können und lässt zuweilen auch der Entwicklung kreativer Ideen freien Raum. Der einzelne Auszubildende kann seine Stärken erkennen und in den Erarbeitungsprozess einbringen, was das Selbstbewusstsein erhöht.

Die Erziehung zu Gruppen- bzw. Teamarbeit dient dem Einzelnen auch dazu, Unterschiede in den Fähigkeiten, Verhaltensweisen, Werten und Normen im Vergleich zu den anderen Mitgliedern zu registrieren und zu akzeptieren.

Das Lernen in Gruppen/Teams führt zu einer hohen Kommunikation, zu einer besseren Kooperation und daraus resultierend zu höherer Motivation.

Definition des Begriffs „Gruppe“

Unter einer Gruppe im soziologischen Sinn wird eine Kleingruppe verstanden. Mindestgröße hierbei sind drei Personen, die obere Grenze liegt bei 16 Personen. Entscheidend für den Gruppenbegriff ist, ob jedes Gruppenmitglied mit jedem anderen Gruppenmitglied jederzeit kommunizieren kann und ob die Kontakte untereinander stärker sind als die Kontakte außerhalb der Gruppe. Eine *zufällige Ansammlung* von Menschen kann nicht als Gruppe bezeichnet werden, da entscheidende Gruppenmerkmale fehlen.

Zielmerkmal
Bei einer Ansammlung (Menge) von Menschen sagt jeder Einzelne:

Bei einer Gruppe sagt jeder Einzelne:

Was sind Merkmale einer Gruppe?
Gruppen neigen dazu, sich nach außen hin abzugrenzen und somit ein „**Wir-Gefühl**“ zu entwickeln: „Wir sind die Besten“, „Wir waren hier die Ersten“ usw.
Als weiteres Merkmal für Gruppen ist zu nennen, dass die einzelnen Mitglieder das **gleiche Ziel** verfolgen, z. B. „Alle Kursteilnehmer wollen die AEVO-Prüfung bestehen“.

Für Gruppen typisch ist, dass die Angehörigen dieses sozialen Gebildes eigene Verhaltensregeln (**Gruppennormen**) aufstellen, die für jedes Mitglied verbindlich sind. Verstößt ein Mitglied gegen entsprechende Normen, muss es mit Sanktionen (bis hin zum Ausschluss aus der Gruppe) rechnen.

In Gruppen kann auch eine **Gruppensprache** entstehen. So grenzen sich die Mitglieder gegenüber Außenstehenden ab. Gruppensprache bedeutet, dass bestimmte Worte oder Begriffe mit gemeinsamen Erlebnissen aller Mitglieder verknüpft sind und nur bei diesen entsprechende Assoziationen hervorrufen.

Durch die enger werdenden Beziehungen grenzen sich Gruppen nach außen ab, nach innen lernen sich die Mitglieder immer besser kennen. Sie können die Fähigkeiten und Fertigkeiten nach einiger Zeit gut einschätzen, können also das jeweilige individuelle Leistungsvermögen entsprechend beurteilen. Das trägt dazu bei, dass Gruppen in der Lage sind, sich selbst zu organisieren, sich selbst zu motivieren, die Aufgaben in der Gruppe nach dem Leistungsvermögen des Einzelnen zu verteilen, sich zu kontrollieren und eine Gesamtleistung zu erbringen, die größer ist als die Summe der Einzelleistungen der jeweiligen Gruppenmitglieder. Dieses Phänomen wird auch als **Gruppendynamik** bezeichnet.

Gruppen können nach ihrer Entstehung unterschieden werden: Gruppen, die von „Außenstehenden" gebildet werden, sind **formelle** (auch formale) Gruppen. Solche Gruppen sind z. B. Arbeitsgruppen oder Auszubildendengruppen im Betrieb. Die Ziele und Rahmenbedingungen sind fremdbestimmt. Probleme und Konflikte können sich ergeben, weil sich die einzelnen Gruppenmitglieder

- nicht alle zwangsläufig sympathisch finden,
- mit den vorgegebenen Zielen nicht identifizieren können.

Innerhalb von oder aus formellen Gruppen können sich aufgrund von Gruppendynamik **informelle** (auch informale) Gruppen bilden. Typisches Beispiel für eine informelle Gruppe ist der Freundeskreis. Hier finden sich die Mitglieder aus gleicher Interessenlage und vor allem aus Sympathie zueinander. Die Ziele, aber auch Rahmenbedingungen bestimmen die Gruppenmitglieder selbst. Probleme oder Konflikte durch informelle Gruppen im Betrieb können sich ergeben, wenn deren Ziele mit den betrieblich vorgegebenen **formalen** Zielen kollidieren.

Definition des Begriffs „Team"

Durch neue Anforderungen in der Arbeits- und Berufswelt, z. B. ganzheitliches Denken, Vernetzung etc. werden von den Mitarbeitern heute mehr Selbstständigkeit und eigenverantwortliches Handeln insofern verlangt, als dass sie zusammen mit anderen komplette Arbeitsprozesse übernehmen. Dabei spielt der Teamgedanke eine bedeutende Rolle.

Team heißt, dass für einen fest definierten Zeitraum Mitarbeiter für die gemeinsame Lösung einer Aufgabe zusammenkommen. Jeder trägt seinen Teil – gemäß der individuellen Stärke – zu der Lösung bei. Nach Erfüllung der Aufgabe gehen die Teammitglieder wieder auseinander.

Teams, die selbstständig und eigenverantwortlich und außerdem erfolgs- und ergebnisorientiert arbeiten, übernehmen komplexe Aufgaben, koordinieren die Teiltätigkeiten, kooperieren ggf. mit anderen Teams und haben im Regelfall folgende Merkmale:

- Ein Team hat eine überschaubare Zahl an Mitgliedern.
- Die Teammitglieder verstehen sich als Einheit.
- Der gemeinsame Erfolg und das gemeinsame Ziel sind bestimmend.
- Jedes Teammitglied akzeptiert die ihm übertragenen Aufgaben.
- Jedes Teammitglied bringt seinen vollen Arbeitseinsatz mit ein.
- Alle tragen gemeinsam Verantwortung.
- Es werden kreative und innovative Lösungen gesucht.
- Alte hierarchische Strukturen werden aufgebrochen.

Teamarbeit in der Ausbildung hat das vorrangige Ziel, die Sozialkompetenz der jungen Menschen zu erhöhen. Dieses drückt sich folgendermaßen aus:

- Trainieren sozialer Verhaltensweisen im Umgang mit anderen Auszubildenden
- Zeigen von Verantwortungsbereitschaft für alle Teammitglieder
- Erhöhen der kommunikativen Kompetenz
- Akzeptieren anderer im Hinblick auf Einstellungen, Verhaltensweisen und Fähigkeiten

Vor dem Hintergrund einer stärkeren Betonung der Teamarbeit in der Arbeitswelt (Teamfähigkeit wird heutzutage als eine wesentliche Schlüsselqualifikation in Stellenausschreibungen genannt) ist es für den Ausbildungsbereich bald schon unerlässlich, die Lernenden an diese Form der Arbeitsorganisation heranzuführen und sie trainieren zu lassen.

Rolle und Rollenkonflikt im Zusammenhang mit Gruppen bzw. Teams

Jeder von uns spielt innerhalb des eigenen Lebens verschiedene Rollen. Das bedeutet, dass die Gesellschaft insgesamt oder die Gruppe, der man angehört, **Erwartungen an das Verhalten des Individuums** stellt. Dieser Erwartung wird im Regelfall entsprochen. Ist dies nicht so, spricht man davon, dass „derjenige aus der Rolle fällt". Erwartungen an das Verhalten können je nach Situation unterschiedlich sein:

- Vom jungen Auszubildenden wird seitens der Ausbilder und der Fachkräfte des Betriebes erwartet, dass er sich dort einordnet und die betrieblichen Werte und Normen akzeptiert.
- Die Auszubildendenkollegen versuchen vielleicht, den Auszubildenden dahingehend zu beeinflussen, die Anforderungen des Betriebes nicht zu hoch zu bewerten und eher die eigenen Neigungen zu verfolgen.
- Die Familie hat die Vorstellung, dass der Auszubildende strebsam die Ausbildung durchläuft und diese am Ende mit gutem Ergebnis abschließt.
- Von den Freunden in der Clique wird möglicherweise ein oppositionelles Benehmen gegenüber der Erwachsenenwelt verlangt, also auch gegenüber den betrieblichen „Autoritäten".

Anhand dieses Beispiels wird deutlich, dass verschieden geartete Verhaltensvorstellungen an den jungen Menschen im beruflichen Zusammenhang herangetragen werden. Dies kann für den jungen Menschen, der sich noch in der Persönlichkeitsentwicklung befindet, eine Suche nach Orientierung bedeuten. Er weiß aufgrund mangelnder Lebenserfahrung noch nicht, welche Prioritäten hinsichtlich der Erfüllung von diversen Erwartungen gesetzt werden sollten. Diese Situation wird als Rollenkonflikt bezeichnet (im Volksmund „zwischen den Stühlen sitzen" genannt). Rollenkonflikte sollten als etwas Konstruktives angesehen werden, denn sie werden dem betroffenen (und ebenso allen anderen) Auszubildenden auch im weiteren Leben begegnen. Die produktive Auseinandersetzung damit trägt dazu bei, aufgrund selbst getroffener Entscheidungen Erfahrungen zu gewinnen, die wiederum im starken Maße die Persönlichkeitsentwicklung fördern.

Die Aufgabe des Ausbilders hierbei kann sein, mit Verständnis auf die mangelnde Orientierung zu reagieren und dem Auszubildenden die Gewichtung der verschiedenen Rollen deutlich zu machen und so bei der Rollenfindung zu helfen.

Welche typischen Rollen können in Gruppen beobachtet werden?
Die Rolle des *Gruppenführers* nimmt derjenige ein, der eine Leitungsfunktion innerhalb der Gruppe für sich beansprucht. Erwartungen an diese Rolle seitens der übrigen Mitglieder sind:
- Setzen von Gruppenzielen
- Vertretung der Gruppe nach außen (z. B. gegenüber dem Ausbildungspersonal)
- Verteilung der Aufgaben innerhalb der Gruppe
- Kontrolle der Einhaltung der Gruppennormen

Der *Beliebteste* hat im Regelfall eine hohe soziale Kompetenz, die es ihm ermöglicht, andere Gruppenmitglieder bei Problemen zu beraten, bei Konflikten als Schlichter aufzutreten, für den Gruppenzusammenhalt zu sorgen und motivierend auf die anderen zu wirken.

Der *Außenseiter* steht aufgrund seiner Andersartigkeit außerhalb des Gruppengefüges. Dieses „Anderssein" kann sehr unterschiedliche Gründe haben, z. B. Nationalität, Behinderung, Hautfarbe, besondere Leistungsstärke oder -schwäche. Diese Rolle ist überwiegend bei formellen Gruppen anzutreffen. Denn in informellen Gruppen würden solche Außenseiter sehr schnell ausgeschlossen werden.
Die Integration von Außenseitern in die Gruppe erweist sich häufig als schwierig. Trotz allem sollte es versucht werden. Dabei könnten verschiedene Lösungsansätze berücksichtigt werden:
- Vieraugengespräch mit dem betroffenen Auszubildenden
- Gespräch mit der Gruppe unter Ausschluss des Außenseiters
- Gespräch mit dem Gruppenführer
- Zusammenarbeit des Außenseiters mit einem beliebten Gruppenmitglied

4. Was sind ausbilderkonzentrierte und gruppenorientierte Methoden?

Bei diesen Methoden steht der Ausbilder überwiegend im Fokus des Vermittlungsgeschehens. Das bedeutet, dass dieser den Lernprozess plant und aktiv steuert, um so die Auszubildenden zu den beabsichtigten Lernergebnissen zu führen.

Übersicht Ausbildungsmethoden II

Stufung	Kurzvortrag	Lehrgespräch	Demonstration	Rollenspiel
1. Stufe	Nennung von Thema und Ziel	Einleitung des Themas	Einleitung	Vorbereitung
2. Stufe	Einführung	Gesprächs-führung	Vorführen/ Anschauen	Spielhandlung
3. Stufe	Ausführen des Themas	Zusammen-fassung	denkendes Erfassen	Analyse und Erörtern
4. Stufe	Zusammen-fassung		Vollziehen der Erkenntnisse	Zusammenfassung
5. Stufe			Zusammen-fassen und Übertragen	

Der Kurzvortrag

Der Kurzvortrag als Ausbildungsmethode bietet sich an, um

- den Auszubildenden aktuelle Informationen in komprimierter Form zukommen zu lassen,
- die Auszubildenden in eine neue Thematik einzuführen,
- den Auszubildenden einen Überblick über eine Gesamtthematik zu vermitteln.

Vorbereitung des Kurzvortrags
Zunächst sollte das Ziel des Vortrags festgelegt werden. Daran anschließend erfolgt die Gliederung des Stoffs. Hierbei ist zu berücksichtigen:

- Wie lange soll der Kurzvortrag dauern?
- Wie soll der Kurzvortrag aufgebaut sein?
- Welche Informationen sind für die Zuhörer unbedingt notwendig zu wissen?
- Durch welche sprachlichen Mittel können die Zuhörer einbezogen werden?
- Welche Informationen des Vortrags sollen am Ende zusammengefasst werden?
- Welche Hauptgedanken sollen zum besseren Behalten visualisiert werden?

Ein Kurzvortrag sollte aufgrund der überwiegend passiven Rolle der Zuhörer fünf bis maximal zehn Minuten dauern. Zum besseren Verständnis sollte der Vortrag so strukturiert sein, dass der Zuhörer eine sachlogische Reihenfolge („roter Faden") erkennen kann. Daher bietet es sich an, den Vortrag gemäß des Prinzips Einleitung – Hauptteil – Schluss aufzubauen. Da die Zeit beschränkt ist, muss der Redner bei der Planung den zu vermittelnden Stoff auf das für die Zuhörer notwendige Maß reduzieren („Weniger ist mehr!"). Um einer schnellen Ermüdung der Auszubildenden während des Vortrags entgegenzuwirken, ist zu empfehlen, komplizierte, abstrakte Gedankengänge auf einem der Zuhörerschaft angemessenen Sprachniveau zu präsentieren. Zudem kann das Verwenden von Beispielen, sprachlichen Bildern oder rhetorischen Fragen dazu dienen, den Aufmerksamkeitsgrad beizubehalten. Am Ende sollten die Kernaussagen des Kurzvortrags zum besseren Einprägen bei den Auszubildenden noch einmal vom Redner zusammengefasst werden. Um eine höhere Behaltensleistung des Gehörten zu erzielen, ist es sinnvoll, das Bedeutsame der Ausführungen zu visualisieren, z. B. indem in der Zusammenfassung die Kernaussagen auf einem vorbereiteten Flipchart oder Overheadprojektor gezeigt werden oder die Auszubildenden am Ende ein Resümee in schriftlicher Form (Handout) erhalten.

Hinweise zur Durchführung des Kurzvortrags
Neben einer sprachlichen Darstellung des Inhalts ist sowohl das nonverbale Verhalten (Mimik, Gestik, Körpersprache) als auch das Sprechverhalten für den Erfolg eines Vortrags von enormer Bedeutung. Um die Zuhörer einzubinden, ist es unabdingbar, sie nicht nur verbal (mittels des gesprochenen Wortes), sondern auch durch Körpersprache zum Zuhören zu animieren. Beim Nichtgesprochenen steht insbesondere der Blickkontakt zu allen Zuhörern im Mittelpunkt („mit den Augen ansprechen"). Das Blickverhalten des Vortragenden bildet eine Brücke zum Auditorium. Ein ständiger Augenkontakt setzt allerdings ein relativ freies Vortragen des Inhalts voraus, d. h., der Vortrag sollte im Vorfeld nicht Wort für Wort schriftlich ausformuliert werden. Stattdessen ist es hilfreich, den Redetext in Halbsätzen aufzubauen.

Darüber hinaus ist es wichtig, Gestik und eine freundliche Mimik einzusetzen. Der Einsatz der Hände und Arme dient der Unterstreichung des Gesagten. Zum Sprechverhalten ist festzustellen, dass ein lebendiges (nicht monotones) Vortragen den Zuhörern signalisiert, dass der Ausbilder mit Engagement hinter seinen Ausführungen steht. Ein Heben und Senken der Stimme (Modulation) sowie das Betonen wichtiger Aspekte bewirkt ein Beibehalten des Aufmerksamkeitsgrads der Auszubildenden. Es ist weiterhin darauf zu achten, dass während des Vortrags am Ende wichtiger Passagen Gedankenpausen eingelegt werden. Das gibt dem Zuhörer Gelegenheit, über das eben Gehörte kurz nachzudenken.

Sie haben die Aufgabe, ausbildenden Fachkräften einen Überblick über die Berufsbildung im Sinne des BBiG zu geben. Halten Sie dazu einen Kurzvortrag mit einer Dauer von maximal fünf Minuten. Sinnvoll ist es dabei, Ihre verbalen Ausführungen mit Medien zu unterstützen.

Die Demonstration

Die Demonstration ist ähnlich wie der Kurzvortrag eine Methode, bei der die Aktionen des Ausbilders im Mittelpunkt des Geschehens stehen. Sie kann zur Veranschaulichung oder Verdeutlichung von abstakten oder komplexen Thematiken wie z. B. Funktionszusammenhänge, Arbeitsabläufe oder Fertigungsprozesse eingesetzt werden.
Dies kann z. B. durch das Vorführen des Querschnittsmodells eines Motors oder eines chemischen Experiments erfolgen. Das heißt, neben den Erklärungen des Ausbilders werden Modelle, Schautafeln oder Filme verwendet.
Voraussetzungen für eine gelungene Demonstration sind neben dem anziehend präsentierten Visuellen auch fachlich kompetente und entsprechend pädagogisch aufbereitete Erläuterungen des Ausbilders.
Der Vorteil der Demonstration gegenüber dem Kurzvortrag besteht darin, dass mindestens zwei Wahrnehmungskanäle angesprochen werden, nämlich Augen und Ohren, sodass dadurch die Behaltensleistung größer als beim Kurzvortrag ist.

Das Lehrgespräch

Ein Lehrgespräch gehört ebenso wie der Kurzvortrag und die Demonstration zu den ausbilderkonzentrierten Unterweisungsformen, da der Ausbilder im Vermittlungsprozess zunächst im Mittelpunkt der Handlung steht. Das Lehrgespräch eignet sich insbesondere zur Vermittlung von kognitiven Themen (Kenntnissen), deren Inhalte häufig eine hohe Komplexität aufweisen. Vom Wortstamm ausgehend bedeutet Lehrgespräch, dass in einem vom Ausbilder vorgeplanten Gespräch gelehrt wird. Die Gesprächsführung liegt beim Ausbilder. Durch seine Fragen regt er bei den Auszubildenden das Denken und das Äußern von Gedanken an.

Konkret bedeutet das: Der Ausbilder kleidet Inhalte in Fragen. Die Antworten dazu sind ihm bekannt und er lässt diese von den Auszubildenden finden. Jede erwartete Antwort lässt eine neue Frage folgen. Dieses Verfahren kann zu einem regen Erfahrungs- und Meinungsaustausch zwischen den Auszubildenden führen.

Hinweise zur Durchführung eines Lehrgesprächs
Schon bei der Planung des Lehrgesprächs müssen vom Ausbilder die für die Erarbeitung des Stoffes benötigten Kenntnisse und Erfahrungen berücksichtigt werden. In den meisten Fällen muss im Rahmen eines Lehrgesprächs bei den Fragen des Ausbilders an entsprechendes Vorwissen angeknüpft werden können, um das neue Wissen mit den vorhandenden Erkenntnissen zu verbinden. Es wird also gemäß dem didaktischen Prinzip „vom Bekannten zum Unbekannten" vorgegangen.
Zudem sollte Folgendes beachtet werden:

- Ein Lehrgespräch sollte nie länger als 90 Minuten dauern und im Idealfall nicht mehr als 15 Teilnehmer haben.
- Es sollten offene Fragen gestellt werden, also solche, die mit einem Fragefürwort (Warum? Wie? Wo? Wann? Was? ...) eingeleitet werden.
- Die Frage sollte zunächst an alle Auszubildenden – nicht nur einen namentlich genannten – gerichtet sein, sodass sich jeder zum Nachdenken aufgefordert sieht.
- Es muss für alle ausreichend Zeit zum Überlegen eingeräumt werden.
- Suggestivfragen, d. h. Fragen, bei denen den Lernenden die Antwort schon in den Mund gelegt wird, dienen nicht dem Erkenntnisgewinn.
- Antworten, die nicht der Denkrichtung des Ausbilders entsprechen und deshalb „korrigiert" werden, können zur Entmutigung bei den Auszubildenden führen. Das heißt, es sollte darauf geachtet werden, solche Aussagen nicht etwa mit „Falsch!" oder „So ein Unsinn!" abzuwerten. Vielmehr sollte der Antwortende durch weiterführende Fragestellungen oder sprachliche Impulse des Ausbilders zum erwarteten Ziel gebracht werden, z. B.: „Überlegen Sie einmal, welche anderen Möglichkeiten in Betracht kommen könnten."
- Bei nicht angemessener Fragestellung besteht die Gefahr der Über- bzw. Unterforderung.
- Der Informations- bzw. Erfahrungsaustausch zwischen den Auszubildenden darf nicht „zerredet" werden.

Ablauf eines Lehrgesprächs

Einleitung
Das Lehrgespräch wird durch den Ausbilder eingeleitet, indem dieser das Thema und die Lernziele der Ausbildungseinheit benennt. Idealerweise werden die allen Auszubildenden bekannten Fakten zum Thema kurz wiederholt.

Gesprächsführung
Nun beginnt der fragend-entwickelnde Unterricht. Der Ausbilder stellt Fragen und erwartet Antworten. Aufbauend auf den erwarteten Antworten setzt sich das Fragespiel nun fort. Die wichtigsten Inhalte sollten dabei schriftlich festgehalten werden.

Zusammenfassung und Ausklang
Am Ende des Lehrgesprächs werden die wesentlichen Inhalte vom Ausbilder oder einem teilnehmenden Auszubildenden zusammengefasst. Dabei wird auf die Bedeutsamkeit der nun wiederholten Inhalte hingewiesen. Danach kann ein Ausblick auf die nächste Ausbildungseinheit erfolgen und es wird Dank für die aktive Mitarbeit ausgesprochen.

In einem Unternehmen ist es wiederholt zu leichten Verstößen gegen die Pausenregelung für jugendliche Arbeitnehmer gekommen. Nun wollen Sie in einem Lehrgespräch mit den dafür Verantwortlichen die Regeln für die Pausen erarbeiten. Nutzen Sie die geltenden rechtlichen Bestimmungen sowie die betrieblichen und tariflichen Bedingungen, die für Ihr Unternehmen zutreffen. Das Lehrgespräch sollte 20 Minuten nicht übersteigen. Setzen Sie – falls erforderlich – zusätzlich Medien ein.

Das Rollenspiel

Das Rollenspiel dient dazu, bei den Auszubildenden Einstellungen und Verhaltensweisen deutlich zu machen und möglicherweise eine Veränderung dieser hervorzurufen. Dazu wird ein Sachverhalt aus der betrieblichen Wirklichkeit „durchgespielt", wobei die Übernahmen der Rollen entweder durch die Auszubildenden selbst bestimmt wird oder die Rollen durch den Ausbilder zugewiesen werden. Durch die Übernahme einer Rolle innerhalb des Spiels können Auszubildende

- erkennen, wie sie auf andere wirken,
- sich in andere hineinversetzen und neue Sichtweisen entwickeln,
- neue Verhaltensweisen testen,
- Rückmeldung für ihr Verhalten bekommen.

Hinweise zur Durchführung eines Rollenspiels
Zu der erfolgreichen Durchführung eines Rollenspiels gehört eine gute Vorbereitung durch den Ausbilder. Dieser muss die zu verteilenden Rollen bestimmen (Anzahl der Spieler, inhaltliche Ausgestaltung der Rollen usw.). Ob die Spielhandlung per Video dokumentiert wird, hängt von den Vorerfahrungen der Auszubildenden mit diesem Medium ab. Bei Ungeübten kann die Videoaufzeichnung hemmend wirken.

Darüber hinaus sollte Folgendes beachtet werden:

- Das Rollenspiel sollte in einer angstfreien Atmosphäre stattfinden. Zu starke Ängste können zu einer Überzeichnung der Rolle führen oder zu starke Gehemmtheit auslösen, sodass die Authentizität nicht gewährleistet ist.
- Die Auszubildenden müssen sich mit der übernommenen Rolle identifizieren können.
- Die Rollenspieler müssen über ausreichende Kenntnisse über die auszufüllende Rolle verfügen.

Ablauf eines Rollenspiels
An dem Rollenspiel sind der Spielleiter (im Regelfall der Ausbilder), die eigentlichen Spieler und die Beobachter beteiligt.

1. Stufe: Vorbereitung (Themenzuweisung, Rollenübernahme)
Zunächst gibt der Spielleiter das Thema, die Handlungssituation, das Ziel und die Spielregeln bekannt. Die Rollen werden verteilt. Die Rollenspieler sollen sich in ihre Rollen hineinversetzen und sich entsprechend vorbereiten. Die nicht aktiv am

Geschehen beteiligten Auszubildenden werden in vorher erstellte Beobachtungsaufgaben (z. B. Inhalt der Argumentation, Eingehen auf die Mitspieler, nonverbales Verhalten) eingewiesen.

2. Stufe: Spielhandlung
Das Rollenspiel wird durchgeführt. Die Beobachter halten fest, was ihnen gemäß den Beobachtungskriterien aufgefallen ist.

3. Stufe: Analyse und Erörterung
Nach Beendigung des Spiels gibt zunächst jeder aktiv Beteiligte seine Eindrücke und Empfindungen wieder („Wie habe ich mich in meiner Rolle gefühlt?"). Anschließend erläutern die Beobachter den Aktiven, was ihnen aufgefallen ist. Im Anschluss daran wird mit allen über alternative Verhaltensweisen bei den Spielern diskutiert.

4. Stufe: Zusammenfassung
Der Spielleiter fragt am Ende alle Beteiligten, welche Rückschlüsse aus dem Rollenspiel gezogen werden können und bedankt sich für die Mitwirkung.

In zeitnahem Abstand sollte das Rollenspiel (eventuell mit leicht veränderter Thematik) wiederholt werden, um die Auszubildenden die neu gewonnenen Verhaltensweisen trainieren zu lassen.

3

5. Welche Methoden fördern das selbstgesteuerte Lernen in Gruppen?

Bei diesen Methoden liegt die Handlungsaktivität überwiegend bei den Auszubildenden. Der Ausbilder hat hier nur eine begleitende und beratende Funktion.

Übersicht Ausbildungsmethoden III

Stufung	Fallmethode	Gruppenarbeit	Leittext/Leitfragenmethode	Moderation	Projektmethode
1. Stufe	Problemanalyse	Benennen der Arbeitsaufgabe	Informieren	Aufschließen des Themenbereichs	Verabredung der Projektaufgabe
2. Stufe	Aufbereitung von Informationen	Verarbeitung der Information	Planen	Auswahl eines Themas	Planung
3. Stufe	Erarbeitung von Lösungsansätzen	Präsentation der Ergebnisse	Entscheiden	Konkretisieren der Aufgabe	Durchführung
4. Stufe	Entscheidung für eine Lösung	Diskussion/ Bewertung	Ausführen	Umsetzen der Aufgabe	Kontrolle
5. Stufe	Feedback	Zusammenfassung	Kontrollieren		Beurteilung und Dokumentation
6. Stufe			Bewerten		

Die Fallmethode

Die Fallmethode bezeichnet ein Ausbildungsverfahren, bei dem die Auszubildenden (meist in Form einer Gruppenarbeit) mit einer realen oder angenommenen Situation konfrontiert werden, zu der sie theoretische Lösungen erarbeiten sollen. Durch die Bearbeitung möglichst praxisnaher Fälle soll der Bezug von Theorie und Praxis hergestellt werden. Diese sogenannten Praxisfälle werden also insofern abgearbeitet, dass nur theoretisch nach Lösungen gesucht wird, diese in der Praxis aber nicht durchgeführt werden.

Es werden folgende Fallmethoden unterschieden:

Gekürzte Fallmethode
Diese Methode ist dadurch gekennzeichnet, dass bereits in der Aufgabenstellung alle benötigten Informationen enthalten sind, die die Auszubildenden für eine Lösung benötigen. Typisch ist die textlich umschriebene Rechenaufgabe.

Fallstudie
Bei der Fallstudie werden komplexe Situationen oder Probleme aus der Praxis beschrieben, die die Auszubildenden ohne Vorgaben und Hilfestellungen selbstständig lösen sollen. Beispiel: „Wie würden Sie eine schriftliche Mängelrüge eines Kunden bearbeiten?"

Planspiel
Das Planspiel ist meist ein rechnerunterstützter, komplexer und langfristig (manchmal über ein ganzes Ausbildungsjahr) durchzuführender Fall aus der betriebswirtschaftlichen Realität. Es wird in der Regel mit konkurrierenden Gruppen durchgeführt und ist sehr aufwendig.

Beispielhaft werden im Nachfolgenden die Stufen einer **Fallstudie** dargestellt:

1. Stufe: Problemanalyse
Hier werden die Auszubildenden mit dem Fall (Situation, Problem) konfrontiert und stellen sich folgende Fragen:
- Wie ist die Situation?
- Wo liegt das Problem?
- Was sind die Ziele?

2. Stufe: Aufbereitung von Informationen
Hier müssen sich die Auszubildenden fragen:
- Welche Hintergrundinformationen benötigen wir?
- Wer kann uns weiterhelfen?
- Welche Informationsmedien stehen uns zur Verfügung?

3. Stufe: Erarbeitung verschiedener Lösungsansätze
Die Auszubildenden suchen nach unterschiedlichen Lösungsansätzen, diskutieren diese, verwerfen Untaugliches, setzen Prioritäten.

4. Stufe: Entscheidung für eine Lösung
Die Auszubildenden beraten über die verbliebenen Lösungen, wägen sie gegeneinander ab und entscheiden sich für die praktikabelste Lösung.

5. Stufe: Feedback
Die gefundene Lösung wird an der Realität gemessen und dem Ausbilder, ggf. auch den Fachkräften, präsentiert.

Die Gruppenarbeit

Die Gruppenarbeit wird in der pädagogischen Literatur eher als Sozialform des Lernens denn als Methode bezeichnet. Da sie zunehmend vor dem Hintergrund der handlungsorientierten Ausbildung als Möglichkeit zur Erreichung bestimmter Lernziele durch gemeinschaftliches Handeln eingesetzt wird, soll die Gruppenarbeit an dieser Stelle als Methode (Weg zum Ziel) vorgestellt werden.
Die Sozialform des Lernens beschreibt, wie der Ausbildungsprozess stattfindet, d. h., ob sich ein Auszubildender allein etwas erarbeitet (Einzelarbeit) oder ob das mit einem Partner geschieht (Partnerarbeit), ob mindestens drei Auszubildende gemeinsam eine Aufgabe bewältigen sollen (Gruppenarbeit) oder ob alle gleichzeitig in den Lernprozess miteinbezogen werden (Plenumsarbeit/Frontalunterricht). Diese Festlegung ist Aufgabe des Ausbilders.

Ziel der Gruppenarbeit ist es, die Auszubildenden durch gemeinsame Arbeit an der gestellten Lernaufgabe zum solidarischen Handeln zu befähigen. Das bedeutet, dass die Auszubildenden durch Zusammenarbeit mit anderen lernen sollen, selbstständig Aufgaben oder Probleme zu lösen. Sie tragen durch eigene Vorerfahrungen und vor allem durch eigene aktive Mitwirkung zum Erfolg des Gruppenergebnisses bei, sind also für das Ergebnis mitverantwortlich. Das gibt zurückhaltenden Auszubildenden die Möglichkeit, sich offen in einen Lernprozess einzubringen, der in einem für sie überschaubaren Rahmen stattfindet.

Im Vergleich zum Frontalunterricht (z. B. Lehrgespräch) bietet die Gruppenarbeit folgende Vorteile:

- Das von mehreren Personen in Gruppen erarbeitete Ergebnis ist höher als das des einzelnen Auszubildenden, der für sich allein lernt.
- Es findet eine intensive Auseinandersetzung mit dem Thema statt.
- Die Behaltensquote ist höher (ca. 70 % bis 90 %).
- Gut dosiert eingesetzte Gruppenarbeit erhöht die Motivation.

Hinweise zur Durchführung der Gruppenarbeit
Dem Ausbilder muss bewusst sein, dass ein Gelingen der Methode insbesondere von einer gründlichen Vorbereitung seinerseits abhängt. Das Motto „Wenn der Ausbilder nicht mehr weiterweiß, bildet er einen Arbeitskreis" darf nicht die Maxime des Einsatzes von Gruppenarbeit sein. Vielmehr müssen im Vorfeld inhaltliche und organisatorische Überlegungen angestellt und daraus resultierende Vorbereitungen getroffen werden.

Der Ausbilder sollte sich fragen:

- Sollen alle Gruppen die gleichen oder verschiedene Themen bearbeiten? (themengleiche oder themenverschiedene Gruppenarbeit)
- Ist die Aufgabe vom Umfang und Schwierigkeitsgrad her für Gruppenarbeit geeignet?
- Welchen Zeitaufwand werden die Gruppen für die Erarbeitung der Ergebnisse benötigen?
- Welche geeigneten Räumlichkeiten stehen für die Gruppenarbeit zur Verfügung?

- Welche Informationen oder Materialien müssen vonseiten des Ausbilders gestellt werden?
- Haben alle Gruppenmitglieder ausreichend Erfahrung mit dieser Arbeitsform?
- Wie sollen die Gruppen zusammengesetzt sein? (leistungshomogene oder leistungsheterogene Gruppen)

Die Bearbeitung dieser wichtigen Fragen im Voraus ist für ein Gelingen der Gruppenarbeit unabdingbar. Denn genauso, wie diese Methode zur Erhöhung der Motivation der Auszubildenden beiträgt, kann ein Misslingen zu Vorbehalten bei zukünftigen gemeinschaftlichen Erarbeitungen führen.

Vorgehensweise bei der Gruppenarbeit

1. Schritt: Benennen der Arbeitsaufgabe und Klären der Rahmenbedingungen
Der Ausbilder stellt den Auszubildenden die zu bearbeitenden Aufgaben und das gewünschte Ergebnis vor (am besten schriftlich), erklärt die Rahmenbedingungen (Anzahl der Gruppen und Mitgliederzahl pro Gruppe, Arbeitsmaterialien, Zeitvorgabe). Danach erfolgt die Einteilung der Gruppen. Hierbei hat sich eine Gruppengröße von drei bis sechs Personen als besonders effektiv erwiesen. Entweder konstituieren diese sich auf freiwilliger Basis, was zu Cliquenbildung führen könnte, oder der Ausbilder nimmt die Einteilung vor und beachtet dabei die Homo- bzw. Heterogenität (gleicher oder unterschiedlicher Leistungs-/Wissensstand) der Gruppen. Der Ausbilder stellt sich für den nächsten auszuführenden Schritt als Berater zur Verfügung.

2. Schritt: Verarbeitung der Informationen
In dieser Phase erarbeiten die Auszubildenden nun selbstständig die Lösung der Aufgabe. Hierbei übernimmt erfahrungsgemäß ein Auszubildender als Gesprächsführer informell die Leitung der Gruppe und verteilt weitere Aufgaben (z. B. Protokoll schreiben). Der Ausbilder steht als Berater zur Verfügung und beobachtet den Arbeitsfortschritt in den einzelnen Gruppen. Vorsicht: nicht zu schnell in den Gruppenprozess eingreifen, sondern den Gruppen Zeit lassen, sich zu entwickeln. Ebenfalls ratsam ist es, nicht zu viel Hilfestellung zu geben, sondern die Gruppen ausprobieren zu lassen.

3. Schritt: Präsentation der Gruppenergebnisse
Nachdem alle Gruppenarbeiten fertiggestellt wurden, werden dem Gesamtplenum die einzelnen Ergebnisse mithilfe der vom Ausbilder zur Verfügung gestellten Medien präsentiert.

4. Schritt: Diskussion und Bewertung
In diesem Schritt werden die Ergebnisse ergänzt, Anmerkungen und Anregungen zu den Resultaten aufgenommen und die Erarbeitungen entsprechend gelobt.

5. Schritt: Zusammenfassung durch den Ausbilder
Hier werden die Ergebnisse aus den Schritten 3 und 4 vom Ausbilder mündlich oder schriftlich (auf Pinnwand, Flipchart, Tafel oder Arbeitstransparenten) kompakt zusammengefasst und den Gruppenteilnehmern eventuell als Protokoll zur Verfügung gestellt.

Die Moderation

Im Gegensatz zu ausbilderkonzentrierten Methoden wie Kurzvortrag, Lehrgespräch oder Vier-Stufen-Methode gibt es Vermittlungsverfahren, bei denen sich das Ausbildungspersonal mit der Steuerung von Gruppenprozessen deutlich zurücknimmt. Das bedeutet, dass bei diesen Methoden der Fortlauf des Erarbeitungsgeschehens von den Ausbildern aktiv begleitet wird, sie aber bei inhaltlichen Fragestellungen, Bewertungen von Sachverhalten oder Entscheidungen innerhalb der Gruppe nicht Stellung beziehen (gemäß der Wortbedeutung von moderieren: das Gespräch in Gang halten).

Ziel der Moderationsmethode ist die aktive Mitwirkung der Teilnehmer an Meinungsbildungs-, Problemlöse- und Entscheidungsprozessen. Die Moderation wird auch „schriftliches Diskutieren“ genannt, d. h., sie ist ein Prozess der visualisierten Kommunikation. Kern der Methode ist das Sammeln, Sichten und Strukturieren.
Der Ausbilder als Moderator hat die Aufgabe, den Kommunikationsprozess zu begleiten, dabei aber keine inhaltlichen Vorgaben zu machen, sondern sich allen Auszubildenden gegenüber neutral und ergebnisoffen zu verhalten. Das setzt eine hohe Methodenkompetenz in diesem Bereich voraus. Anforderungen an den moderierenden Ausbilder sind weiterhin:

- die zu bearbeitende Aufgaben-/Problemstellung eindeutig definieren zu können
- kompetenter Umgang mit Moderationsmedien wie Pinnwand, Karten und Stiften
- Gestaltungsgrundsätze für die Moderation zu kennen und beachten zu können
- gut zuhören, ggf. nachfragen und die eigene Meinung zurückstellen zu können
- klare, zielorientierte und offene (W-)Fragen stellen zu können
- alle Teilnehmer zur Meinungsäußerung aktivieren zu können
- Teilnehmerbeiträge strukturieren zu können
- gruppendynamische Prozesse (z. B. Konflikte) erkennen, begleiten und auffangen zu können

3

Es gibt verschiedene Methoden in der Ausbildung, bei denen der Ausbilder als Moderator fungieren kann.

Die moderierte Diskussion
Bei der Diskussion geht es um das Deutlichmachen unterschiedlicher Standpunkte in einer Sachauseinandersetzung. Die Auszubildenden sollen Pro- und Kontraargumente zu einer Thematik finden, diese gegenüberstellen und wenn möglich am Ende einen Konsens erreichen. Das beinhaltet, dass sich alle Diskussionsteilnehmer aktiv einbringen und eine gemeinsame Entscheidung oder Bewertung erreichen sollen.
Aufgabe des moderierenden Ausbilders ist es dabei, einen kurzen Einstieg zu geben, d. h. den Sinn der Diskussion darzustellen, einen Hinweis auf (möglichst) kurze themenorientierte Wortbeiträge und sachliche Argumentation zu geben sowie den zeitlichen Rahmen zu stecken.
Der Diskussionsleiter verhält sich während des Gedankenaustauschs neutral, achtet auf Einhaltung der bekannt gegebenen Regeln, hält die wesentlichen Ergebnisse der Diskussion schriftlich fest und fasst am Ende zusammen.

Das moderierte Brainstorming
Brainstorming kann frei mit „Ideensturm“ übersetzt werden. Das Verfahren ist eine Kreativitätstechnik und eignet sich zur Ideenfindung und Problemlösung.
Grundsätzlich sind in diesem Verfahren einige Regeln zu beachten, da sonst die Ideenfindung behindert oder gar beendet wird.
Ziel des Brainstormings ist es, möglichst viele Ideen zu finden, da erfahrungsgemäß nur ein Bruchteil davon zu verwerten ist (Quantität geht vor Qualität).

Folgende Spielregeln müssen beim Brainstorming beachtet werden:

- Für die Dauer des Verfahrens sollten ca. 20 Minuten angesetzt werden.
- Jede (auch noch so abwegig erscheinende) Idee ist willkommen („Spinnen ist erlaubt"). Rückfragen oder Bewertungen durch die anderen sind ebenso zu unterlassen wie Killerphrasen („Das hatten wir schon …"; „Typisch für Sie …").
- Negative Verhaltensweisen in Mimik und Gestik haben ebenfalls zu unterbleiben.
- Spaß ist jederzeit erlaubt. Daher gilt es, eine freie und gelöste Atmosphäre zu schaffen. Oftmals helfen „Spaßideen" dabei, die übrigen Teilnehmer zu neuen Ideen zu animieren.
- Ideen sollten nicht begründet werden, da die Verpflichtung zur Begründung die anderen Auszubildenden dahingehend einschüchtern könnte, dass sie sich mit Beiträgen zurückhalten.

Alle Ideen sind gleich wichtig und gleichberechtigt.

Der Ablauf eines Brainstormings sieht wie folgt aus:

Phase 1: Ziel und Spielregeln erläutern
Der Ausbilder erklärt das Ziel und die Vorgehensweise, visualisiert die Fragestellung und gibt die Spielregeln bekannt.

Phase 2: Ideensammlung
Nun beginnt das eigentliche Brainstorming. Die Auszubildenden sind aufgefordert, zu der allen bekannten Problemstellung das zu äußern, was ihnen dazu spontan, d. h. ohne lange zu überlegen, im Kopf „herumgeistert". Die genannten Ideen werden stichwortartig vom Ausbilder oder einem Auszubildenden schriftlich an der Tafel oder am Flipchart festgehalten. Wiederholt genannte Ideen werden nicht aussortiert, sondern für alle sichtbar aufgeschrieben.
Aufgabe des Ausbilders in dieser Phase ist es, auf Einhaltung der Regeln zu achten und ggf. bei frühzeitigem Versiegen des „Ideensturms" die Auszubildenden durch Impulse weiter zu aktivieren.

Phase 3: Sichtung
Hier werden die Ideen nach folgenden Gesichtspunkten gesichtet und solche aussortiert, die

- gegen rechtliche Bestimmungen verstoßen,
- reine Spaßvorschläge ohne tieferen Hintergrund sind oder
- firmeninternen Richtlinien entgegenstehen.

Phase 4: Auswertung und Präsentation
In dieser Abschlussphase wird das verbliebene Ideenmaterial grob aufbereitet und zu Themenbereichen gruppiert. Es werden Prioritäten gesetzt, Maßnahmen zur Umsetzung konzipiert, dazu ggf. Arbeitsgruppen gebildet und dem Auftraggeber präsentiert. Zur praktischen Durchführung der erarbeiteten Ideenblöcke bietet sich ein Projekt an.

Jedes Jahr zu Beginn des neuen Ausbildungsjahres veranstalten Sie mit allen Auszubildenden einen „Tag der Auszubildenden". Bisher haben Sie diese Veranstaltung geplant. Nun bitten Sie die Auszubildenden um Ideen. Führen Sie dazu ein Brainstorming durch (nur die Phasen 1, 2, und 3).

Beispiel einer Moderation
Die Auszubildenden meinen, dass es öfter zu Problemen in ihrer betrieblichen Ausbildung gekommen sei. Sie sollen nun Vorschläge zur Veränderung der Situation erarbeiten.

Vorgehensweise
1. Der Ausbilder benennt die Problemstellung, die zugleich für alle sichtbar an der Pinnwand (auch Planwand genannt) steht. Nun fordert er alle Beteiligten auf, auf maximal zwei Kärtchen jeweils ein erkanntes Problem stichwortartig zu beschreiben und diese mit Nadeln an die vorbereitete Planwand anzuheften. Daraufhin werden die schriftlich fixierten Aussagen auf Verständlichkeit geprüft (ggf. Rückfrage an den Schreiber). Im Anschluss werden die Karten mit gleicher oder ähnlicher Aussagetendenz zu Themengruppen (Clustern) durch Umhängen zusammengefasst. In der Regel entstehen mehrere Cluster. So wird die inhaltliche Struktur des Problems deutlich.
2. Nachdem sich die Gruppe auf Dringlichkeit der Themen geeinigt hat, teilen sich die Auszubildenden in (Klein-)Gruppen auf.
3. Sie werden aufgefordert, für ihren Themenbereich Verbesserungsvorschläge zu erarbeiten. In Form einer Gruppenarbeit finden sie nun Ideen zur Lösung des ihnen gestellten Problems.
4. Abschließend werden die erarbeitenden (Klein-)Gruppenergebnisse mit dem Ziel präsentiert die Vorschläge nun in konkret umsetzbare Maßnahmen überzuleiten.

Die Leittext-/Leitfragenmethode

Die Leittext-/Leitfragenmethode ist eine Anleitung zum selbstständigen, aktiven Lernen. Dabei dienen die Leittexte bzw. -fragen, die jeweils vom Ausbilder ausgegeben werden, als Orientierungshilfen zur selbstständigen Lösung einer komplexen praktischen Aufgabe.

Den Auszubildenden wird durch diese Methode die Möglichkeit gegeben, viele Kompetenzen im selbstständigen Informieren, Planen, Entscheiden, Durchführen und Kontrollieren bei der Erfüllung einer umfangreichen Arbeitsaufgabe zu erwerben, d. h., es werden viele Schlüsselqualifikationen gefördert. Weil die Auszubildenden bei dieser Methode ganzheitlich vorgehen, d. h. die Aufgabe von Beginn bis zum Ende selbstständig durchführen müssen, spricht man auch vom **Modell der vollständigen Handlung**.

Die Aufgabe des Ausbilders ist dabei, den Lernprozess zu organisieren. So muss er die notwendigen Ausbildungsmittel und die Räumlichkeiten zur Verfügung stellen. Die von ihm entwickelten oder extern beschafften Leittexte oder -fragen leiten die Auszubildenden an, die Arbeitsaufgabe gemäß ihrer individuellen Lerngeschwindigkeit eigenständig zu erledigen (Leittextmuster für unterschiedliche Aufgabenstellungen in zahlreichen Berufen sind beim Bundesinstitut für Berufsbildung [BIBB] erhältlich).

Der Ausbilder hat bei der Leittext-/Leitfragenmethode neben den organisatorischen Aufgaben überwiegend beratende Funktion. Er begleitet die Auszubildenden durch den Lernprozess, steht als Ansprechpartner bei Problemen zur Verfügung, entscheidet zusammen mit ihnen über die Durchführbarkeit des von ihnen eigenständig erstellten Arbeitsplans und gibt ggf. Hinweise zur Verbesserung. Nach der Durchführung und der selbstständigen Kontrolle des Ergebnisses durch die

Auszubildenden bewertet der Ausbilder gemeinsam mit diesen das Resultat und den Arbeitsprozess. Dabei wird festgehalten, was gut gelungen ist und was bei folgenden Ausbildungseinheiten verbessert werden muss.

Leittexte und -fragen lassen sich in vielen Aufgabenbereichen einsetzen. Beispiele dafür sind:

- Bearbeitung eines umfassenden Geschäftsvorgangs im kaufmännischen Bereich
- Demontage und Montage einer Anlage im Metall- oder Elektrobereich
- Entwicklung von Softwarekomponenten in der Informatikausbildung
- Organisation einer Betriebsfeier für die Mitarbeiter

Wie sieht der Ablauf einer Leitfragenmethode aus?
Die Leittext-/Leitfragenmethode ist in sechs Stufen gegliedert.

Ein Beispiel aus der betrieblichen Ausbildungspraxis: Der Auszubildende soll den Versand von Einladungen zu einer Feier zum Betriebsjubiläum organisieren können.

1. Stufe: Information
Die Ausgangssituation wird mit dem Auszubildenden besprochen: Für die Feier müssen 500 schriftliche Einladungen versandt werden. Es werden dem Auszubildenden organisatorische Rahmenbedingungen (Zeit, Ansprechpartner usw.) erläutert und ihm Leitfragen zur weiteren Vorgehensweise an die Hand gegeben, z. B.:

Welche Personen sollen eine Einladung erhalten?
Zu welchem Zeitpunkt sollen die Einladungen versendet werden?
Wie viel Zeit wird für das Kuvertieren benötigt?

2. Stufe: Selbstständige Planung
Der Auszubildende plant unter Abarbeitung der Leitfragen den Arbeitsablauf, wie z. B. Festlegung der Termine für den Versand, Koordination der Postabholung usw., Entwurf eines Kontrollfragebogens.

3. Stufe: Entscheidung
Gemeinsam mit dem Ausbilder wird der vom Auszubildenden erstellte Arbeitsablaufplan besprochen.

4. Stufe: Selbstständige Durchführung
Der Auszubildende führt nun selbstständig die notwendigen Terminabsprachen durch, sorgt für die erforderliche Bereitstellung von Briefpapier und -hüllen sowie die Postabholung.

5. Stufe: Selbstständige Kontrolle
Alle Termin- und sonstige Absprachen werden vom Auszubildenden mithilfe eines vom ihm in der Planungsphase entworfenen Kontrollfragebogens eigenständig kontrolliert.

6. Stufe: Bewertung
Gemeinsam mit dem Ausbilder wird das Arbeitsergebnis besprochen und bewertet und eventuelle Hinweise auf Nachbesserungen gegeben.

Sie wollen im Rahmen einer Gruppenarbeit Ihre Auszubildenden zu sicherheitsbewusstem Arbeiten anhalten. Geben Sie dieses Thema vor und entwickeln Sie fünf entsprechende Leitfragen, mit deren Hilfe das Thema bearbeitet werden kann.

Die Projektmethode

Anders als bei der Fallmethode, mit der eine Situation oder ein Problem rein theoretisch bearbeitet wird, wird bei der Projektmethode die gefundene Lösung auch praktisch durchgeführt. Das heißt, es findet eine Verzahnung von Theorie und Praxis, also von Denken und praktischem Tun, statt.
Unter einem Projekt in der Ausbildung versteht man ein größeres, fächerübergreifendes und zeitlich begrenztes Arbeitsvorhaben, das von den Auszubildenden selbstständig gelöst wird. Die Projektarbeit besteht aus einem Projektauftrag, dem selbstständigen Planen und Organisieren der Aufgabe sowie dem eigenständigen Durchführen und Kontrollieren unter Beachtung vorgegebener Rahmenbedingungen. Am Ende wird die Projektarbeit dokumentiert. Mit dieser Methode können zahlreiche Schlüsselqualifikationen gefördert werden, insbesondere die Team-, Problemlöse-, Kooperations- und Kommunikationsfähigkeit sowie das Erkennen der Grenzen des eigenen Könnens.

Aufgabe des Ausbilders ist es, Projektideen zu entwickeln und den Umfang bzw. den Zeitrahmen des Projekts festzulegen. Der Ausbilder ist für die Schaffung der Voraussetzungen zuständig. Er hat Räume, Material und Maschinen zur Verfügung zu stellen sowie im Vorfeld die möglichen Kosten für eine spätere Finanzvorgabe zu berechnen. Während der Projektarbeit soll er Hilfestellungen geben und die Auszubildenden bei Problemen, die sie nicht selbst lösen können, unterstützen, indem er z. B. Gespräche mit Leitungspersonal oder den beteiligten Abteilungen führt. Nach der Projektarbeit bewertet der Ausbilder gemeinsam mit den Auszubildenden die Arbeitsergebnisse und beurteilt das Arbeitsverhalten. Zur Nachbereitung gehört es auch, dass verbliebene Kenntnislücken von ihm geschlossen werden.

Im Wesentlichen liegen der Nutzen und die Arbeit bei den Auszubildenden. Das selbstständige Planen und Organisieren, das Ausführen der Arbeit mit allen Detailaufgaben einschließlich evtl. notwendiger Improvisation sowie die anschließende Selbstkontrolle führen zu einem höheren Selbstbewusstsein und einem verbesserten Sozialverhalten. Während einer Projektarbeit kann aus einer Ausbildungsgruppe ein ergebnisorientiertes Team werden.

Der Umfang der Projekte sollte mit zunehmender Ausbildungszeit ansteigen. Am Anfang könnten kleinere, überschaubare Projekte stehen. Zum Ausbildungsende hin sind größere Projekte möglich. Grundsätzlich eignen sich zahlreiche Ausbildungsinhalte als Projektidee.

Beispiele für Projektaufgaben

Die Auszubildenden sollen selbstständig
- den betrieblichen „Tag der offenen Tür“ vorbereiten und gestalten,
- den ersten Tag der neu beginnenden Auszubildenden organisieren und durchführen,
- eine Maschinensteuerung zur Optimierung eines Arbeitsprozesses entwickeln,
- ein Formular zur Einstellung neuer Mitarbeiter entwickeln,
- den Verkaufsraum neu gestalten,
- Aktionen zum Weltspartag planen und durchführen.

Beispiel für ein Projekt

1. Stufe: Information
Der Ausbilder definiert das Thema und die Lernziele. Er klärt die Rahmenbedingungen (z. B. zur Verfügung stehende Zeit und Zeitrahmen, örtliche und räumliche Gegebenheiten, zur Verfügung stehende Materialien, Besprechungstermine usw.) und bespricht dieses mit den beteiligten Auszubildenden.

2. Stufe: Planung
Jetzt planen die Auszubildenden das Projekt selbstständig und nehmen eine Arbeitsteilung vor. Der Ausbilder steht als Berater zur Verfügung.

3. Stufe: Durchführung
Aufgrund der selbst erstellten Planung setzen die Auszubildenden nun eigenständig das Arbeitsvorhaben in die Praxis um. Der Ausbilder gibt lediglich Hilfestellungen.

4. Stufe: Kontrolle
Die Auszubildenden kontrollieren hierbei selbstständig das Projektergebnis.

5. Stufe: Beurteilung und Dokumentation
Das Projektergebnis wird gemeinsam mit dem Ausbilder im Hinblick auf die gewonnenen Erfahrungen durch das Projekt, die Zusammenarbeit innerhalb der Projektgruppe und die Organisation der Rahmenbedingungen beurteilt. Der Projektverlauf wird von den Auszubildenden durch die Erstellung z. B. einer Wandzeitung oder Präsentation dokumentiert.

6. Welche Ausbildungsmittel können unterstützend in Methoden eingesetzt werden?

Ausbildungsmittel sind unterstützende Hilfen des Lernprozesses. Sie vermitteln den Auszubildenden eine Anschauung von Lerngegenständen (pädagogisches Prinzip der Anschauung) und ermöglichen so ein besseres Verständnis durch Sehen, Hören und Fühlen. Auf diese Weise werden verschiedene Sinneskanäle angesprochen, was zum besseren Behalten führt und wodurch sich abstrakte Sachverhalte zudem plastischer darstellen lassen.

Arten von Ausbildungsmitteln

Arbeitsmittel sind die elementarsten Ausbildungsmittel. Es sind Gegenstände des Arbeitsgebiets wie Maschinen, Geräte (PC, Kommunikationsmittel), Werkzeuge und -stoffe.

Lernmittel dienen zur Förderung des Lernprozesses. Hierunter fallen Lehrbücher, Fachbücher und -zeitschriften mit aktuellem Inhalt. Diese können zur Vorbereitung von Unterweisungen oder für den theoretischen Unterricht verwendet werden. Im weiteren Sinn gehören auch Arbeitsblätter, Tabellen, Schaubilder, Bedienungsanleitungen und technische Funktionsbeschreibungen dazu.

Lehrmittel werden vom Ausbilder überwiegend bei Unterricht und Unterweisung eingesetzt. Dazu gehören Tafeln, Flipcharts, Pinnwände oder Tageslichtprojektoren. Mit diesen Medien kann u. a. mit den Auszubildenden Erarbeitetes visualisiert werden.
Modelle können als Darstellungsmittel unübersichtlicher Funktionszusammenhänge dienen.
Darüber hinaus gibt es noch audiovisuelle Lernmittel wie Lehrfilme, Videoaufzeichnungen, Beamer zum Präsentieren von Ausbildungsinhalten und PC-gestützte Lernprogramme, mit denen sich die Auszubildenden selbstständig Lernstoff gemäß ihrem individuellen Lerntempo aneignen können.

3

Einsatz von Ausbildungsmitteln

Ausbildungsmittel sollen klare Vorstellungen über das zu Erlernende vermitteln, sie sollen Zusammenhänge darstellen können und die Lernmotivation fördern. Sie dienen dem Erfassen und Speichern der bedeutsamen Inhalte des Lernstoffs.

Überlegungen zur Auswahl von Arbeitsmittel und zum sinnvollen Einsatz von Lern-/Lehrmitteln

- Welche Ausbildungsmittel stehen zur Verfügung?
- Mit welchen Ausbildungsmitteln lässt sich der Lerninhalt am besten darstellen?
- Welche Sinne sollen hauptsächlich angesprochen werden?
- Welche Anforderungen werden an die Auszubildenden gestellt?

Der Medieneinsatz ist abhängig vom Ziel der Ausbildungseinheit:

- Sollen die Auszubildenden eine praktische Tätigkeit erlernen? Dabei bietet sich in der Regel der Einsatz von originalen Gegenständen wie Arbeitsmitteln (Maschinen, Geräte) an
- Sollen Zusammenhänge dargestellt werden? Hierbei ist die Verwendung von Zeichnungen, Skizzen, Diagrammen oder Lehrfilmen zu empfehlen.
- Sollen Vorschläge gesammelt oder wichtige Ergebnisse festgehalten werden? Flipchart, Tafel, Overheadprojektor mit Folien oder Pinnwand könnten hierbei sinnvollerweise genutzt werden.
- Sollen visuelle Medien die Wirkung von Vorträgen und Präsentationen unterstützen? Insbesondere der Beamereinsatz, die Foliendarstellung, vorher erstellte Blätter am Flipchart oder das Anpinnen von vorbereiteten Kärtchen an der Planwand erhöhen den Aufmerksamkeitsgrad und erzielen einen höheren Behaltenseffekt.

Probleme beim Einsatz von Ausbildungsmitteln
Der Einsatz von Ausbildungsmitteln sollte im Vorfeld auf das Ziel der Ausbildungseinheit abgestimmt sein und die Ausbildungsmittel selbst sollten vorher auf

Funktionalität geprüft werden, da die bereits beschriebenen Wirkungen der Mittel verpuffen, wenn diese suboptimal verwendet werden oder ihre Funktion gar versagt.

Häufige Fehler beim Medieneinsatz sind:
- Die Teilnehmer haben eingeschränkte Sicht auf die Medien.
- Der Medieneinsatz wird im Beisein der Teilnehmer getestet.
- Die Geräte funktionieren nicht (defekte Glühlampe beim Overheadprojektor, fehlendes Kabel oder Kabellänge nicht ausreichend zur Stromquelle, fehlendes Signal vom PC/Laptop zum Beamer, ausgetrocknete Filzschreiber).
- Nicht mehr zeitgemäße Darstellungen von Grafiken werden verwendet.
- Einseitige Verwendung von Medien führt zu Monotonie („Folienfilm“ mit 50 Arbeitstransparenten in 30 Minuten Präsentationszeit).
- Der Ausbilder wendet sich mehr den Medien als den Auszubildenden zu.

Übersicht über Medien

visuelle Medien
- Projektor
- Flipchart
- Tafel
- Pinnwand
- Beamer
- Fachbücher
- Fachzeitschriften
- Formulare
- Verordnungen und Gesetze
- Lernprogramme
- Bedienungsanleitungen
- Arbeitsanweisungen
- Tests und Klausuren

audiovisuelle Medien
- CDs (auditiv)
- Filme (audiovisuell)
- PC-Programme
- CD-ROM (audiovisuell)
- e-Learning
- DVD-Rekorder

Auf Lernschwierigkeiten und Verhaltensauffälligkeiten reagieren

1. Wie können sich Lernschwierigkeiten äußern?
2. Wie kann der Ausbilder auf Lernschwierigkeiten reagieren?
3. Wie können sich Verhaltensauffälligkeiten äußern?
4. Wie kann der Ausbilder auf Verhaltensauffälligkeiten reagieren?
5. Welche Erziehungsmittel stehen in der Ausbildung zur Verfügung?
6. Wie können Konflikte gelöst werden?
7. Wie kann der Ausbilder auf ein mögliches Suchtverhalten reagieren?

1. Wie können sich Lernschwierigkeiten äußern?

Lernschwierigkeiten und Verhaltensauffälligkeiten bei Auszubildenden sind häufig als Ausdruck einer **individuellen entwicklungsbedingten Störung** zu sehen. Die Ursachen hierfür können unterschiedlicher Natur sein und liegen meist im sozialen

Umfeld des Auszubildenden. Zum Beispiel könnten sie durch Erziehungsdefizite der Eltern hervorgerufen werden (Überbehütung, Konfliktvermeidung, materielle Überversorgung statt emotionaler Zuwendung) oder der Freundeskreis des jungen Menschen übt negativen Einfluss aus (bewusste Normverletzungen). Zunächst gilt es bei beiden Phänomenen seitens des Ausbilders Ursachenforschung zu betreiben. Erst wenn die Gründe des abweichenden Verhaltens offenkundig sind, kann dem Auszubildenden möglicherweise geholfen werden.
Konkreten Ausdruck finden Lernschwierigkeiten häufig in

- einer eingeschränkten Lernfähigkeit (Nichtbegreifen und -behalten der Lerninhalte),
- einer mangelnden Lernmotivation,
- einer Konzentrationsschwäche,
- der Angst vor Überforderung und Versagen.

2. Wie kann der Ausbilder auf Lernschwierigkeiten reagieren?

Als Erstes sei betont, dass es kein Patentrezept gibt. Jeder Ausbilder ist in seiner persönlichen Einzigartigkeit zu sehen, sodass er aufgrund der eigenen Einstellung und Erfahrungen individuell mit entsprechenden Problemen umgehen wird. Dennoch sollen hier einige Ansätze vorgestellt werden:

- systematische Struktur des Lerninhalts (der rote Faden muss erkennbar sein)
- Lerngegenstand zunächst auf die nötigste Informationsmenge beschränken
- anschauliche Darstellung (Einsatz von Medien)
- Anwendung unterschiedlicher Methoden und Ausbildungsmittel
- Ausschließen von Ablenkungsquellen
- regelmäßiges Wiederholen und Einüben mit Aufgaben mit zunehmend steigendem Schwierigkeitsgrad
- Schaffen einer lernförderlichen Atmosphäre
- Ermöglichen von Erfolgserlebnissen
- positive Verstärkung (auch) bei kleinen Lernfortschritten
- Berücksichtigung von (kurzen) Erholungspausen

Darüber hinaus ist bei Lernschwierigkeiten auf die Rolle des *Ausbilders als Lernförderer* hinzuweisen, d. h., Geduld, Engagement und nicht zuletzt pädagogischer Optimismus sind besonders gefragt.

3. Wie können sich Verhaltensauffälligkeiten äußern?

Lernschwierigkeiten können auch Ursache für Verhaltensauffälligkeiten sein. Diese **Abweichungen von gesellschaftlich definierten Normen** in einem negativen Sinn treten häufig bei Auszubildenden auf, die auf der Suche nach ihrem Platz in der „Erwachsenenwelt“ sind und daher unsicher und durchaus auch orientierungslos sein können (Wertefindung).
Wie können sich Verhaltensauffälligkeiten in der betrieblichen Ausbildung darstellen?

- Aggressivität
- Provokationen
- gehemmtes Verhalten
- Lügen
- Hang zur Bequemlichkeit

4. Wie kann der Ausbilder auf Verhaltensauffälligkeiten reagieren?

Auch hier kann es keine allgemeingültige Lösung geben. In der Praxis werden folgende Ansätze verfolgt:

Aggressivität

Mögliche Ursachen: mangelnde Fähigkeit zur konstruktiven Konfliktlösung, d. h. ggf. ein zurückliegender nicht bereinigter Konflikt, mangelnde Selbstkontrollfähigkeit

Zunächst muss sich der Ausbilder in aggressionsbeladenen Situationen selbst kontrollieren und sachlich bleiben. In einem Vier-Augen-Gespräch sollte er die Hintergründe des aggressiven Verhaltens erkunden und gemeinsam mit dem Auszubildenden eine Strategie zur erfolgreichen Konfliktbereinigung entwickeln. Dabei sollten Herabsetzungen vermieden werden.

Provokationen

Mögliche Ursachen: Austesten von Grenzen oder Erlangen von Aufmerksamkeit
Wie bei dem aggressiven Verhalten steht für den Ausbilder auch hier die Selbstkontrolle an erster Stelle. Reagiert er gelassen auf die Handlungen des Auszubildenden oder werden diese zunächst gar ignoriert, wird dem „Herausforderer" angedeutet, dass man das „Spiel" nicht aufnehmen will. Häufig werden die Provokationen dann schon eingestellt. Dauern die Störungen weiterhin an, hilft es oft, in einer für den Auszubildenden überraschenden (humorvollen) Art zu reagieren.

Gehemmtes Verhalten

Mögliche Ursachen: Versagensängste, Minderwertigkeitsgefühle
Hier ist das besondere Fingerspitzengefühl des Ausbilders gefordert. Durch Vermittlung von Erfolgserlebnissen und Übertragung kleinerer Verantwortungsbereiche kann allmählich eine Festigung der Persönlichkeit erreicht werden.

Lügen

Mögliche Ursachen: Angst vor Strafe, übersteigerte Fantasie
Zunächst sollte der Ausbilder sich selbst kritisch prüfen, um zu sehen, ob das Fehlverhalten evtl. aus einer mangelhaften Vertrauensbasis resultiert. Dem Auszubildenden sollte danach in einem vertraulichen Gespräch deutlich gemacht werden, dass die Lüge als solche erkannt wurde. Auch die eigene Betroffenheit darüber sollte mitgeteilt werden. Ziel dabei ist, das Verhältnis zum Auszubildenden vertrauensvoller zu gestalten.

Hang zur Bequemlichkeit

Mögliche Ursachen: mangelnde Einsicht in Ausbildungserfordernisse, Unter- oder Überforderung
Dem Auszubildenden sollte bei mangelnder Einsicht klargemacht werden, dass in der Ausbildung die Notwendigkeit der Leistungserbringung besteht. Im Anschluss an dieses Gespräch könnten kleinere Aufgaben zur Erziehung zur Selbstdisziplin stattfinden. Stellt sich allerdings heraus, dass der Auszubildende den Leistungserwartungen nicht gewachsen ist oder er aufgrund seines hohen Leistungsvermögens nicht ausreichend gefordert wird, so ist das Anspruchsniveau entsprechend herab- oder heraufzusetzen.

Bei Verhaltensauffälligkeiten ist dem Auszubildenden grundsätzlich zu demonstrieren, dass diese vom Ausbilder nicht toleriert werden können. Andererseits kann der Ausbilder aber auch deutlich machen, dass er Verständnis für die Lage des Auszubildenden hat und ihm helfen möchte.

5. Welche Erziehungsmittel stehen in der Ausbildung zur Verfügung?

Lob

Lob als positiver Verstärker soll bei erwünschten Verhaltensweisen eingesetzt werden. Es zeigt dem Auszubildenden, dass er den richtigen Weg eingeschlagen hat und sorgt für die Stärkung des Selbstvertrauens und des Selbstbewusstseins. Das Lob sollte situationsangemessen sein. Der leistungsstarke Auszubildende wird bei einer Anerkennung einer für seine Verhältnisse eher durchschnittlichen Leistung wahrscheinlich irritiert sein und das Lob ggf. nicht ernst nehmen. Auch sollte es zudem möglichst zeitnah auf die anzuerkennende Leistung folgen. Die Wirkung eines verzögerten Lobes verpufft. Auch sollte es in eindeutige Worte gefasst sein: „Das war eine hervorragende Arbeit“ statt „Die Arbeit war ja eigentlich gar nicht schlecht ausgeführt“. Ein Einzellob sollte in der Regel nicht vor der Gruppe ausgesprochen werden, da dem Auszubildenden dieses unangenehm sein könnte und seine Leistungen sinken würden. Die Gruppe wiederum könnte ein Einzellob als einen indirekten Tadel verstehen.

Tadel

Der Tadel als Erziehungsmittel ist einzusetzen, wenn unerwünschte Verhaltensweisen, die zuvor in einem sachlichen Gespräch zwischen Ausbilder und dem Auszubildenden erörtert wurden, weiterhin gezeigt werden.
Er sollte auf das konkrete Fehlverhalten abzielen und nicht die Gesamtpersönlichkeit betreffen. Getadelt werden sollte nur unter vier Augen. Dem Auszubildenden ist die Situation schon unangenehm genug – wenn ihm noch vor anderen das Missfallen des Ausbilders bekundet wird, könnte sein Selbstwertgefühl (noch weiter) absinken. Der Tadel sollte einerseits als Konsequenz die Strafandrohung bei nochmaligem Fehlverhalten beinhalten, andererseits aber auch mit versöhnlichen Worten beendet werden, um zu zeigen, dass der Auszubildende auch weiterhin auf den Ausbilder zählen kann.

Strafe

Sollte die Wirkung des Tadels fruchtlos geblieben sein, so bleibt als Sanktionsmittel die Strafe. Als Disziplinierungsmittel kommen in der Ausbildung dazu in Betracht:

- Entzug von Privilegien (z. B. den volljährigen Auszubildenden nach dem Berufsschulbesuch am Ausbildungsort erscheinen zu lassen)
- Übertragung unbeliebter Aufgaben
- Entzug von Gemeinschaftsaufgaben

Wichtig bei dem Sanktionsmittel Strafe ist, dass hierbei eine konsequente pädagogische Linie verfolgt wird. Wenn bei einem andauernden unerwünschten Verhalten negative Konsequenzen angedroht sind, so müssen diese auch für den Auszubildenden eintreten. Ansonsten verliert der Ausbilder seine Glaubwürdigkeit.

Sanktionskette:

(+)
- → **Anerkennung**
- → **Lob**
- → **sachliche Fehlerkorrektur**
- → **konstruktive Kritik**
- → **Tadel**
- → **pädagogische Strafe**
- → **Abmahnung**

(−)

6. Wie können Konflikte gelöst werden?

Im Ausbildungsalltag wird es sicherlich häufiger dazu kommen, dass Ausbilder und Auszubildender unterschiedliche Ansichten, Meinungen und Handlungsabsichten (Wertvorstellungen) haben. Dies führt dann oft zu Konflikten. Aufgrund der Angespanntheit dieser Situationen werden Konflikte als eher negativ bewertet. Entscheidend ist allerdings, auf welche Art und Weise ein Konflikt ausgetragen wird. Entweder setzt sich nur eine der beteiligten Parteien durch und die andere erleidet eine Niederlage und damit ggf. einen Ansehensverlust oder der Konflikt wird nicht offen und konstruktiv ausgetragen, womit er unterschwellig zwischen den Parteien bestehen bleibt. Deshalb sollten grundsätzlich Konflikte zugelassen werden und nach Möglichkeit zur Zufriedenheit der Beteiligten gelöst werden. Wie könnte eine Konfliktbewältigungsstrategie nun aussehen?

1. In einer ruhigen Gesprächsatmosphäre sollte zunächst die Ursache des Konflikts ermittelt werden.
2. Dazu muss jeder Konfliktpartei ausreichend Gelegenheit gegeben werden, ihre (subjektive) Sicht darlegen zu können. Währenddessen sollte die Gegenpartei aufmerksam zuhören und sich mit Einwänden zurückhalten.
3. Anschließend muss geprüft werden, wie die unterschiedlichen Positionen auf eine gemeinsame Zielebene gebracht werden können.
4. Zur Lösungssuche sind alle Konfliktparteien aufgerufen, sodass wahrscheinlich jede einen Teil ihrer Position aufgeben muss, um auf einen „gemeinsamen Nenner“ kommen zu können.
5. Ist dieses erreicht, ist festzuhalten, dass jede Partei mit dem Ergebnis zufrieden ist.
6. Diese gemeinsam erarbeitete Zielvereinbarung muss auf ihre Einhaltung überprüft und kontrolliert werden.

7. Wie kann der Ausbilder auf ein mögliches Suchtverhalten reagieren?

Erkennen von Suchtverhalten

Sucht und Suchtverhalten in der Arbeitswelt werden bislang nur wenig Aufmerksamkeit geschenkt. Häufig sehen Vorgesetzte und Mitarbeiter darüber hinweg, dass ein Arbeitnehmer ein massives Problem mit Suchtmitteln hat. Es wird zwar registriert, aber es erfolgen keine Hilfsangebote für den Betroffenen.

Zum Thema Alkohol belegen Statistiken, dass bis zu 5 % einer Betriebsbelegschaft von dieser legalen Droge abhängig sind. Durch die Sucht entsteht ein hoher betriebswirtschaftlicher Schaden. Denn: Ein Alkoholkranker ist in seiner Leistungsfähigkeit bis zu 25 % eingeschränkt. Die Fehlzeitenrate ist deutlich höher als bei Nichtbetroffenen. Die Unfallhäufigkeit steigt bei Mitarbeitern mit Alkoholproblemen sogar um bis zu 300 %.

Diese Fakten sollten den Ausbilder dahin gehend sensibilisieren, mögliche Suchtkarrieren bei seinen Auszubildenden schon im Anfangsstadium zu entdecken und ihnen helfend zu begegnen.

Welche Symptome lassen auf eine Alkohol- bzw. Drogenabhängigkeit schließen?

Alkohol

- Alkoholgeruch
- Misslaunigkeit, Gereiztheit bis hin zu aggressivem Verhalten
- Konzentrationsschwächen
- Unzuverlässigkeit, verspätetes Erscheinen am Ausbildungsplatz
- Nachlassen der Arbeitsqualität

Illegale Drogen

- Einstichstellen
- Entzündungen
- zunehmendes Desinteresse an der Ausbildung
- Unruhe
- Apathie

Wie kann der Ausbilder abhängigen Auszubildenden helfen?

Die o. g. Merkmale sind nur einige, die auf eine mögliche Suchtproblematik hindeuten können. Um keinen falschen Verdacht aufkommen zu lassen, sollte man über einen angemessenen Beobachtungszeitraum unauffällig prüfen, ob die Symptome bei dem Betroffenen häufiger bzw. regelmäßig auftreten.

Ist dies der Fall, so muss ein vertrauliches Gespräch mit dem Auszubildenden gesucht werden, um ihm die Vermutungen darzulegen. Reagiert der junge Mensch mit Einsicht und bekennt sich zu seinen Abhängigkeitsproblemen, so sollte auf die Hilfsangebote professioneller Beratungseinrichtungen verwiesen werden, wie z. B.

- Anonyme Alkoholiker,
- Blaues Kreuz,
- Diakonie,
- Caritas oder
- unabhängige Drogenberatungsstellen.

Keinesfalls sollte hingegen der Versuch unternommen werden, den Abhängigen selbst zu kurieren. Der Ausbilder ist weder Therapeut noch Suchtexperte und wäre damit überfordert.
Gleichzeitig sollten weitergehende Maßnahmen mit dem Auszubildenden vereinbart werden, um zu gewährleisten, dass er sich aus seiner Abhängigkeit löst. Der Ausbilder sollte dem Auszubildenden dabei deutlich zu verstehen geben, dass er auf die konsequente Umsetzung der Maßnahmen achten wird.

Zeigt sich der betroffene Auszubildende im Gespräch nicht einsichtig, ist er i. d. R. nicht bereit, seine Abhängigkeit sich selbst gegenüber einzugestehen. Dann sind Hilfsangebote zunächst überflüssig, denn der Süchtige muss sich selbst aus der Abhängigkeit befreien wollen. Hier könnte ein dosierter Anforderungsdruck helfen, dem Auszubildenden seine Situation bewusst werden zu lassen und ihn so zur „Umkehr" zu bewegen. Dabei darf der Auszubildende nicht alleingelassen und auch nicht überfordert werden.

Zusatzqualifikationen nutzen

Wie können Zusatzqualifikationen die Ausbildung ergänzen?

Wie können Zusatzqualifikationen die Ausbildung ergänzen?

In der dualen Ausbildung besteht die Möglichkeit, neben dem eigentlichen Berufsabschluss auch Zusatzqualifikationen zu erlangen – in der Regel unabhängig vom bisher erworbenen Schulabschluss. Diese können beispielsweise PC- und Fremdsprachenzertifikate, höhere Schulabschlüsse (z. B. Erwerb der Fachhochschulreife in der Berufsschule) oder das Aneignen betriebswirtschaftlicher Kenntnisse in nichtkaufmännischen Berufen sein.

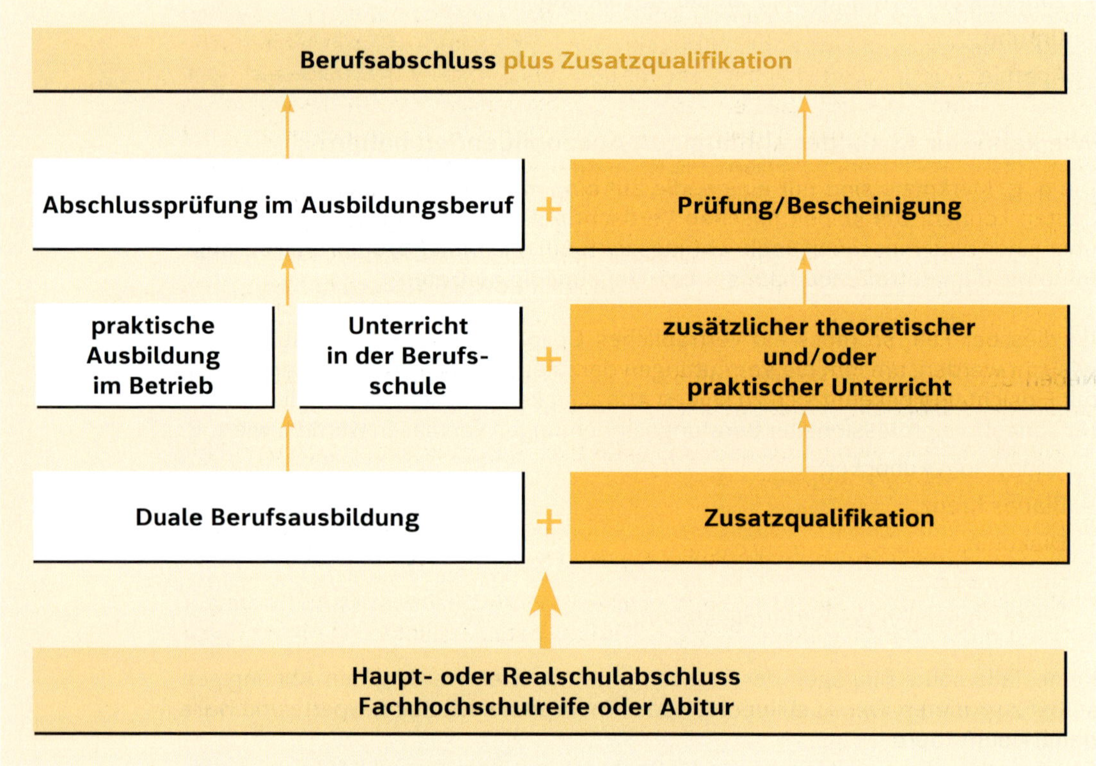

Quelle: Bundesinstitut für Berufsbildung, BIBB, Ausbildung Plus. Ausbildungsangebot mit Zusatzqualifikation, Duale Studiengänge, S. 2, abrufbar unter www.ausbildungplus.de/files/apflyer_2008.pdf [04.07.2017]

Diese Zusatzqualifikationen

- finden sich nicht als vorgeschriebene Inhalte in der Ausbildungsordnung eines Berufes wieder, sondern sind eine angebotsorientierte Erweiterung,
- sind zeitlich in den Ausbildungsgang integriert,
- haben einen zeitlich längeren Umfang (Tagesveranstaltungen fallen nicht darunter) und
- der erfolgreiche Abschluss wird am Ende durch eine Bescheinigung oder ein Zeugnis vom durchführenden Bildungsträger dokumentiert.

Bewerten und Beurteilen

1. Warum sollen Auszubildende bewertet und beurteilt werden?
2. Welche Beurteilungsverfahren können angewendet werden?
3. Welche Beurteilungsfehler können einem Beurteiler unterlaufen?
4. Welche Instrumente der Lernerfolgskontrolle unterstützen die Bewertung und Beurteilung von Auszubildenden?
5. Was ist hinsichtlich einer erfolgreichen Durchführung eines Beurteilungsgesprächs zu beachten?
6. Wozu dient die Zwischenprüfung?

1. Warum sollen Auszubildende bewertet und beurteilt werden?

Bereits bei der Ausbildungsplanung sollte sich der Ausbilder darüber Gedanken machen, inwieweit die Auszubildenden durch ein Beurteilungssystem (schriftliche Beurteilung durch Vordrucke) beurteilt werden sollen. Dieses Beurteilungssystem ist auf die Anforderungen, die Lernziele und die betrieblichen Werte abzustimmen und mit dem neuen Auszubildenden zu besprechen. Ein Beurteilungssystem ist insbesondere dann sinnvoll, wenn die Nähe zum verantwortlichen Ausbilder nicht gegeben ist und/oder wenn viele Auszubildende viele Abteilungen durchlaufen. Darüber hinaus verlangt das BBiG (§ 16), dass dem Auszubildenden am Ende der Ausbildungszeit ein Ausbildungszeugnis ausgehändigt wird. Hier kann ein schriftliches Beurteilungssystem helfen, dieses Zeugnis oder auch Zwischenzeugnisse zu formulieren.

Neben den bereits erwähnten Beurteilungen vor der Erstellung von Zeugnissen sind in der Ausbildung weitere Beurteilungsanlässe gegeben:

- Bereits vor der Ausbildung wird ein zukünftiger Auszubildender nach dem Einstellungsgespräch beurteilt.
- Zum Ende der Probezeit muss ein Auszubildender beurteilt werden, um entscheiden zu können, ob die Ausbildung beendet oder fortgesetzt wird.
- Nach einem Ausbildungsabschnitt (besser schon während eines Ausbildungsabschnittes) oder bei einem Wechsel der Fachabteilung sollte eine Beurteilung erfolgen.
- Im Zuge der Erstellung eines Zwischen- und Abschlusszeugnisses erfolgt ebenfalls eine Beurteilung.
- Grundsätzlich sollten Auszubildende regelmäßig beurteilt werden.

Unter einer **Beurteilung** versteht man das *Einschätzen von Persönlichkeitsmerkmalen, Fähigkeiten und Verhalten*, wie z. B. Qualitätsbewusstsein, Konzentrationsfähigkeit, Eignungen für den Beruf, Teamfähigkeit usw.

Abzugrenzen von der Beurteilung ist die **Bewertung**. Die Bewertung kann durch Mess-Skalen (Noten, Punktwerte) relativ genau ermittelt werden. Bewertet werden einzelne *Tests, Arbeitsergebnisse, Klassenarbeiten oder komplette Prüfungen*.

3

2. Welche Beurteilungsverfahren können angewendet werden?

In der Fachliteratur zur Personalführung und -wirtschaft werden verschiedene Beurteilungssysteme einschließlich der Beurteilungskriterien angeboten. Hier soll nur auf die wesentlichen Verfahren grob eingegangen werden.

Die freie Beurteilung

Eine freie Beurteilung überlässt dem Beurteiler zwar sehr viel Gestaltungsspielraum, hat allerdings den Nachteil, dass die Beurteilungen einzelner Beurteiler nicht verglichen werden können, weil sie vom Ausdrucksvermögen des jeweiligen Beurteilers stark abhängig sind. Wenn zwei Beurteiler zwar das Gleiche meinen, sich aber anders ausdrücken, sind z. B. Entwicklungstendenzen nicht zu bewerten.

Beurteilungskriterium	Raum für Beurteilung
Arbeitsquantität	
Arbeitsqualität	
Teamfähigkeit	

Einstufungsverfahren mit Ziffernskala

	mangelhaft ⟶									sehr gut
Lernfähigkeit	1	2	3	4	**5**	6	7	8	9	10
Teamfähigkeit	1	2	3	4	5	**6**	7	8	9	10
Interesse	1	2	3	**4**	5	6	7	8	9	10
Ausdauer	1	2	3	4	5	6	**7**	8	9	10
Arbeitsausführung	1	2	3	4	**5**	6	7	8	9	10

Einstufungsverfahren mit verbaler Beurteilung

Dieses Beurteilungsverfahren ist das am häufigsten angewendete.

Arbeitsqualität	Arbeitsergebnisse entsprechen voll den Qualitätsanforderungen	
	Arbeitsergebnisse entsprechen in der Regel den Qualitätsanforderungen	**X**
	Arbeitsergebnisse geben zum Teil Anlass zu Beanstandungen	
	Arbeitsergebnisse geben noch häufig Anlass zu Beanstandungen	
Arbeitsplanung		

Erarbeiten Sie die Vor- und Nachteile der einzelnen Beurteilungssysteme.

3. Welche Beurteilungsfehler können einem Beurteiler unterlaufen?

Menschen zu beurteilen ist wesentlich schwieriger, als ihre Leistungen nach relativ festen Maßstäben zu bewerten. Daher ist und bleibt jede Beurteilung subjektiv. Ein Ausbilder kann sich höchstens bemühen, objektiv zu beurteilen, indem z. B. mehrere Personen (Ausbilder, Fachkräfte, Leiter einer Abteilung usw.) den Auszubildenden beurteilen, um so eine einseitige Beurteilung auszuschließen.

Beurteilungen dienen nicht zur Verurteilung, sondern sind ein individuelles Förderinstrumentarium für den Auszubildenden.

Typische Beurteilungsfehler

- **Mildefehler**
  Der Beurteiler ist gegenüber den schwächeren Auszubildenden zu milde und agiert damit ungerecht gegenüber den besseren Auszubildenden.
- **Kontrastfehler**
  Der Beurteiler kennt nur gute und schlechte Auszubildende. Diese zu strenge Beurteilung tritt insbesondere dann auf, wenn der Beurteiler sich keine Beobachtungsnotizen macht und aus dem Gedächtnis beurteilt: Es prägen sich nur die besonders guten und die besonders schlechten Kriterien ein.
- **Tendenz zur Mitte**
  Um sich nicht anderen Beurteilern gegenüber rechtfertigen zu müssen, neigen viele Beurteiler dazu, den Auszubildenden in der Mitte zu beurteilen.
- **Sympathie- und Antipathiefehler**
  Hier sollte sich der Beurteiler bemühen, gerecht zu sein, indem er seine „Lieblinge“ nicht bevorzugt.
- **Hof- oder Überstrahlungseffekt**
  Die Bezeichnung dieses Fehlers ist sinnbildlich abgeleitet vom Mond und seinem Hof, der die dahinterliegenden Sterne überstrahlt. Das heißt, der Beurteiler sieht in der Regel nur das eine negative Verhalten des Auszubildenden und berücksichtigt nicht sein sonstiges positives Verhalten oder umgekehrt.
- **Korrekturfehler**
  Hier ist der Beurteiler nicht bereit, sich selbst zu korrigieren. Typisch dafür ist, wenn er auf den ersten Eindruck oder auf Vorurteile zu großes Gewicht legt und sich nicht überzeugen lassen will.

Um die Beurteilung möglichst objektiv zu gestalten, sollten folgende **Grundsätze** beachtet werden:

- Informieren Sie sich über das persönliche Umfeld des Auszubildenden.
- Beurteilen Sie nur das, was Sie selbst beobachtet haben.
- Fertigen Sie Beobachtungsprotokolle an und verlassen Sie sich nicht ausschließlich auf Ihr Gedächtnis.
- Sprechen Sie Ihre Beurteilung mit anderen durch.
- Kontrollieren Sie Ihre Beurteilung auf Beurteilungsfehler.

- Wenn Beurteilungsrichtlinien erstellt worden sind, halten Sie sich auch daran.
- Besprechen Sie Ihre Beurteilung mit dem Auszubildenden (Beurteilungsgespräch).
- Vereinbaren Sie Ziele mit dem Auszubildenden und kontrollieren Sie diese.

4. Welche Instrumente der Lernerfolgskontrolle unterstützen die Bewertung und Beurteilung von Auszubildenden?

Nachdem Fertigkeiten und Kenntnisse vermittelt wurden, müssen diese auf ihren Lernerfolg hin kontrolliert werden. Erst nach der Feststellung, dass das Lernziel erreicht wurde, kann zum nächsten Lernziel übergegangen werden.

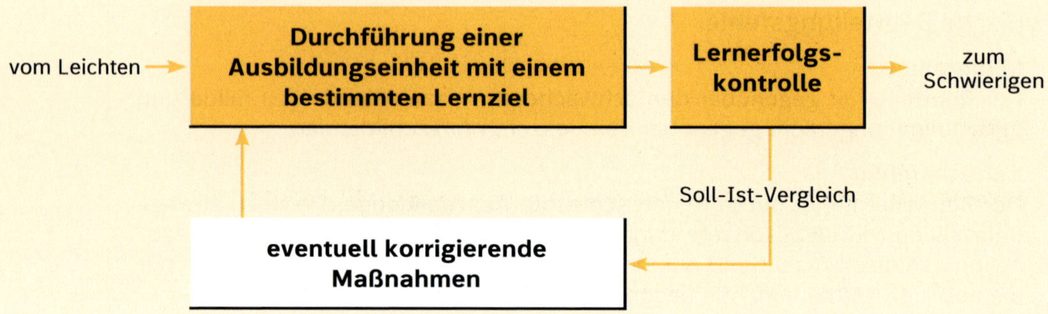

Möglichkeiten, den Lernerfolg zu messen

1. Kontrolle der vermittelten Kenntnisse (Tests)

1.1 Aufgaben mit ausführlicher Freiantwort

- Aufsatz
- Bericht
- Fragenkatalog

1.2 Aufgaben mit kurzer Freiantwort

- Rechenaufgaben
- Lückentexte
- zu ergänzende Zeichnungen

1.3 Aufgaben mit gebundenen Antworten (programmierte Aufgaben)

- Mehrfachwahlaufgaben (Multiple-Choice-Aufgaben)

Wie viel Pausenzeit steht einem jugendlichen Auszubildenden nach dem JArbSchG bei einer Arbeitszeit von vier Stunden zu?

15 Minuten ☐

30 Minuten ☐

keine Pause ☐

- Alternativantwortaufgaben

Kennzeichnen Sie die unten aufgeführten Merkmale mit einer 1, wenn das genannte Merkmal die persönliche Eignung betrifft, und mit einer 2, wenn das genannte Merkmal die fachliche Eignung des Ausbilders betrifft.

Der Ausbilder ...

... hat eine angemessene Berufserfahrung. ☐

... hat gegen das BBiG wiederholt verstoßen. ☐

... hat die AEVO-Prüfung bestanden. ☐

... darf Jugendliche nicht beschäftigen. ☐

... hat eine abgeschlossene Berufsausbildung. ☐

3

- Reihenfolgeaufgaben

Bringen Sie die unten stehenden didaktischen Fragestellungen in eine sinnvolle Reihenfolge von 1 bis 4.

Wann und wie lange sollen Ausbildungsinhalte vermittelt werden? ☐

Wo können Ausbildungsinhalte vermittelt werden? ☐

Was soll vermittelt werden? ☐

Wer kann Ausbildungsinhalte vermitteln? ☐

- Zuordnungsaufgaben

Ordnen Sie die Gesetze den entsprechenden Regelungen zu.

1. BBiG
2. JArbSchG
3. MuSchG
4. BetrVG

a) Kündigungsarten im Ausbildungsverhältnis ☐

b) Jugend- und Auszubildendenvertretung ☐

c) Kündigungsschutz für Schwangere ☐

d) Urlaubsregelung für Jugendliche ☐

e) Inhalte eines BAV ☐

f) Pausenregelung für Jugendliche ☐

1.4 Mündliche Erfolgskontrollen
haben den Vorteil, bei festgestellten Mängeln diese sofort korrigieren zu können, sind aber situativ und nicht planbar.

2. Kontrolle der Handlungsfähigkeit (Fertigkeiten und Kenntnisse)

2.1 Arbeitsproben im kaufmännischen Bereich

2.2 Arbeitsproben im gewerblich-technischen Bereich

2.3 Situationsaufgaben und Handlungsfälle

Anforderungen an Lernzielkontrollen

Lernzielkontrollen sollen lernzielorientiert bewertet werden können, objektiv und valide und damit gerecht sein.

Lernzielorientierte Bewertung

Die Bewertung (Vergleich der erbrachten Leistung mit einem vorgegebenen Wertmaßstab, z. B. das 100-Punkte-System) soll sich am Lernziel orientieren und nicht am Vergleich zu anderen in einer Gruppe. Eine sogenannte normorientierte Bewertung (Wie steht der einzelne Auszubildende zu anderen seines Jahrgangs?) führt oft zu Ungerechtigkeiten. Bei einem sehr guten Ausbildungsjahrgang hat zwar ein Einzelner das Lernziel erreicht, trotzdem ist er der Schlechteste in der Gruppe. Erbringen alle eine nicht ausreichende Leistung, ist trotzdem einer von ihnen der Beste, obwohl auch seine Leistung, orientiert am Lernziel, mangelhaft ist.

Bewertungsschlüssel der zuständigen Stellen

0–29	30–49	50–66	67–80	81–91	92–100
6	5	4	3	2	1

Bewertungsschlüssel der gymnasialen Oberstufen

1–3	4–6	7–9	10–12	13–15
5	4	3	2	1

Objektivität
Eine Lernerfolgskontrolle ist dann als objektiv zu bewerten, wenn mehrere Bewerter zu einem gleichen Ergebnis kommen. Dieses ist z. B. garantiert bei programmierten Aufgabenformen.

Validität
Eine Lernerfolgskontrolle ist dann valide (gültig), wenn sich die Aufgaben auf das beziehen, was vorher vermittelt wurde. Sie ist nicht valide, wenn z. B. der Auszubildende die Antworten durch Raten geben muss.

Erarbeiten Sie in der Gruppe die Vor- und Nachteile von Lernzielkontrollen mit freier Antwortmöglichkeit, mündlicher Befragung und programmierten Aufgaben.

Nachbereitung der Ausbildung

Unter Nachbereitung der Ausbildung wird verstanden, dass der Ausbilder **Maßnahmen zur Korrektur** ergreifen muss, wenn er feststellt, dass das Lernziel nach einer durchgeführten Lernerfolgskontrolle nicht oder nur unbefriedigend erreicht wurde.

Folgende Fragen sollte sich der Ausbilder zur Nachbereitung einer Ausbildungseinheit stellen:

- Ist die Ausbildungseinheit zum richtigen Zeitpunkt durchgeführt worden?
- War die angewendete Methode richtig und wurde sie lernwirksam durchgeführt?
- War das Ausbildungsziel richtig definiert und ist es verstanden worden?
- War die gesamte Ausbildungsplanung sachgerecht?
- Waren die Vorkenntnisse ausreichend, um das Ausbildungsziel erreichen zu können?
- Waren alle erforderlichen Ausbildungsmittel verfügbar?
- Konnte der Auszubildende am Arbeits- oder Ausbildungsplatz in Ruhe lernen?
- War die vorgesehene Lernzeit angemessen?
- Hat sich die Fachkraft ausreichend um den Auszubildenden gekümmert?
- Wurden Zwischenkontrollen durchgeführt und sind diese mit dem Auszubildenden besprochen worden?

Ergreifen von Maßnahmen zur Korrektur der Defizite

5. Was ist hinsichtlich einer erfolgreichen Durchführung eines Beurteilungsgesprächs zu beachten?

Beurteilung heißt nicht Verurteilung! Das Beurteilungsgespräch hat zum Ziel, eine positive Leistung oder ein Verhalten zu bestätigen und damit motivierend zu fördern, die Ursachen einer negativen Leistung oder eines Verhaltens herauszufinden und Gegenmaßnahmen zu vereinbaren.

Durchführung eines Beurteilungsgesprächs

Ein Beurteilungsgespräch besteht aus **sechs Phasen**:

1. Vorbereitung
- Sagen Sie dem Auszubildenden rechtzeitig, dass Sie mit ihm ein Beurteilungsgespräch führen wollen.
- Bereiten Sie das Gespräch sorgfältig vor.
- Schließen Sie mögliche Störquellen aus.

2. Darstellung der Beobachtungen
- Fallen Sie nicht mit der Tür ins Haus, sondern beginnen Sie das Gespräch mit einer sogenannten Anwärmphase.
- Teilen Sie dem Auszubildenden zunächst Ihre positiven Beobachtungen und dann erst die negativen mit.
- Lassen Sie den Auszubildenden zu Ihren Beobachtungen Stellung nehmen.

3. Beurteilungen mitteilen
- Stellen Sie zunächst erkennbare positive Entwicklungen heraus.
- Stellen Sie dem dann ggf. gegenüber, dass eine Verbesserung der Leistung vor dem Hintergrund des letzten Gesprächs nicht stattgefunden hat.
- Erörtern Sie mit dem Auszubildenden, woran dies liegt und ob er immer noch Schwierigkeiten bei der Umsetzung hat.

4. Beurteilungen erörtern
- Geben Sie dem Auszubildenden die Möglichkeit, seine Einwände gegen Ihre Beurteilung zu äußern.
- Einigen Sie sich möglichst auf eine gemeinsame und einheitliche Beurteilung.

5. Veränderungen planen
- Machen Sie dem Auszubildenden die eventuellen Folgen deutlich, falls die besprochenen Mängel nicht abgestellt werden.
- Verabreden Sie mit ihm Maßnahmen zur Behebung der Mängel.
- Halten Sie die vereinbarten Maßnahmen möglichst schriftlich fest.

6. Abschluss des Gesprächs
- Lassen Sie das Gespräch freundlich ausklingen.

6. Wozu dient die Zwischenprüfung?

Das Berufsbildungsgesetz sagt zum Thema Zwischenprüfung in § 48: „Während der Berufsausbildung ist zur Ermittlung des Ausbildungsstandes eine Zwischenprüfung entsprechend der Ausbildungsordnung durchzuführen [...]."
Wie bereits erwähnt, wird in der Berufsausbildung auch das **Prinzip der Erfolgssicherung** verfolgt. Dazu dienen neben den innerbetrieblichen Lernerfolgskontrollen die gesetzlich vorgeschriebenen Soll-Ist-Vergleiche, die – abhängig von der jeweiligen Ausbildungsordnung – bei drei- bzw. dreieinhalbjährigen Ausbildungen in der Mitte oder am Ende des zweiten Ausbildungsjahres liegen.
Ziel ist es, zu dem festgelegten Zeitpunkt den **Ausbildungsstand festzustellen**. Bei etwaigen negativen Abweichungen besteht für den Ausbilder bis zum Ende der Ausbildung noch die Möglichkeit, **korrigierend entgegenzuwirken**.

Die Zwischenprüfung erlaubt zudem einen **Vergleich** der individuell erbrachten Leistungen mit denen des Ausbildungsjahrgangs, da für alle Prüfungsergebnisse ein Kammerdurchschnitt erhoben wird. Der zuständigen Stelle, die diese Prüfungen durchführt, gibt die Zwischenprüfung Gelegenheit, Einblick in die Ausbildungsqualität der einzelnen Mitgliedsbetriebe zu gewinnen.
Gegenstand der Zwischenprüfung sind die in der Ausbildungsordnung festgelegten Prüfungsfächer. Innerhalb derer soll der Auszubildende nachweisen, dass er die vermittelten Kenntnisse und Fertigkeiten sowie den dazugehörigen Berufsschulstoff beherrscht. Die Leistungen in der Zwischenprüfung sind schriftlich, mündlich oder in Form einer Arbeitsprobe zu erbringen. In neu erlassenen Ausbildungsordnungen sind kleinere Arbeitsprojekte dafür vorgesehen.
Die Teilnahme an der Zwischenprüfung, über die eine Bescheinigung ausgestellt wird, ist eines der vom BBiG vorgeschriebenen Zulassungskriterien für die Abschlussprüfung.

Interkulturelle Kompetenzen fördern

1. Was ist Sozialisation?
2. Welche Sozialisationsinstanzen gibt es?
3. Wie kann die Integration von Auszubildenden mit Migrationshintergrund gefördert werden?

1. Was ist Sozialisation?

Der Mensch wird im Laufe seines Lebens durch verschiedene Instanzen beeinflusst. Dabei wird versucht, dem Individuum die jeweils geltenden Werte und Normen dieser einzelnen Instanzen zu vermitteln. Gelingt dies, spricht man von gelungener Sozialisation. Sozialisation heißt also, das **Hineinwachsen in** bzw. **die Anpassung an bestimmte Werte- und Normensysteme** und die **Übernahme** (Verinnerlichung) der dort vorherrschenden **Ansichten und Regeln**.

2. Welche Sozialisationsinstanzen gibt es?

Die Sozialisation beginnt in der Familie als erste Sozialisationsinstanz (Primärsozialisation), in der ein Kind lernt, inwieweit seine Bedürfnisse und Wünsche befriedigt werden können. Daran schließen sich in der Regel der Kindergarten, die allgemeinbildende Schule und der Freundeskreis an, in denen man Regeln beachten und sich diesen anpassen muss. Nach Abschluss der Schule beginnt die betriebliche Ausbildung; hier werden neben den Kenntnissen und Fertigkeiten Werte und Normen der Arbeits- und Berufswelt durch den Ausbilder und andere Mitarbeiter des Ausbildungsbetriebs vermittelt. Das Hineinwachsen in die Sozialisationsinstanz „Betrieb" fällt zumindest zu Beginn der Ausbildung nicht immer leicht, weil hierbei Anforderungen auf den jungen Menschen zukommen, die neu und ungewohnt für ihn sind (früherer Arbeitsbeginn, längerer Ausbildungstag, Übernahme von Verantwortung für das eigene Handeln, ggf. höhere Erwartungen an Engagement und Lernleistung, da diese vergütet werden).
Es wird deutlich, dass sich jedes Individuum immer wieder mit unterschiedlichen Sozialisationseinflüssen auseinandersetzen muss – sowohl im beruflichen als auch im privaten Zusammenhang.

Gerade jüngere Menschen haben hier teilweise Schwierigkeiten, ein bestimmtes Sozialisationsverhalten zu erbringen, da die Erwartungen in unterschiedlichen gesellschaftlichen Bereichen voneinander abweichen oder sogar miteinander in Widerspruch stehen können.

Beispiel:
Der bisher behütete junge Mensch, dem vieles im Elternhaus abgenommen und nachgesehen wurde, betritt die „raue" Arbeitswelt, in der nun Selbstständigkeit, Selbstkritikfähigkeit und Leistungsbereitschaft von ihm gefordert werden.

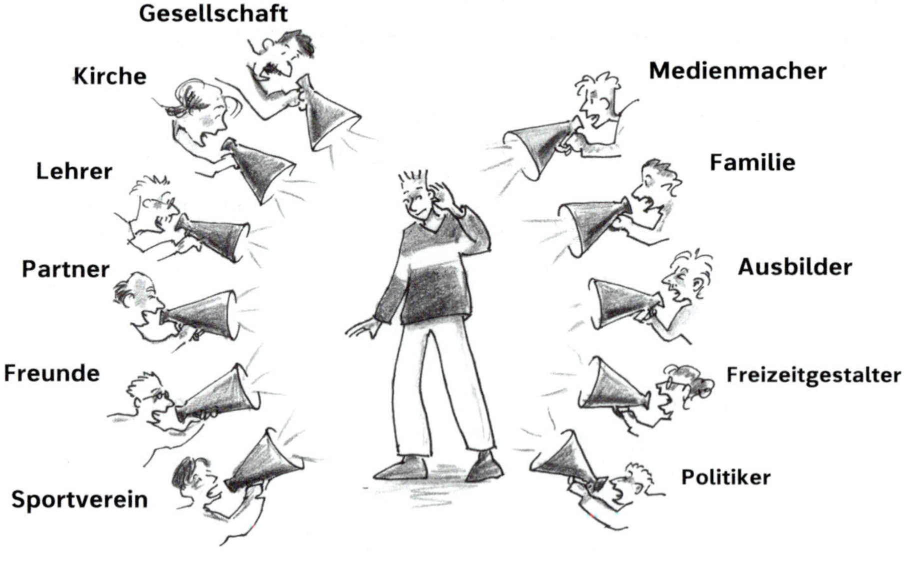

Jede dieser Sozialisationsinstanzen nimmt für sich in Anspruch, die „richtigen" Normen und Werte zu vertreten. Dies kann gerade bei jungen Menschen zu Verunsicherung führen.

3. Wie kann die Integration von Auszubildenden mit Migrationshintergrund gefördert werden?

Der Zahl junger Menschen mit ausländischen Wurzeln ist in der betrieblichen Ausbildung insgesamt unterrepräsentiert – verglichen mit ihrem Gesamtanteil an den entsprechenden Altersgruppen. Die Ursachen hierfür können mannigfaltig sein:

- nicht ausreichende schulische Bildung
- wenig bis keine Unterstützung aus dem Elternhaus aufgrund unterschiedlicher Prioritäten hinsichtlich der Ausbildung
- Betonung des eigenen kulturellen Hintergrunds
- Sprach- und Verständigungsprobleme
- das Gefühl, in Deutschland diskriminiert zu werden
- mangelnde Integrationsfähigkeit

Wenn in Deutschland die Integration von Bürgern mit Zuwanderungshintergrund aus verschiedenen Gründen (Überalterung der Gesellschaft, Fachkräftemangel, Belastung der Sozialsysteme) erfolgversprechend sein soll, werden zukünftig mehr Auszubildende mit nichtdeutschen Wurzeln zu Fachkräften qualifiziert werden müssen.

Das bedeutet auch für das Ausbildungspersonal eine stärkere Auseinandersetzung mit der Thematik einer erfolgreichen Integration von Auszubildenden mit Migrationshintergrund in den Ausbildungsbetrieb:

- den einzelnen Auszubildenden in seiner Individualität sehen
- sich bewusst machen, dass ausländische Auszubildende andere Wertvorstellungen haben können und dafür Verständnis zeigen
- für Respekt und Toleranz bei allen Auszubildenden durch gegenseitiges besseres Kennenlernen sorgen
- Ausgrenzungsversuche anderer früh unterbinden
- bei der Zusammensetzung von Gruppen auf ethnische Heterogenität achten
- mitmenschliche Verbindungen schaffen, z. B. durch Patensystem oder den Einsatz von Partnerarbeit bei offensichtlichen Schwächen der Auszubildenden mit Migrationshintergrund

Handlungsfeld 4
Ausbildung abschließen

Auf Abschlussprüfungen vorbereiten

Zur Abschlussprüfung anmelden

Ausbildung beenden/verlängern

Zeugnisse erstellen

Auf Fort- und Weiterbildungsmöglichkeiten hinweisen

4

Auf Abschlussprüfungen vorbereiten

1. Was ist das Ziel einer Abschlussprüfung?
2. Wie kann der Auszubildende auf die Abschlussprüfung vorbereitet werden?

1. Was ist das Ziel einer Abschlussprüfung?

Gesetzliche Grundlage für die Abnahme und Gestaltung der Abschlussprüfung sind die §§ 37 und 38 BBiG und die jeweilige Ausbildungsordnung (hier: die Prüfungsanforderungen).

§ 37 BBiG Abschlussprüfung

(1) In den anerkannten Ausbildungsberufen sind Abschlussprüfungen durchzuführen. Die Abschlussprüfung kann im Fall des Nichtbestehens zweimal wiederholt werden. Sofern die Abschlussprüfung in zwei zeitlich auseinanderfallenden Teilen durchgeführt wird, ist der erste Teil der Abschlussprüfung nicht eigenständig wiederholbar.
(2) Dem Prüfling ist ein Zeugnis auszustellen. Ausbildenden werden auf deren Verlangen die Ergebnisse der Abschlussprüfung der Auszubildenden übermittelt. Sofern die Abschlussprüfung in zwei zeitlich auseinanderfallenden Teilen durchgeführt wird, ist das Ergebnis der Prüfungsleistungen im ersten Teil der Abschlussprüfung dem Prüfling schriftlich mitzuteilen.
(3) Dem Zeugnis ist auf Antrag der Auszubildenden eine englischsprachige und eine französischsprachige Übersetzung beizufügen. Auf Antrag der Auszubildenden kann das Ergebnis berufsschulischer Leistungsfeststellungen auf dem Zeugnis ausgewiesen werden.
(4) Die Abschlussprüfung ist für den Auszubildenden gebührenfrei.

§ 38 BBiG Prüfungsgegenstand

Durch die Abschlussprüfung ist festzustellen, ob der Prüfling die berufliche Handlungsfähigkeit erworben hat. In ihr soll der Prüfling nachweisen, dass er die erforderlichen Fertigkeiten beherrscht, die notwendigen beruflichen Kenntnisse und Fähigkeiten besitzt und mit dem im Berufsschulunterricht zu ermittelnden, für die Berufsausbildung wesentlichen Lehrstoff vertraut ist. Die Ausbildungsordnung ist zugrunde zu legen.

Auszug aus einer Ausbildungsordnung (Prüfungsanforderungen zur Abschlussprüfung in einem kaufmännischen Ausbildungsberuf):

§ 8 Abschlussprüfung

(1) Die Abschlussprüfung erstreckt sich auf die in der Anlage aufgeführten Fertigkeiten und Kenntnisse sowie auf den im Berufsschulunterricht vermittelten Lehrstoff, soweit er für die Berufsausbildung wesentlich ist.
(2) Die Prüfung ist schriftlich in den Prüfungsfächern Bürowirtschaft, Betriebslehre und Wirtschafts- und Sozialkunde und praktisch in den Prüfungsfächern Informationsverarbeitung und Sekretariats- und Fachaufgaben durchzuführen.
(3) In der schriftlichen Prüfung soll der Prüfling in den nachstehend genannten Prüfungsfächern je eine Arbeit anfertigen.

1. Prüfungsfach Bürowirtschaft: In 60 Minuten soll der Prüfling praxisbezogene Aufgaben oder Fälle aus folgenden Gebieten bearbeiten und dabei zeigen, dass er grundlegende Fertigkeiten und Kenntnisse dieser Gebiete erworben hat:
   a) Organisation und Leistungen,
   b) Bürowirtschaft und Statistik,
   c) Bürokommunikationstechniken,
   d) Assistenz- und Sekretariatsaufgaben.
2. Prüfungsfach Betriebslehre: In 90 Minuten soll der Prüfling praxisbezogene Aufgaben oder Fälle aus den folgenden Gebieten bearbeiten und dabei zeigen, dass er grundlegende Fertigkeiten und Kenntnisse erworben hat:
   a) bereichsbezogenes Rechnungswesen,
   b) bereichsbezogene Personalverwaltung.

Die zuständigen Stellen erlassen durch das Beschlussorgan „Berufsbildungsausschuss“ für die Organisation und Durchführung von Abschlussprüfungen Prüfungsordnungen.

§ 47 BBiG Prüfungsordnung
(1) Die zuständige Stelle hat eine Prüfungsordnung für die Abschlussprüfung zu erlassen. Die Prüfungsordnung bedarf der Genehmigung der zuständigen obersten Landesbehörde.
(2) Die Prüfungsordnung muss die Zulassung, die Gliederung der Prüfung, die Bewertungsmaßstäbe, die Erteilung der Prüfungszeugnisse, die Folgen bei Verstößen gegen die Prüfungsordnung und die Wiederholungsprüfung regeln. Sie kann vorsehen, dass Prüfungsaufgaben, die überregional oder von einem Aufgabenerstellungsausschuss bei der zuständigen Stelle erstellt oder ausgewählt werden, zu übernehmen sind, sofern diese Aufgaben von Gremien erstellt oder ausgewählt werden, die entsprechend § 40 Abs. 2 zusammengesetzt sind.

2. Wie kann der Auszubildende auf die Abschlussprüfung vorbereitet werden?

Prüfungsängste (auch: Prüfungsstress) entstehen in der Regel aus Unsicherheit und aus dem Wissen, welche Konsequenzen ein eventuelles Nichtbestehen für den Auszubildenden hat. Dies sind Unsicherheiten, die insbesondere in der Organisation und im Ablauf einer Abschlussprüfung begründet sind. In der Praxis sollte sich der Ausbilder auf folgende Fragestellungen des Auszubildenden vorbereiten:

- Wann ist die Abschlussprüfung?
- Wie viele Tage dauert die Prüfung?
- Was wird wann und wie geprüft?
- Werde ich auf die Prüfung vorbereitet?
- Wo liegen die thematischen Schwerpunkte?

- Aus welchen Bestandteilen besteht die Prüfung?
- Welche Anforderungen werden in der Prüfung gestellt?
- Wie sehen die Prüfungsaufgaben aus?
- In welcher Form wird was geprüft?
- Welche Hilfen dürfen in der Prüfung benutzt werden?
- Wie setzt sich der Prüfungsausschuss zusammen?
- Wer sind die Prüfer?

Um diese Fragen beantworten zu können, muss sich der Ausbilder selbst orientieren. Die effizienteste Orientierung ergibt sich durch die eigene Mitwirkung in einem Prüfungsausschuss. Darüber hinaus bieten diverse Verlage freigegebene alte Prüfungen an. Auf den Verkauf von Prüfungsmaterialien oder Aufgabenbänke vor allem für gewerblich-technische Berufe haben sich einige Anbieter spezialisiert. Weitere Hilfestellungen und Auskünfte geben die Ausbildungsberater oder Prüfungssachbearbeiter der zuständigen Stellen.

Planung und Durchführung einer systematischen Prüfungsvorbereitung

1. Ermittlung der Prüfungsschwerpunkte aus:
   - der Ausbildungsordnung (Prüfungsanforderungen),
   - alten, bereits durchgeführten Prüfungen,
   - den Material- und Bereitstellungslisten,
   - einem Kontakt zu anderen Ausbildungsbetrieben,
   - einem Kontakt zu den zuständigen Stellen.
2. Aufbereitung der Prüfungsschwerpunkte:
   - Ist alles hierzu vermittelt worden?
   - Sind noch Lücken vorhanden?
   - Müssen noch Ausbildungsinhalte vertieft werden?
3. Lösen von Prüfungsaufgaben:
   Hier sollten alte Prüfungsaufgabensätze Ausbildungslücken oder -schwächen aufdecken, um diese eventuell noch vermitteln oder korrigieren zu können.
4. Simulation von Prüfungen:
   Führen Sie alte Fertigkeits- und Kenntnisprüfungen unter Echtzeitbedingungen durch.

Grundsätze zur Minimierung von Prüfungsängsten

Grundsätzlich kann Prüfungsangst nicht gänzlich abgebaut werden. Ein gewisses Maß an Prüfungsangst trägt sogar zur Leistungssteigerung bei. Überzogene Prüfungsangst führt in der Regel aber zum Versagen des Prüflings. Deshalb sollte der Ausbilder die Prüfungsängste auf ein Mindestmaß reduzieren:
- systematische Prüfungsvorbereitung
- negative Motivation bzw. zusätzlichen Druck unterlassen („Ihr werdet nur in ein Arbeitsverhältnis übernommen, wenn ..." oder „Wenn ihr nicht mitarbeitet, dann werdet ihr die Quittung in der Prüfung bekommen.")
- mit Auszubildenden ganz sachlich über die Prüfung sprechen (eventuell auch Einzelgespräche mit Auszubildenden führen, die eine überzogene Prüfungsangst aufweisen)
- in ganz schwierigen Fällen einen psychologischen Dienst oder den Betriebsarzt in Anspruch nehmen

Zur Abschlussprüfung anmelden

1. Wie ist das Anmeldeverfahren zur Prüfung organisiert?
2. Wer nimmt die Abschlussprüfung ab?

1. Wie ist das Anmeldeverfahren zur Prüfung organisiert?

Gesetzliche Grundlage für die Anmeldung zur Abschlussprüfung sind die §§ 43 bis 46 BBiG und die jeweilige Prüfungsordnung.

§ 43 BBiG Zulassung zur Abschlussprüfung

(1) Zur Abschlussprüfung ist zuzulassen,

1. wer die Ausbildungszeit zurückgelegt hat oder wessen Ausbildungszeit nicht später als zwei Monate nach dem Prüfungstermin endet,
2. wer an vorgeschriebenen Zwischenprüfungen teilgenommen sowie vorgeschriebene Berichtshefte geführt hat und
3. wessen Berufsausbildungsverhältnis in das Verzeichnis der Berufsausbildungsverhältnisse eingetragen oder aus einem Grund nicht eingetragen ist, den weder die Auszubildenden noch deren gesetzliche Vertreter oder Vertreterinnen zu vertreten haben.

(2) Zur Abschlussprüfung ist ferner zuzulassen, wer in einer berufsbildenden Schule oder einer sonstigen Berufsbildungseinrichtung ausgebildet worden ist, wenn dieser Bildungsgang der Berufsausbildung in einem anerkannten Ausbildungsberuf entspricht. Ein Bildungsgang entspricht der Berufsausbildung in einem anerkannten Ausbildungsberuf, wenn er

1. nach Inhalt, Anforderung und zeitlichem Umfang der jeweiligen Ausbildungsverordnung gleichwertig ist,
2. systematisch, insbesondere im Rahmen einer sachlichen und zeitlichen Gliederung, durchgeführt wird und
3. durch Lernortkooperation einen angemessenen Anteil an fachpraktischer Ausbildung gewährleistet.

Die Landesregierungen werden ermächtigt, im Benehmen mit dem Landesausschuss für Berufsbildung durch Rechtsverordnung zu bestimmen, welche Bildungsgänge die Voraussetzungen der Sätze 1 und 2 erfüllen. Die Ermächtigung kann durch Rechtsverordnung auf oberste Landesbehörden weiter übertragen werden.

§ 44 BBiG Zulassung zur Abschlussprüfung bei zeitlich auseinanderfallenden Teilen

(1) Sofern die Abschlussprüfung in zwei zeitlich auseinanderfallenden Teilen durchgeführt wird, ist über die Zulassung jeweils gesondert zu entscheiden.

(2) Zum ersten Teil der Abschlussprüfung ist zuzulassen, wer die in der Ausbildungsordnung vorgeschriebene, erforderliche Ausbildungszeit zurückgelegt hat und die Voraussetzungen des § 43 Abs. 1 Nr. 2 und 3 erfüllt.

(3) Zum zweiten Teil der Abschlussprüfung ist zuzulassen, wer über die Voraussetzungen in § 43 Abs. 1 hinaus am ersten Teil der Abschlussprüfung teilgenommen hat. Dies gilt nicht, wenn Auszubildende aus Gründen, die sie nicht zu vertreten haben, am ersten Teil der Abschlussprüfung nicht teilgenommen haben. In diesem Fall ist der erste Teil der Abschlussprüfung zusammen mit dem zweiten Teil abzulegen.

§ 45 BBiG Zulassung in besonderen Fällen

(1) Auszubildende können nach Anhören des Ausbildenden und der Berufsschule vor Ablauf ihrer Ausbildungszeit zur Abschlussprüfung zugelassen werden, wenn ihre Leistungen dies rechtfertigen.

(2) Zur Abschlussprüfung ist auch zuzulassen, wer nachweist, dass er mindestens das Eineinhalbfache der Zeit, die als Ausbildungszeit vorgeschrieben ist, in dem Beruf tätig gewesen ist, in dem die

Prüfung abgelegt werden soll. Als Zeiten der Berufstätigkeit gelten auch Ausbildungszeiten in einem anderen, einschlägigen Ausbildungsberuf. Vom Nachweis der Mindestzeit nach Satz 1 kann ganz oder teilweise abgesehen werden, wenn durch Vorlage von Zeugnissen oder auf andere Weise glaubhaft gemacht wird, dass der Bewerber oder die Bewerberin die berufliche Handlungsfähigkeit erworben hat, die die Zulassung zur Prüfung rechtfertigt. Ausländische Bildungsabschlüsse und Zeiten der Berufstätigkeit im Ausland sind dabei zu berücksichtigen.
[...]

§ 46 BBiG Entscheidung über die Zulassung
(1) Über die Zulassung zur Abschlussprüfung entscheidet die zuständige Stelle. Hält sie die Zulassungsvoraussetzungen nicht für gegeben, so entscheidet der Prüfungsausschuss.
(2) Auszubildenden, die Elternzeit in Anspruch genommen haben, darf bei der Entscheidung über die Zulassung hieraus kein Nachteil erwachsen.

Zulassungsverfahren im Regelfall (§ 43 BBiG)

1. Der Ausbildende meldet den Auszubildenden zum Prüfungsanmeldetermin bei der zuständigen Stelle zur Abschlussprüfung an.
2. Der Anmeldung ist beizufügen: das letzte Zeugnis der Berufsschule, die Bescheinigung über die Teilnahme an einer Zwischenprüfung (wenn bei der zuständigen Stelle nicht bereits automatisch erfasst), Berichtshefte (i. d. R. erst am Tag der schriftlichen Prüfung mitzubringen).
3. Die zuständige Stelle prüft die Zulassungsvoraussetzungen.
4. Hält sie die Zulassungsvoraussetzung für erfüllt, lässt sie den Auszubildenden zu. Hält sie die Prüfungsvoraussetzungen für nicht gegeben, so entscheidet der zuständige Prüfungsausschuss über die Zulassung.

Zulassungsverfahren in besonderen Fällen (§ 45 Abs. 1 BBiG)

1. Der Auszubildende meldet sich selbstständig zum Prüfungsanmeldetermin (i. d. R. früher als der normale Anmeldeschluss) zur vorzeitigen Zulassung (sechs Monate vor der normalen Prüfung) zur Abschlussprüfung an.
2. Die zuständige Stelle bittet den Ausbildenden und die Berufsschule um eine Stellungnahme.
3. Stimmen beide der vorzeitigen Zulassung zu, wird der Auszubildende zugelassen; stimmen beide der vorzeitigen Zulassung nicht zu, wird der Auszubildende nicht zugelassen.
4. Sind die Stellungnahmen unterschiedlich, so entscheidet der Prüfungsausschuss.

Die Bedingungen zur vorzeitigen Zulassung zur Abschlussprüfung sind in den jeweiligen zuständigen Stellen unterschiedlich. Ging man in der Vergangenheit von befriedigenden Leistungen als Voraussetzung aus, so haben einige zuständige Stellen diese bereits auf gute Leistungen heraufgesetzt.

2. Wer nimmt die Abschlussprüfung ab?

Rechtsgrundlage sind die §§ 39, 40 und 41 des BBiG:

§ 39 BBiG Prüfungsausschüsse
Für die Abnahme der Abschlussprüfung errichtet die zuständige Stelle Prüfungsausschüsse. Mehrere zuständige Stellen können bei einer von ihnen gemeinsame Prüfungsausschüsse errichten.

§ 40 BBiG Zusammensetzung, Berufung

(1) Der Prüfungsausschuss besteht aus mindestens drei Mitgliedern. Die Mitglieder müssen für die Prüfungsgebiete sachkundig und für die Mitwirkung im Prüfungswesen geeignet sein.

(2) Dem Prüfungsausschuss müssen als Mitglieder Beauftragte der Arbeitgeber und der Arbeitnehmer in gleicher Zahl sowie mindestens eine Lehrkraft einer berufsbildenden Schule angehören. Mindestens zwei Drittel der Gesamtzahl der Mitglieder müssen Beauftragte der Arbeitgeber und der Arbeitnehmer sein. Die Mitglieder haben Stellvertreter oder Stellvertreterinnen.

(3) Die Mitglieder werden von der zuständigen Stelle längstens für fünf Jahre berufen. Die Beauftragten der Arbeitnehmer werden auf Vorschlag der im Bezirk der zuständigen Stelle bestehenden Gewerkschaften und selbstständigen Vereinigungen von Arbeitnehmern mit sozial- oder berufspolitischer Zwecksetzung berufen. Die Lehrkraft einer berufsbildenden Schule wird im Einvernehmen mit der Schulaufsichtsbehörde oder der von ihr bestimmten Stelle berufen. Werden Mitglieder nicht oder nicht in ausreichender Zahl innerhalb einer von der zuständigen Stelle gesetzten angemessenen Frist vorgeschlagen, so beruft die zuständige Stelle insoweit nach pflichtgemäßem Ermessen. Die Mitglieder der Prüfungsausschüsse können nach Anhören der an ihrer Berufung Beteiligten aus wichtigem Grund abberufen werden. Die Sätze 1 bis 5 gelten für die stellvertretenden Mitglieder entsprechend.

(4) Die Tätigkeit im Prüfungsausschuss ist ehrenamtlich. Für bare Auslagen und für Zeitversäumnis ist, soweit eine Entschädigung nicht von anderer Seite gewährt wird, eine angemessene Entschädigung zu zahlen, deren Höhe von der zuständigen Stelle mit Genehmigung der obersten Landesbehörde festgesetzt wird.

(5) Von Absatz 2 darf nur abgewichen werden, wenn anderenfalls die erforderliche Zahl von Mitgliedern des Prüfungsausschusses nicht berufen werden kann.

§ 41 BBiG Vorsitz, Beschlussfähigkeit, Abstimmung

(1) Der Prüfungsausschuss wählt ein Mitglied, das den Vorsitz führt und ein weiteres Mitglied, das den Vorsitz stellvertretend übernimmt. Der Vorsitz und das ihn stellvertretende Mitglied sollen nicht derselben Mitgliedergruppe angehören.

(2) Der Prüfungsausschuss ist beschlussfähig, wenn zwei Drittel der Mitglieder, mindestens drei, mitwirken. Er beschließt mit der Mehrheit der abgegebenen Stimmen. Bei Stimmengleichheit gibt die Stimme des vorsitzenden Mitglieds den Ausschlag.

Eignungsvoraussetzungen eines Prüfers

Da § 40 Abs. 1 BBiG die Anforderungen an Prüfer nur sehr vage formuliert, sollen diese hier für den Idealfall präzisiert werden.

Der Prüfer sollte
- eine höhere Aus- oder Fortbildung aufweisen als die zu Prüfenden,
- sich auf dem neuesten beruflichen Kenntnisstand befinden,
- praktische Erfahrungen nachweisen können,
- sich im Ausbildungs- und Prüfungswesen auskennen,
- Prüfungsanforderungen und die Prüfungsordnung kennen,
- verschwiegen und unbefangen sein,
- prüfungspädagogische Grundsätze kennen und anwenden können, wie z. B.
  - Prüfungsatmosphäre schaffen,
  - Prüfungsängste lösen,
  - Prüfungsgespräche führen,
  - richtige Fragestellungen beherrschen,
- ein sicheres und gerechtes Urteilsvermögen haben,
- objektiv bewerten können,
- sich in die Situation des Prüflings versetzen können,
- seine Macht nicht ausspielen und
- alle Prüflinge gleich behandeln.

Ausbildung beenden/verlängern

1. Wie kann ein Ausbildungsverhältnis beendet werden?
2. Wie kann ein Ausbildungsverhältnis verlängert werden?

1. Wie kann ein Ausbildungsverhältnis beendet werden?

Rechtsgrundlage für die Beendigung von Ausbildungsverhältnissen sind die §§ 21 und 22 BBiG und § 626 Abs. 1 BGB.

§ 21 BBiG Beendigung

(1) Das Berufsausbildungsverhältnis endet mit dem Ablauf der Ausbildungszeit. Im Falle der Stufenausbildung endet es mit Ablauf der letzten Stufe.

(2) Bestehen Auszubildende vor Ablauf der Ausbildungszeit die Abschlussprüfung, so endet das Berufsausbildungsverhältnis mit Bekanntgabe des Ergebnisses durch den Prüfungsausschuss.

(3) Bestehen Auszubildende die Abschlussprüfung nicht, so verlängert sich das Berufsausbildungsverhältnis auf ihr Verlangen bis zur nächstmöglichen Wiederholungsprüfung, höchstens um ein Jahr.

§ 22 BBiG Kündigung

(1) Während der Probezeit kann das Berufsausbildungsverhältnis jederzeit ohne Einhalten einer Kündigungsfrist gekündigt werden.

(2) Nach der Probezeit kann das Berufssausbildungsverhältnis nur gekündigt werden
1. aus einem wichtigen Grund ohne Einhalten einer Kündigungsfrist,
2. von Auszubildenden mit einer Kündigungsfrist von vier Wochen, wenn sie die Berufsausbildung aufgeben oder sich für eine andere Berufstätigkeit ausbilden lassen wollen.

(3) Die Kündigung muss schriftlich und in den Fällen des Absatzes 2 unter Angabe der Kündigungsgründe erfolgen.

(4) Eine Kündigung aus einem wichtigen Grund ist unwirksam, wenn die ihr zugrunde liegenden Tatsachen dem zur Kündigung Berechtigten länger als zwei Wochen bekannt sind. Ist ein vorgesehenes Güteverfahren vor einer außergerichtlichen Stelle eingeleitet, so wird bis zu dessen Beendigung der Lauf dieser Frist gehemmt.

§ 626 BGB Fristlose Kündigung aus wichtigem Grund

(1) Das Dienstverhältnis kann von jedem Vertragsteil aus wichtigem Grund ohne Einhaltung einer Kündigungsfrist gekündigt werden, wenn Tatsachen vorliegen, aufgrund derer dem Kündigenden unter Berücksichtigung aller Umstände des Einzelfalls und unter Abwägung der Interessen beider Vertragsteile die Fortsetzung des Dienstverhältnisses bis zum Ablauf der Kündigungsfrist oder bis zu der vereinbarten Beendigung des Dienstverhältnisses nicht zugemutet werden kann.

Es gibt also verschiedene Möglichkeiten, ein Ausbildungsverhältnis zu beenden:

1. Durch vertragsrechtliche Vereinbarung (beiderseitig übereinstimmende Willenserklärung)

Zeitablauf
Das Berufsausbildungsverhältnis endet mit dem Datum des vertraglich vereinbarten Ausbildungsendes. Diese Beendigungsart ist aber relativ selten. Wenn ein Auszubildender z. B. bei Nichtbestehen der Prüfung die Ausbildung nicht fortsetzen will, so endet das Ausbildungsverhältnis mit Zeitablauf.

4

Zweckerreichung
Dieses ist die häufigste Beendigungsart. Das Ausbildungsverhältnis ist vor Ablauf der Ausbildungszeit beendet, wenn das Prüfungsverfahren abgeschlossen und dem Auszubildenden das Bestehen der Prüfung in verbindlicher Form mitgeteilt ist.

Aufhebungsvertrag
In beiderseitigem Einvernehmen kann ein Ausbildungsverhältnis während und nach der Probezeit durch einen neuen Vertrag, einen sogenannten Aufhebungsvertrag, aufgelöst werden.

2. Durch Kündigung (einseitig, empfangsbedürftige Willenserklärung)

Kündigung von beiden Vertragsparteien während der Probezeit
- schriftlich
- ohne Angabe von Gründen
- fristlos

Da die Probezeit bereits Ausbildungszeit ist und nur „verlängert" werden kann, wenn sie mehr als ein Drittel unterbrochen wird (sie „verlängert" sich dann um den Zeitraum der Unterbrechung) und in der Probezeit bis zum letzten Tag gekündigt werden kann, ist eine andere Kündigungsart nicht möglich. Würde mit einer Frist gekündigt werden, würde sich eventuell die Probezeit verlängern.

Außerordentliche Kündigung von beiden Vertragsparteien nach der Probezeit
- schriftlich
- aus wichtigem Grund
- ohne Frist

Die wichtigen Gründe, die zu einer außerordentlichen Kündigung berechtigen, können sehr unterschiedlich sein. Man kann davon ausgehen, dass ein strafrechtlicher Verstoß gegen die Fürsorgepflicht des Ausbildenden oder die „Dienstleistungspflicht" des Auszubildenden zur Kündigung führen kann. Bei einer Kündigung des Auszubildenden wird in der Regel in einem Kündigungsschutzprozess beim Arbeitsgericht geklärt, was ein wichtiger Grund ist, wobei in einem solchen Arbeitsgerichtsprozess der Ausbildende immer nachweisen muss, wie er vorher erzieherisch gewirkt hat. Allgemein gilt dann ein Grund als wichtig, wenn die weitere Zusammenarbeit nicht mehr zumutbar ist.

Beispiele für wichtige Gründe
- Kündigung durch den Ausbildenden aus Verschulden des Auszubildenden:
  - Unterlassung der ärztlichen Untersuchung gemäß JArbSchG
  - eigenmächtiger Urlaubsantritt
  - Diebstahl
  - fortlaufendes Fernbleiben von der Berufsschule
- Kündigung durch den Ausbildenden ohne Verschulden des Auszubildenden:
  - Insolvenz des Betriebes
  - Verlegung des Betriebes
  - Krankheit des Auszubildenden, bei der das Ende nicht absehbar ist

- Kündigung durch den Auszubildenden aus Verschulden des Ausbildenden:
  - Nichtzahlung der Vergütung
  - Tätlichkeiten oder Diskriminierungen
  - schwere Verstöße gegen das BBiG und JArbSchG
- Kündigung durch den Auszubildenden ohne Verschulden des Ausbildenden:
  - dauerhafte Krankheit des Auszubildenden
  - kurzfristiger Umzug der Eltern bei jugendlichen Auszubildenden

Ordentliche Kündigung durch den Auszubildenden nach der Probezeit

- schriftlich
- mit Angabe von Gründen
- mit einer Frist von vier Wochen

Ein Auszubildender, der die Berufsausbildung ganz aufgeben oder sich in einem anderen Beruf ausbilden lassen will, kann mit einer Frist von vier Wochen kündigen. Dieses gilt nicht, wenn er die gleiche Berufsausbildung in einem anderen Betrieb fortsetzen möchte.

3. Durch Anfechtung oder höhere Gewalt

Ein Berufsausbildungsvertrag kann angefochten werden, wenn er wegen arglistiger Täuschung, unter Androhung von Gewalt oder aus einem Irrtum zustande gekommen ist. Das Ausbildungsverhältnis endet automatisch bei Tod des Auszubildenden (höhere Gewalt).

2. Wie kann ein Ausbildungsverhältnis verlängert werden?

Gesetzlich geregelte Verlängerung der Ausbildung:

1. Bei Auszubildenden, die Elternzeit in Anspruch nehmen, verlängert sich automatisch die Ausbildungszeit um den Zeitraum der Elternzeit. Der zuständigen Stelle ist dieses lediglich mitzuteilen.
2. Bei Auszubildenden, die zu längeren Wehrübungen eingezogen werden, verlängert sich automatisch die Ausbildungszeit um den Zeitraum der Unterbrechung. Der zuständigen Stelle ist dieses mitzuteilen.
3. Gemäß § 21 Abs. 3 BBiG (Nichtbestehen der Prüfung) verlängert sich die Ausbildung auf Verlangen des Auszubildenden, höchstens aber um ein Jahr.
4. Auf Antrag des Auszubildenden (§ 8 Abs. 2 BBiG) kann in Ausnahmefällen die Ausbildungszeit verlängert werden, wenn die Verlängerung erforderlich ist, um das Ausbildungsziel zu erreichen; z. B. bei längerer Unterbrechung (mehr als ein halbes Jahr) der Ausbildung durch Krankheit oder wenn im Berufsausbildungsvertrag eine Verkürzung der Ausbildung gemäß § 8 BBiG vereinbart worden ist, es sich aber herausstellt, dass das Ziel in der gekürzten Zeit nicht erreicht werden kann.

Zeugnisse erstellen

1. Was ist die rechtliche Grundlage für die Ausstellung von Ausbildungszeugnissen?
2. Wie sollte ein Ausbildungszeugnis aufgebaut und formuliert werden?

1. Was ist die rechtliche Grundlage für die Ausstellung von Ausbildungszeugnissen?

§ 16 BBiG Zeugnis
(1) Ausbildende haben den Auszubildenden bei Beendigung des Berufsausbildungsverhältnisses ein schriftliches Zeugnis auszustellen. Die elektronische Form ist ausgeschlossen. Haben Ausbildende die Berufsausbildung nicht selbst durchgeführt, so soll auch der Ausbilder oder die Ausbilderin das Zeugnis unterschreiben.
(2) Das Zeugnis muss Angaben enthalten über Art, Dauer und Ziel der Berufsausbildung sowie über die erworbenen beruflichen Fertigkeiten, Kenntnisse und Fähigkeiten der Auszubildenden. Auf Verlangen Auszubildender sind auch Angaben über Verhalten und Leistung aufzunehmen.

2. Wie sollte ein Ausbildungszeugnis aufgebaut und formuliert werden?

Einfaches Zeugnis	Qualifiziertes Zeugnis
1. Bezeichnung und eventuelle Beschreibung des Ausbildungsbetriebs	1. Bezeichnung und eventuelle Beschreibung des Ausbildungsbetriebs
2. Datum der Ausstellung	2. Datum der Ausstellung
3. Beschreibung des Auszubildenden (Name, Geburtsort und -datum, Wohnort)	3. Beschreibung des Auszubildenden (Name, Geburtsort und -datum, Wohnort)
4. Angaben zur Art der Ausbildung	4. Angaben zur Art der Ausbildung
5. Beginn, Dauer und Ende der Ausbildung	5. Beginn, Dauer und Ende der Ausbildung
6. Ziel der Ausbildung	6. Ziel der Ausbildung
7. Erworbene Fertigkeiten und Kenntnisse	7. Erworbene Fertigkeiten und Kenntnisse
8. –	8. Angaben über das Verhalten
9. –	9. Angaben über die Leistung
10. Name und Unterschrift des Ausbildenden	10. Name und Unterschrift des Ausbildenden
11. Eventuell Name und Unterschrift des Ausbilders	11. Eventuell Name und Unterschrift des Ausbilders

Insbesondere die auf Verlangen des Auszubildenden aufzunehmenden Punkte *Verhalten* und *Leistungen* in einem qualifizierten Zeugnis stoßen beim Aussteller auf Schwierigkeiten, da diese Punkte sich auf persönliche, d. h. subjektive Beurteilungen, beziehen. Hier ist die allgemeingültige Arbeitsrechtspraxis zu berücksichtigen, die einer Gratwanderung gleichkommt: **Ein Zeugnis muss so formuliert werden, dass es wahrheitsgemäß ist, aber dem Fortkommen des Arbeitnehmers nicht schadet.**

Das heißt, dass *negative Verhaltensweisen positiv formuliert* werden müssen, was relativ schwierig ist. In der betrieblichen Praxis hat sich bewährt, dass negative Verhaltensmuster in einem Zeugnis nicht zur Sprache gebracht werden. Es muss dem neuen Arbeitgeber, bei dem sich der Auszubildende bewirbt, aber auffallen, dass z. B. bei einem Bankkaufmann kein Hinweis auf seine Ehrlichkeit oder bei einem Koch kein Hinweis auf seine Sauberkeit zu finden ist.

Bei der Beurteilung von Verhalten und Leistungen sollten folgende allgemeingültige Formulierungen benutzt werden:

sehr gut	„Der Auszubildende hat die ihm übertragenen Aufgaben stets zu unserer vollsten Zufriedenheit erledigt und unseren Erwartungen in jeder Hinsicht entsprochen."
gut	„Der Auszubildende hat die ihm übertragenen Aufgaben stets zu unserer vollen Zufriedenheit erledigt und unseren Erwartungen entsprochen."
befriedigend	„Der Auszubildende hat die ihm übertragenen Aufgaben zu unserer Zufriedenheit erledigt."
ausreichend	„Der Auszubildende hat im Großen und Ganzen die ihm übertragenen Aufgaben zu unserer Zufriedenheit erledigt."
mangelhaft	„Der Auszubildende hat die ihm übertragenen Aufgaben zu unserer Zufriedenheit zu erledigen versucht."

4

Allgemeine Hinweise zur Zeugnisausstellung

Bei der Zeugnisausstellung sollte nur das Verhalten beurteilt und beschrieben werden, das der Auszubildende im letzten Ausbildungsjahr gezeigt hat, da der Auszubildende noch in der Entwicklung war und der Ausbilder einen Erziehungsauftrag erfüllen muss.

Besondere Hinweise zu Angaben über das Verhalten

Hier wird das Verhalten des Auszubildenden zu Vorgesetzten und Kollegen beurteilt und beschrieben. Hilfreich wäre ein betriebliches Beurteilungssystem. Zu berücksichtigen ist insbesondere, dass sich der Auszubildende in einem Lern- und Entwicklungsprozess befand und daher andere Maßstäbe als bei der Beurteilung von Fachkräften Gültigkeit haben.

Besondere Hinweise zu Angaben über die Leistung

Hier muss in erster Linie die Lernleistung beurteilt werden. Das heißt, dass andere Maßstäbe angesetzt werden müssen als bei Fachkräften. Nicht nur der erreichte Kenntnis- und Fertigkeitsstand des Auszubildenden am Ende der Ausbildung sollte hier beurteilt, sondern auch zusätzlich erworbene Kenntnisse, wie z. B. die erfolgreiche Teilnahme an einem Sprach- oder Computerkurs, sollten beschrieben werden. Darüber hinaus spiegeln sich auch besondere Fähigkeiten, wie z. B. die Team-, Kommunikations- oder Problemlösefähigkeit des Auszubildenden, in der erbrachten Lernleistung wider, deren erreichter Grad in einem qualifizierten Zeugnis beurteilt werden sollten.

Besondere Hinweise zur Form des Ausbildungszeugnisses

- Das Zeugnis muss in schriftlicher Form erteilt werden.
- Das Zeugnis darf keine Streichungen oder Radierungen (mit Tipp-Ex) aufweisen.
- Textänderungen dürfen nicht enthalten sein. Bei Schreibfehlern ist ein neues Zeugnis auszustellen.
- Unterstreichungen, Fettschrift, Frage- oder Ausrufungszeichen und Anführungsstriche sind nicht zulässig, da sie zu Fehlinterpretationen führen können.
- Ausländischen Auszubildenden ist ein Zeugnis in deutscher Sprache auszustellen.
- Das Zeugnis muss das Datum der Ausstellung tragen. Rückdatierungen sind unzulässig.
- Das Zeugnis muss eigenhändig unterschrieben werden. Scannerunterschriften sind unzulässig.
- Das Zeugnis darf nicht mit geheimen Kennzeichen versehen werden.

Beispiel für ein qualifiziertes Ausbildungszeugnis

Herr Michael Maier, geboren am 14. Juli 1992 in Hannover, trat am 1. August 2010 als Auszubildender zum Industriekaufmann in unser Unternehmen ein.

Er wurde gemäß dem betrieblichen Ausbildungsplan im regelmäßigen Wechsel mit allen kaufmännischen Arbeiten vertraut gemacht. Er lernte dabei die Abteilungen Lager, Registratur, Einkauf, Buchhaltung, Kostenrechnung, Marketing und Vertrieb und Personalwesen kennen. Währenddessen erwarb er alle im Ausbildungsberufsbild festgelegten Fertigkeiten und Kenntnisse.

Aufgrund unseres innerbetrieblichen Beurteilungssystems erhielt er folgende Beurteilungen:

Verhalten:	sehr gut
Fachliche Leistungen:	sehr gut

Herrn Maier lernten wir als einen sehr gewissenhaften und zuverlässigen Mitarbeiter kennen. Er geht besonnen, konzentriert und überlegt an bekannte und neue Aufgaben heran. Insbesondere seine sehr guten Englischkenntnisse konnte er in unserer Marketingabteilung einund umsetzen.

Nach Beendigung seiner Ausbildungszeit am 18. Juli 2013 haben wir Herrn Maier als kaufmännischen Angestellten in die Abteilung Marketing und Vertrieb übernommen.

Für seine weitere berufliche Laufbahn in unserem Unternehmen wünschen wir ihm viel Erfolg.

(Unterschrift) Datum

Auf Fort- und Weiterbildungsmöglichkeiten hinweisen

Wie kann sich ein Auszubildender nach der Ausbildung weiterqualifizieren?

1. Wie kann sich ein Auszubildender nach der Ausbildung weiterqualifizieren?

Es gibt verschiedene Möglichkeiten sich weiter- und fortzubilden:

Berufsausbildung

allgemeine Weiterbildung
- **Nachholen von Bildungsabschlüssen**
  - Hauptschulabschluss
  - Realschulabschluss
  - Fachhochschulreife
  - Hochschulreife
- **berufsübergreifende Weiterbildung**
  - sprachliche Weiterbildung

berufsbezogene Weiterbildung
- **Schulungen, die auf den Arbeitsplatz bezogen sind**
  - DV-Schulungen
  - Technologie-Schulungen
  - Maschinen-Schulungen
- **Schulungen, die auf die Stelle bezogen sind**
  - Mitarbeiterführungs-seminare
  - Teamtraining
  - Arbeitsrechts-seminare
  - Arbeitssicherheits- und Unfallverhütungs-seminare
  - Betriebsratsseminare

Fortbildung (mit staatlich anerkannten Prüfungen)
- **Anpassungsfortbildung**
  - CNC-Lehrgänge
  - REFA-Lehrgänge
- **Aufstiegsfortbildung**
  - Techniker
  - Meister
  - Fachwirt
  - Ausbilder
  - Betriebswirt

Der Ausbilder sollte den Auszubildenden individuell nach seinen Fähigkeiten beraten, welche Möglichkeiten er nach der Ausbildung hat, um sich beruflich weiter- oder fortzubilden. Lernen ist ein lebenslanger Prozess. Dabei muss der Ausbilder nicht alle Möglichkeiten der Weiter- und Fortbildung kennen, aber Anlauf- und Beratungsstellen nennen können, bei denen Informationen einzuholen sind: örtliche Bildungsträger, bundesweite Anbieter, z. B. von Fernkursen oder Seminaren, Fortbildungsberater der zuständigen Stellen oder die Berufsberatung der Arbeitsagenturen.

Anhang

AusbEignV – Ausbilder-Eignungsverordnung

Vom 21. Januar 2009

Aufgrund des § 30 Absatz 5 des Berufsbildungsgesetzes vom 23. März 2005 (BGBl. I S. 931) verordnet das Bundesministerium für Bildung und Forschung nach Anhörung des Hauptausschusses des Bundesinstituts für Berufsbildung:

§ 1 Geltungsbereich

Ausbilder und Ausbilderinnen haben für die Ausbildung in anerkannten Ausbildungsberufen nach dem Berufsbildungsgesetz den Erwerb der berufs- und arbeitspädagogischen Fertigkeiten, Kenntnisse und Fähigkeiten- nach dieser Verordnung nachzuweisen. Dies gilt nicht für die Ausbildung im Bereich der Angehörigen der freien Berufe.

§ 2 Berufs- und arbeitspädagogische Eignung

Die berufs- und arbeitspädagogische Eignung umfasst die Kompetenz zum selbstständigen Planen, Durchführen und Kontrollieren der Berufsausbildung in den Handlungsfeldern:

1. Ausbildungsvoraussetzungen prüfen und Ausbildung planen,
2. Ausbildung vorbereiten und bei der Einstellung von Auszubildenden mitwirken,
3. Ausbildung durchführen und
4. Ausbildung abschließen.

§ 3 Handlungsfelder

(1) Das Handlungsfeld nach § 2 Nummer 1 umfasst die berufs- und arbeitspädagogische Eignung, Ausbildungsvoraussetzungen zu prüfen und Ausbildung zu planen. Die Ausbilder und Ausbilderinnen sind dabei in der Lage,

1. die Vorteile und den Nutzen betrieblicher Ausbildung darstellen und begründen zu können,
2. bei den Planungen und Entscheidungen hinsichtlich des betrieblichen Ausbildungsbedarfs auf der Grundlage der rechtlichen, tarifvertraglichen und betrieblichen Rahmenbedingungen mitzuwirken,
3. die Strukturen des Berufsbildungssystems und seine Schnittstellen darzustellen,
4. Ausbildungsberufe für den Betrieb auszuwählen und dies zu begründen,
5. die Eignung des Betriebes für die Ausbildung in dem angestrebten Ausbildungsberuf zu prüfen sowie, ob und inwieweit Ausbildungsinhalte durch Maßnahmen außerhalb der Ausbildungsstätte, insbesondere Ausbildung im Verbund, überbetriebliche und außerbetriebliche Ausbildung, vermittelt werden können,
6. die Möglichkeiten des Einsatzes von auf die Berufsausbildung vorbereitenden Maßnahmen einzuschätzen sowie
7. im Betrieb die Aufgaben der an der Ausbildung Mitwirkenden unter Berücksichtigung ihrer Funktionen und Qualifikationen abzustimmen.

(2) Das Handlungsfeld nach § 2 Nummer 2 umfasst die berufs- und arbeitspädagogische Eignung, die Ausbildung unter Berücksichtigung organisatorischer sowie rechtlicher Aspekte vorzubereiten. Die Ausbilder und Ausbilderinnen sind dabei in der Lage,

1. auf der Grundlage einer Ausbildungsordnung einen betrieblichen Ausbildungsplan zu erstellen, der sich insbesondere an berufstypischen Arbeits- und Geschäftsprozessen orientiert,
2. die Möglichkeiten der Mitwirkung und Mitbestimmung der betrieblichen Interessenvertretungen in der Berufsbildung zu berücksichtigen,
3. den Kooperationsbedarf zu ermitteln und sich inhaltlich sowie organisatorisch mit den Kooperationspartnern, insbesondere der Berufsschule, abzustimmen,
4. Kriterien und Verfahren zur Auswahl von Auszubildenden auch unter Berücksichtigung ihrer Verschiedenartigkeit anzuwenden,
5. den Berufsausbildungsvertrag vorzubereiten und die Eintragung des Vertrages bei der zuständigen Stelle zu veranlassen sowie
6. die Möglichkeiten zu prüfen, ob Teile der Berufsausbildung im Ausland durchgeführt werden können.

(3) Das Handlungsfeld nach § 2 Nummer 3 umfasst die berufs- und arbeitspädagogische Eignung, selbstständiges Lernen in berufstypischen Arbeits- und Geschäftprozessen handlungsorientiert zu

fördern. Die Ausbilder und Ausbilderinnen sind dabei in der Lage,

1. lernförderliche Bedingungen und eine motivierende Lernkultur zu schaffen, Rückmeldungen zu geben und zu empfangen,
2. die Probezeit zu organisieren, zu gestalten und zu bewerten,
3. aus dem betrieblichen Ausbildungsplan und den berufstypischen Arbeits- und Geschäftsprozessen betriebliche Lern- und Arbeitsaufgaben zu entwickeln und zu gestalten,
4. Ausbildungsmethoden und -medien zielgruppengerecht auszuwählen und situationsspezifisch einzusetzen,
5. Auszubildende bei Lernschwierigkeiten durch individuelle Gestaltung der Ausbildung und Lernberatung zu unterstützen, bei Bedarf ausbildungsunterstützende Hilfen einzusetzen und die Möglichkeit zur Verlängerung der Ausbildungszeit zu prüfen,
6. Auszubildenden zusätzliche Ausbildungsangebote, insbesondere in Form von Zusatzqualifikationen, zu machen und die Möglichkeit der Verkürzung der Ausbildungsdauer und die der vorzeitigen Zulassung zur Abschlussprüfung zu prüfen,
7. die soziale und persönliche Entwicklung von Auszubildenden zu fördern, Probleme und Konflikte rechtzeitig zu erkennen sowie auf eine Lösung hinzuwirken,
8. Leistungen festzustellen und zu bewerten, Leistungsbeurteilungen Dritter und Prüfungsergebnisse auszuwerten, Beurteilungsgespräche zu führen, Rückschlüsse für den weiteren Ausbildungsverlauf zu ziehen sowie
9. interkulturelle Kompetenzen zu fördern.

(4) Das Handlungsfeld nach § 2 Nummer 4 umfasst die berufs- und arbeitspädagogische Eignung, die Ausbildung zu einem erfolgreichen Abschluss zu führen und dem Auszubildenden Perspektiven für seine berufliche Weiterentwicklung aufzuzeigen. Die Ausbilder und Ausbilderinnen sind dabei in der Lage,

1. Auszubildende auf die Abschluss- oder Gesellenprüfung unter Berücksichtigung der Prüfungstermine vorzubereiten und die Ausbildung zu einem erfolgreichen Abschluss zu führen,
2. für die Anmeldung der Auszubildenden zu Prüfungen bei der zuständigen Stelle zu sorgen und diese auf durchführungsrelevante Besonderheiten hinzuweisen,
3. an der Erstellung eines schriftlichen Zeugnisses auf der Grundlage von Leistungsbeurteilungen mitzuwirken sowie
4. Auszubildende über betriebliche Entwicklungswege und berufliche Weiterbildungsmöglichkeiten zu informieren und zu beraten.

§ 4 Nachweis der Eignung

(1) Die Eignung nach § 2 ist in einer Prüfung nachzuweisen. Die Prüfung besteht aus einem schriftlichen und einem praktischen Teil. Die Prüfung ist bestanden, wenn jeder Prüfungsteil mit mindestens „ausreichend“ bewertet wurde. Innerhalb eines Prüfungsverfahrens kann eine nicht bestandene Prüfung zweimal wiederholt werden. Ein bestandener Prüfungsteil kann dabei angerechnet werden.

(2) Im schriftlichen Teil der Prüfung sind fallbezogene Aufgaben aus allen Handlungsfeldern zu bearbeiten. Die schriftliche Prüfung soll drei Stunden dauern.

(3) Der praktische Teil der Prüfung besteht aus der Präsentation einer Ausbildungssituation und einem Fachgespräch mit einer Dauer von insgesamt höchstens 30 Minuten. Hierfür wählt der Prüfungsteilnehmer eine berufstypische Ausbildungssituation aus. Die Präsentation soll 15 Minuten nicht überschreiten. Die Auswahl und Gestaltung der Ausbildungssituation sind im Fachgespräch zu erläutern. Anstelle der Präsentation kann eine Ausbildungssituation auch praktisch durchgeführt werden.

(4) Im Bereich der Landwirtschaft und im Bereich der Hauswirtschaft besteht der praktische Teil aus der Durchführung einer vom Prüfungsteilnehmer in Abstimmung mit dem Prüfungsausschuss auszuwählenden Ausbildungssituation und einem Fachgespräch, in dem die Auswahl und Gestaltung der Ausbildungssituation zu begründen sind. Die Prüfung im praktischen Teil soll höchstens 60 Minuten dauern.

(5) Für die Abnahme der Prüfung errichtet die zuständige Stelle einen Prüfungsausschuss. § 37 Absatz 2 und 3, § 39 Absatz 1 Satz 2, die §§ 40 bis 42, 46 und 47 des Berufsbildungsgesetzes gelten entsprechend.

§ 5 Zeugnis

Über die bestandene Prüfung ist jeweils ein Zeugnis nach den Anlagen 1 und 2 auszustellen.

A

§ 6 Andere Nachweise

(1) Wer die Prüfung nach einer vor Inkrafttreten dieser Verordnung geltenden Ausbilder-Eignungsverordnung bestanden hat, die aufgrund des Berufsbildungsgesetzes erlassen worden ist, gilt für die Berufsausbildung als im Sinne dieser Verordnung berufs- und arbeitspädagogisch geeignet.

(2) Wer durch eine Meisterprüfung oder eine andere Prüfung der beruflichen Fortbildung nach der Handwerksordnung oder dem Berufsbildungsgesetz eine berufs- und arbeitspädagogische Eignung nachgewiesen hat, gilt für die Berufsausbildung als im Sinne dieser Verordnung berufs- und arbeitspädagogisch geeignet.

(3) Wer eine sonstige staatliche, staatlich anerkannte oder von einer öffentlich-rechtlichen Körperschaft abgenommene Prüfung bestanden hat, deren Inhalt den in § 3 genannten Anforderungen ganz oder teilweise entspricht, kann von der zuständigen Stelle auf Antrag ganz oder teilweise von der Prüfung nach § 4 befreit werden. Die zuständige Stelle erteilt darüber eine Bescheinigung.

(4) Die zuständige Stelle kann von der Vorlage des Nachweises über den Erwerb der berufs- und arbeitspädagogischen Fertigkeiten, Kenntnisse und Fähigkeiten auf Antrag befreien, wenn das Vorliegen berufs- und arbeitspädagogischer Eignung auf andere Weise glaubhaft gemacht wird und die ordnungsgemäße Ausbildung sichergestellt ist. Die zuständige Stelle kann Auflagen erteilen. Auf Antrag erteilt die zuständige Stelle hierüber eine Bescheinigung.

§ 7 Fortführen der Ausbildertätigkeit

Wer vor dem 1. August 2009 als Ausbilder im Sinne des § 28 Absatz 1 Satz 2 des Berufsbildungsgesetzes tätig war, ist vom Nachweis nach den §§ 5 und 6 dieser Verordnung befreit, es sei denn, dass die bisherige Ausbildertätigkeit zu Beanstandungen mit einer Aufforderung zur Mängelbeseitigung durch die zuständige Stelle geführt hat. Sind nach Aufforderung die Mängel beseitigt worden und Gefährdungen für eine ordnungsgemäße Ausbildung nicht zu erwarten, kann die zuständige Stelle vom Nachweis nach den §§ 5 und 6 befreien; sie kann dabei Auflagen erteilen.

§ 8 Übergangsregelung

Begonnene Prüfungsverfahren können bis zum Ablauf des 31. Juli 2010 nach den bisherigen Vorschriften zu Ende geführt werden. Die zuständige Stelle kann auf Antrag des Prüfungsteilnehmers oder der Prüfungsteilnehmerin die Wiederholungsprüfung nach dieser Verordnung durchführen; § 4 Absatz 1 Satz 5 findet in diesem Fall keine Anwendung. Im Übrigen kann bei der Anmeldung zur Prüfung bis zum Ablauf des 30. April 2010 die Anwendung der bisherigen Vorschriften beantragt werden.

§ 9 Inkrafttreten, Außerkrafttreten

Diese Verordnung tritt am 1. August 2009 in Kraft. Gleichzeitig tritt die Ausbilder-Eignungsverordnung vom 16. Februar 1999 (BGBl. I S. 157, 700), die zuletzt durch die Verordnung vom 14. Mai 2008 (BGBl. I S. 854) geändert worden ist, außer Kraft.

Berufsbildungsgesetz (BBiG) – Auszug

Vom 23. März 2005[1], zuletzt geändert am 29. März 2017

Teil 1 Allgemeine Vorschriften

§ 1 Ziele und Begriffe der Berufsbildung

(1) Berufsbildung im Sinne dieses Gesetzes sind die Berufsausbildungsvorbereitung, die Berufsausbildung, die berufliche Fortbildung und die berufliche Umschulung.
(2) Die Berufsausbildungsvorbereitung dient dem Ziel, durch die Vermittlung von Grundlagen für den Erwerb beruflicher Handlungsfähigkeit an eine Berufsausbildung in einem anerkannten Ausbildungsberuf heranzuführen.
(3) Die Berufsausbildung hat die für die Ausübung einer qualifizierten beruflichen Tätigkeit in einer sich wandelnden Arbeitswelt notwendigen beruflichen Fertigkeiten, Kenntnisse und Fähigkeiten (berufliche Handlungsfähigkeit) in einem geordneten Ausbildungsgang zu vermitteln. Sie hat ferner den Erwerb der erforderlichen Berufserfahrungen zu ermöglichen.
(4) Die berufliche Fortbildung soll es ermöglichen, die berufliche Handlungsfähigkeit zu erhalten und anzupassen oder zu erweitern und beruflich aufzusteigen.
(5) Die berufliche Umschulung soll zu einer anderen beruflichen Tätigkeit befähigen.

§ 2 Lernorte der Berufsbildung

(1) Berufsbildung wird durchgeführt
1. in Betrieben der Wirtschaft, in vergleichbaren Einrichtungen außerhalb der Wirtschaft, insbesondere des öffentlichen Dienstes, der Angehörigen freier Berufe und in Haushalten (betriebliche Berufsbildung),
2. in berufsbildenden Schulen (schulische Berufsbildung) und
3. in sonstigen Berufsbildungseinrichtungen außerhalb der schulischen und betrieblichen Berufsbildung (außerbetriebliche Berufsbildung).

(2) Die Lernorte nach Absatz 1 wirken bei der Durchführung der Berufsbildung zusammen (Lernortkooperation).
(3) Teile der Berufsausbildung können im Ausland durchgeführt werden, wenn dies dem Ausbildungsziel dient. Ihre Gesamtdauer soll ein Viertel der in der Ausbildungsordnung festgelegten Ausbildungsdauer nicht überschreiten.

§ 3 Anwendungsbereich

(1) Dieses Gesetz gilt für die Berufsbildung, soweit sie nicht in berufsbildenden Schulen durchgeführt wird, die den Schulgesetzen der Länder unterstehen.
(2) Dieses Gesetz gilt nicht für
1. die Berufsbildung, die in berufsqualifizierenden oder vergleichbaren Studiengängen an Hochschulen auf der Grundlage des Hochschulrahmengesetzes und der Hochschulgesetze der Länder durchgeführt wird,
2. die Berufsbildung in einem öffentlich-rechtlichen Dienstverhältnis,
3. die Berufsbildung auf Kauffahrteischiffen, die nach dem Flaggenrechtsgesetz die Bundesflagge führen, soweit es sich nicht um Schiffe der kleinen Hochseefischerei oder der Küstenfischerei handelt.

(3) Für die Berufsbildung in Berufen der Handwerksordnung gelten die §§ 4 bis 9, 27 bis 49, 53 bis 70, 76 bis 80 sowie 102 nicht; insoweit gilt die Handwerksordnung.

A

Teil 2 Berufsbildung

Kapitel 1
Berufsausbildung

Abschnitt 1
Ordnung der Berufsausbildung; Anerkennung von Ausbildungsberufen

§ 4 Anerkennung von Ausbildungsberufen

(1) Als Grundlage für eine geordnete und einheitliche Berufsausbildung kann das Bundesministerium für Wirtschaft und Technologie oder das sonst zuständige Fachministerium im Einvernehmen mit dem Bundesministerium für Bildung und Forschung durch Rechtsverordnung, die nicht der Zustimmung des Bundesrates bedarf, Ausbildungsberufe staatlich anerkennen und hierfür Ausbildungsordnungen nach § 5 erlassen.

[1] *Das Gesetz ist am 1. April 2005 in Kraft getreten.*

(2) Für einen anerkannten Ausbildungsberuf darf nur nach der Ausbildungsordnung ausgebildet werden.
(3) In anderen als anerkannten Ausbildungsberufen dürfen Jugendliche unter 18 Jahren nicht ausgebildet werden, soweit die Berufsausbildung nicht auf den Besuch weiterführender Bildungsgänge vorbereitet.
(4) Wird die Ausbildungsordnung eines Ausbildungsberufes aufgehoben, so gelten für bestehende Berufsausbildungsverhältnisse die bisherigen Vorschriften.
(5) Das zuständige Fachministerium informiert die Länder frühzeitig über Neuordnungskonzepte und bezieht sie in die Abstimmung ein.

§ 5 Ausbildungsordnung

(1) Die Ausbildungsordnung hat festzulegen

1. die Bezeichnung des Ausbildungsberufes, der anerkannt wird,
2. die Ausbildungsdauer; sie soll nicht mehr als drei und nicht weniger als zwei Jahre betragen,
3. die beruflichen Fertigkeiten, Kenntnisse und Fähigkeiten, die mindestens Gegenstand der Berufsausbildung sind (Ausbildungsberufsbild),
4. eine Anleitung zur sachlichen und zeitlichen Gliederung der Vermittlung der beruflichen Fertigkeiten, Kenntnisse und Fähigkeiten (Ausbildungsrahmenplan),
5. die Prüfungsanforderungen.

(2) Die Ausbildungsordnung kann vorsehen,

1. dass die Berufsausbildung in sachlich und zeitlich besonders gegliederten, aufeinander aufbauenden Stufen erfolgt; nach den einzelnen Stufen soll ein Ausbildungsabschluss vorgesehen werden, der sowohl zu einer qualifizierten beruflichen Tätigkeit im Sinne des § 1 Abs. 3 befähigt als auch die Fortsetzung der Berufsausbildung in weiteren Stufen ermöglicht (Stufenausbildung),
2. dass die Abschlussprüfung in zwei zeitlich auseinander fallenden Teilen durchgeführt wird,
3. dass abweichend von § 4 Abs. 4 die Berufsausbildung in diesem Ausbildungsberuf unter Anrechnung der bereits zurückgelegten Ausbildungszeit fortgesetzt werden kann, wenn die Vertragsparteien dies vereinbaren,
4. dass auf die durch die Ausbildungsordnung geregelte Berufsausbildung eine andere, einschlägige Berufsausbildung unter Berücksichtigung der hierbei erworbenen beruflichen Fertigkeiten, Kenntnisse und Fähigkeiten angerechnet werden kann,
5. dass über das in Absatz 1 Nr. 3 beschriebene Ausbildungsberufsbild hinaus zusätzliche berufliche Fertigkeiten, Kenntnisse und Fähigkeiten vermittelt werden können, die die berufliche Handlungsfähigkeit ergänzen oder erweitern,
6. dass Teile der Berufsausbildung in geeigneten Einrichtungen außerhalb der Ausbildungsstätte durchgeführt werden, wenn und soweit es die Berufsausbildung erfordert (überbetriebliche Berufsausbildung),
7. dass Auszubildende einen schriftlichen Ausbildungsnachweis zu führen haben.

Im Rahmen der Ordnungsverfahren soll stets geprüft werden, ob Regelungen nach Nummer 1, 2 und 4 sinnvoll und möglich sind.

§ 6 Erprobung neuer Ausbildungsberufe, Ausbildungs- und Prüfungsformen

Zur Entwicklung und Erprobung neuer Ausbildungsberufe sowie Ausbildungs- und Prüfungsformen kann das Bundesministerium für Wirtschaft und Technologie oder das sonst zuständige Fachministerium im Einvernehmen mit dem Bundesministerium für Bildung und Forschung nach Anhörung des Hauptausschusses des Bundesinstituts für Berufsbildung durch Rechtsverordnung, die nicht der Zustimmung des Bundesrates bedarf, Ausnahmen von § 4 Abs. 2 und 3 sowie den §§ 5, 37 und 48 zulassen, die auch auf eine bestimmte Art und Zahl von Ausbildungsstätten beschränkt werden können.

§ 7 Anrechnung beruflicher Vorbildung auf die Ausbildungszeit

(1) Die Landesregierungen können nach Anhörung des Landesausschusses für Berufsbildung durch Rechtsverordnung bestimmen, dass der Besuch eines Bildungsganges berufsbildender Schulen oder die Berufsausbildung in einer sonstigen Einrichtung ganz oder teilweise auf die Ausbildungszeit angerechnet wird. Die Ermächtigung kann durch Rechtsverordnung auf oberste Landesbehörden weiter übertragen werden.
(2) Die Anrechnung nach Absatz 1 bedarf des gemeinsamen Antrags der Auszubildenden und Ausbildenden. Der Antrag ist an die zuständige Stelle zu richten. Er kann sich auf Teile des höchstzulässigen Anrechnungszeitraums beschränken.

§ 8 Abkürzung und Verlängerung der Ausbildungszeit

(1) Auf gemeinsamen Antrag der Auszubildenden und Ausbildenden hat die zuständige Stelle

die Ausbildungszeit zu kürzen, wenn zu erwarten ist, dass das Ausbildungsziel in der gekürzten Zeit erreicht wird. Bei berechtigtem Interesse kann sich der Antrag auch auf die Verkürzung der täglichen oder wöchentlichen Ausbildungszeit richten (Teilzeitberufsausbildung).
(2) In Ausnahmefällen kann die zuständige Stelle auf Antrag Auszubildender die Ausbildungszeit verlängern, wenn die Verlängerung erforderlich ist, um das Ausbildungsziel zu erreichen. Vor der Entscheidung nach Satz 1 sind die Ausbildenden zu hören.
(3) Für die Entscheidung über die Verkürzung oder Verlängerung der Ausbildungszeit kann der Hauptausschuss des Bundesinstituts für Berufsbildung Richtlinien erlassen.

§ 9 Regelungsbefugnis
Soweit Vorschriften nicht bestehen, regelt die zuständige Stelle die Durchführung der Berufsausbildung im Rahmen dieses Gesetzes.

Abschnitt 2 Berufsausbildungsverhältnis

Unterabschnitt 1 Begründung des Ausbildungsverhältnisses

§ 10 Vertrag
(1) Wer andere Personen zur Berufsausbildung einstellt (Ausbildende), hat mit den Auszubildenden einen Berufsausbildungsvertrag zu schließen.
(2) Auf den Berufsausbildungsvertrag sind, soweit sich aus seinem Wesen und Zweck und aus diesem Gesetz nichts anderes ergibt, die für den Arbeitsvertrag geltenden Rechtsvorschriften und Rechtsgrundsätze anzuwenden.
(3) Schließen die gesetzlichen Vertreter oder Vertreterinnen mit ihrem Kind einen Berufsausbildungsvertrag, so sind sie von dem Verbot des § 181 des Bürgerlichen Gesetzbuchs befreit.
(4) Ein Mangel in der Berechtigung, Auszubildende einzustellen oder auszubilden, berührt die Wirksamkeit des Berufsausbildungsvertrages nicht.
(5) Zur Erfüllung der vertraglichen Verpflichtungen der Ausbildenden können mehrere natürliche oder juristische Personen in einem Ausbildungsverbund zusammenwirken, soweit die Verantwortlichkeit für die einzelnen Ausbildungsabschnitte sowie für die Ausbildungszeit insgesamt sichergestellt ist (Verbundausbildung).

§ 11 Vertragsniederschrift
(1) Ausbildende haben unverzüglich nach Abschluss des Berufsausbildungsvertrages, spätestens vor Beginn der Berufsausbildung, den wesentlichen Inhalt des Vertrages gemäß Satz 2 schriftlich niederzulegen; die elektronische Form ist ausgeschlossen. In die Niederschrift sind mindestens aufzunehmen
1. Art, sachliche und zeitliche Gliederung sowie Ziel der Berufsausbildung, insbesondere die Berufstätigkeit, für die ausgebildet werden soll,
2. Beginn und Dauer der Berufsausbildung,
3. Ausbildungsmaßnahmen außerhalb der Ausbildungsstätte,
4. Dauer der regelmäßigen täglichen Ausbildungszeit,
5. Dauer der Probezeit,
6. Zahlung und Höhe der Vergütung,
7. Dauer des Urlaubs,
8. Voraussetzungen, unter denen der Berufsausbildungsvertrag gekündigt werden kann,
9. ein in allgemeiner Form gehaltener Hinweis auf die Tarifverträge, Betriebs- oder Dienstvereinbarungen, die auf das Berufsausbildungsverhältnis anzuwenden sind.

(2) Die Niederschrift ist von den Ausbildenden, den Auszubildenden und deren gesetzlichen Vertretern und Vertreterinnen zu unterzeichnen.
(3) Ausbildende haben den Auszubildenden und deren gesetzlichen Vertretern und Vertreterinnen eine Ausfertigung der unterzeichneten Niederschrift unverzüglich auszuhändigen.
(4) Bei Änderungen des Berufsausbildungsvertrages gelten die Absätze 1 bis 3 entsprechend.

§ 12 Nichtige Vereinbarungen
(1) Eine Vereinbarung, die Auszubildende für die Zeit nach Beendigung des Berufsausbildungsverhältnisses in der Ausübung ihrer beruflichen Tätigkeit beschränkt, ist nichtig. Dies gilt nicht, wenn sich Auszubildende innerhalb der letzten sechs Monate des Berufsausbildungsverhältnisses dazu verpflichten, nach dessen Beendigung mit den Ausbildenden ein Arbeitsverhältnis einzugehen.
(2) Nichtig ist eine Vereinbarung über
1. die Verpflichtung Auszubildender, für die Berufsausbildung eine Entschädigung zu zahlen,
2. Vertragsstrafen,
3. den Ausschluss oder die Beschränkung von Schadensersatzansprüchen,
4. die Festsetzung der Höhe eines Schadensersatzes in Pauschbeträgen.

A

Unterabschnitt 2
Pflichten der Auszubildenden

§ 13 Verhalten während der Berufsausbildung

Auszubildende haben sich zu bemühen, die berufliche Handlungsfähigkeit zu erwerben, die zum Erreichen des Ausbildungsziels erforderlich ist. Sie sind insbesondere verpflichtet,

1. die ihnen im Rahmen ihrer Berufsausbildung aufgetragenen Aufgaben sorgfältig auszuführen,
2. an Ausbildungsmaßnahmen teilzunehmen, für die sie nach § 15 freigestellt werden,
3. den Weisungen zu folgen, die ihnen im Rahmen der Berufsausbildung von Ausbildenden, von Ausbildern oder Ausbilderinnen oder von anderen weisungsberechtigten Personen erteilt werden,
4. die für die Ausbildungsstätte geltende Ordnung zu beachten,
5. Werkzeug, Maschinen und sonstige Einrichtungen pfleglich zu behandeln,
6. über Betriebs- und Geschäftsgeheimnisse Stillschweigen zu wahren.

Unterabschnitt 3
Pflichten der Ausbildenden

§ 14 Berufsausbildung

(1) Ausbildende haben

1. dafür zu sorgen, dass den Auszubildenden die berufliche Handlungsfähigkeit vermittelt wird, die zum Erreichen des Ausbildungsziels erforderlich ist, und die Berufsausbildung in einer durch ihren Zweck gebotenen Form planmäßig, zeitlich und sachlich gegliedert so durchzuführen, dass das Ausbildungsziel in der vorgesehenen Ausbildungszeit erreicht werden kann,
2. selbst auszubilden oder einen Ausbilder oder eine Ausbilderin ausdrücklich damit zu beauftragen,
3. Auszubildenden kostenlos die Ausbildungsmittel, insbesondere Werkzeuge und Werkstoffe zur Verfügung zu stellen, die zur Berufsausbildung und zum Ablegen von Zwischen- und Abschlussprüfungen, auch soweit solche nach Beendigung des Berufsausbildungsverhältnisses stattfinden, erforderlich sind,
4. Auszubildende zum Besuch der Berufsschule sowie zum Führen von schriftlichen Ausbildungsnachweisen anzuhalten, soweit solche im Rahmen der Berufsausbildung verlangt werden, und diese durchzusehen,
5. dafür zu sorgen, dass Auszubildende charakterlich gefördert sowie sittlich und körperlich nicht gefährdet werden.

(2) Auszubildenden dürfen nur Aufgaben übertragen werden, die dem Ausbildungszweck dienen und ihren körperlichen Kräften angemessen sind.

§ 15 Freistellung

Ausbildende haben Auszubildende für die Teilnahme am Berufsschulunterricht und an Prüfungen freizustellen. Das Gleiche gilt, wenn Ausbildungsmaßnahmen außerhalb der Ausbildungsstätte durchzuführen sind.

§ 16 Zeugnis

(1) Ausbildende haben den Auszubildenden bei Beendigung des Berufsausbildungsverhältnisses ein schriftliches Zeugnis auszustellen. Die elektronische Form ist ausgeschlossen. Haben Ausbildende die Berufsausbildung nicht selbst durchgeführt, so soll auch der Ausbilder oder die Ausbilderin das Zeugnis unterschreiben.

(2) Das Zeugnis muss Angaben enthalten über Art, Dauer und Ziel der Berufsausbildung sowie über die erworbenen beruflichen Fertigkeiten, Kenntnisse und Fähigkeiten der Auszubildenden. Auf Verlangen Auszubildender sind auch Angaben über Verhalten und Leistung aufzunehmen.

Unterabschnitt 4
Vergütung

§ 17 Vergütungsanspruch

(1) Ausbildende haben Auszubildenden eine angemessene Vergütung zu gewähren. Sie ist nach dem Lebensalter der Auszubildenden so zu bemessen, dass sie mit fortschreitender Berufsausbildung, mindestens jährlich, ansteigt.

(2) Sachleistungen können in Höhe der nach § 17 Abs. 1 Satz 1 Nr. 4 des Vierten Buches Sozialgesetzbuch festgesetzten Sachbezugswerte angerechnet werden, jedoch nicht über 75 Prozent der Bruttovergütung hinaus.

(3) Eine über die vereinbarte regelmäßige tägliche Ausbildungszeit hinausgehende Beschäftigung ist besonders zu vergüten oder durch entsprechende Freizeit auszugleichen.

§ 18 Bemessung und Fälligkeit der Vergütung

(1) Die Vergütung bemisst sich nach Monaten. Bei Berechnung der Vergütung für einzelne Tage wird der Monat zu 30 Tagen gerechnet.

(2) Die Vergütung für den laufenden Kalendermonat ist spätestens am letzten Arbeitstag des Monats zu zahlen.

§ 19 Fortzahlung der Vergütung

(1) Auszubildenden ist die Vergütung auch zu zahlen

1. für die Zeit der Freistellung (§ 15),
2. bis zur Dauer von sechs Wochen, wenn sie
   a) sich für die Berufsausbildung bereithalten, diese aber ausfällt oder
   b) aus einem sonstigen, in ihrer Person liegenden Grund unverschuldet verhindert sind, ihre Pflichten aus dem Berufsausbildungsverhältnis zu erfüllen.

(2) Können Auszubildende während der Zeit, für welche die Vergütung fortzuzahlen ist, aus berechtigtem Grund Sachleistungen nicht abnehmen, so sind diese nach den Sachbezugswerten (§ 17 Abs. 2) abzugelten.

Unterabschnitt 5 Beginn und Beendigung des Ausbildungsverhältnisses

§ 20 Probezeit

Das Berufsausbildungsverhältnis beginnt mit der Probezeit. Sie muss mindestens einen Monat und darf höchstens vier Monate betragen.

§ 21 Beendigung

(1) Das Berufsausbildungsverhältnis endet mit dem Ablauf der Ausbildungszeit. Im Falle der Stufenausbildung endet es mit Ablauf der letzten Stufe.

(2) Bestehen Auszubildende vor Ablauf der Ausbildungszeit die Abschlussprüfung, so endet das Berufsausbildungsverhältnis mit Bekanntgabe des Ergebnisses durch den Prüfungsausschuss.

(3) Bestehen Auszubildende die Abschlussprüfung nicht, so verlängert sich das Berufsausbildungsverhältnis auf ihr Verlangen bis zur nächstmöglichen Wiederholungsprüfung, höchstens um ein Jahr.

§ 22 Kündigung

(1) Während der Probezeit kann das Berufsausbildungsverhältnis jederzeit ohne Einhalten einer Kündigungsfrist gekündigt werden.

(2) Nach der Probezeit kann das Berufsausbildungsverhältnis nur gekündigt werden

1. aus einem wichtigen Grund ohne Einhalten einer Kündigungsfrist,
2. von Auszubildenden mit einer Kündigungsfrist von vier Wochen, wenn sie die Berufsausbildung aufgeben oder sich für eine andere Berufstätigkeit ausbilden lassen wollen.

(3) Die Kündigung muss schriftlich und in den Fällen des Absatzes 2 unter Angabe der Kündigungsgründe erfolgen.

(4) Eine Kündigung aus einem wichtigen Grund ist unwirksam, wenn die ihr zugrunde liegenden Tatsachen dem zur Kündigung Berechtigten länger als zwei Wochen bekannt sind. Ist ein vorgesehenes Güteverfahren vor einer außergerichtlichen Stelle eingeleitet, so wird bis zu dessen Beendigung der Lauf dieser Frist gehemmt.

§ 23 Schadensersatz bei vorzeitiger Beendigung

(1) Wird das Berufsausbildungsverhältnis nach der Probezeit vorzeitig gelöst, so können Ausbildende oder Auszubildende Ersatz des Schadens verlangen, wenn die andere Person den Grund für die Auflösung zu vertreten hat. Dies gilt nicht im Falle des § 22 Abs. 2 Nr. 2.

(2) Der Anspruch erlischt, wenn er nicht innerhalb von drei Monaten nach Beendigung des Berufsausbildungsverhältnisses geltend gemacht wird.

Unterabschnitt 6 Sonstige Vorschriften

§ 24 Weiterarbeit

Werden Auszubildende im Anschluss an das Berufsausbildungsverhältnis beschäftigt, ohne dass hierüber ausdrücklich etwas vereinbart worden ist, so gilt ein Arbeitsverhältnis auf unbestimmte Zeit als begründet.

§ 25 Unabdingbarkeit

Eine Vereinbarung, die zuungunsten Auszubildender von den Vorschriften dieses Teils des Gesetzes abweicht, ist nichtig.

§ 26 Andere Vertragsverhältnisse

Soweit nicht ein Arbeitsverhältnis vereinbart ist, gelten für Personen, die eingestellt werden, um berufliche Fertigkeiten, Kenntnisse, Fähigkeiten oder berufliche Erfahrungen zu erwerben, ohne dass es sich um eine Berufsausbildung im Sinne dieses Gesetzes handelt, die §§ 10 bis 23 und 25 mit der Maßgabe, dass die gesetzliche Probezeit abgekürzt, auf die Vertragsniederschrift verzichtet und bei vorzeitiger Lösung des Vertragsverhältnisses nach Ablauf der Probezeit abweichend von § 23 Abs. 1 Satz 1 Schadensersatz nicht verlangt werden kann.

Abschnitt 3
Eignung von Ausbildungsstätte und Ausbildungspersonal

§ 27 Eignung der Ausbildungsstätte

(1) Auszubildende dürfen nur eingestellt und ausgebildet werden, wenn
1. die Ausbildungsstätte nach Art und Einrichtung für die Berufsausbildung geeignet ist und
2. die Zahl der Auszubildenden in einem angemessenen Verhältnis zur Zahl der Ausbildungsplätze oder zur Zahl der beschäftigten Fachkräfte steht, es sei denn, dass anderenfalls die Berufsausbildung nicht gefährdet wird.

(2) Eine Ausbildungsstätte, in der die erforderlichen beruflichen Fertigkeiten, Kenntnisse und Fähigkeiten nicht im vollen Umfang vermittelt werden können, gilt als geeignet, wenn diese durch Ausbildungsmaßnahmen außerhalb der Ausbildungsstätte vermittelt werden.

(3) Eine Ausbildungsstätte ist nach Art und Einrichtung für die Berufsausbildung in Berufen der Landwirtschaft, einschließlich der ländlichen Hauswirtschaft, nur geeignet, wenn sie von der nach Landesrecht zuständigen Behörde als Ausbildungsstätte anerkannt ist. Das Bundesministerium für Ernährung, Landwirtschaft und Verbraucherschutz kann im Einvernehmen mit dem Bundesministerium für Bildung und Forschung nach Anhörung des Hauptausschusses des Bundesinstituts für Berufsbildung durch Rechtsverordnung, die nicht der Zustimmung des Bundesrates bedarf, Mindestanforderungen für die Größe, die Einrichtung und den Bewirtschaftungszustand der Ausbildungsstätte festsetzen.

(4) Eine Ausbildungsstätte ist nach Art und Einrichtung für die Berufsausbildung in Berufen der Hauswirtschaft nur geeignet, wenn sie von der nach Landesrecht zuständigen Behörde als Ausbildungsstätte anerkannt ist. Das Bundesministerium für Wirtschaft und Technologie kann im Einvernehmen mit dem Bundesministerium für Bildung und Forschung nach Anhörung des Hauptausschusses des Bundesinstituts für Berufsbildung durch Rechtsverordnung, die nicht der Zustimmung des Bundesrates bedarf, Mindestanforderungen für die Größe, die Einrichtung und den Bewirtschaftungszustand der Ausbildungsstätte festsetzen.

§ 28 Eignung von Ausbildenden und Ausbildern oder Ausbilderinnen

(1) Auszubildende darf nur einstellen, wer persönlich geeignet ist. Auszubildende darf nur ausbilden, wer persönlich und fachlich geeignet ist.

(2) Wer fachlich nicht geeignet ist oder wer nicht selbst ausbildet, darf Auszubildende nur dann einstellen, wenn er persönlich und fachlich geeignete Ausbilder oder Ausbilderinnen bestellt, die die Ausbildungsinhalte in der Ausbildungsstätte unmittelbar, verantwortlich und in wesentlichem Umfang vermitteln.

(3) Unter der Verantwortung des Ausbilders oder der Ausbilderin kann bei der Berufsausbildung mitwirken, wer selbst nicht Ausbilder oder Ausbilderin ist, aber abweichend von den besonderen Voraussetzungen des § 30 die für die Vermittlung von Ausbildungsinhalten erforderlichen beruflichen Fertigkeiten, Kenntnisse und Fähigkeiten besitzt und persönlich geeignet ist.

§ 29 Persönliche Eignung

Persönlich nicht geeignet ist insbesondere, wer
1. Kinder und Jugendliche nicht beschäftigen darf oder
2. wiederholt oder schwer gegen dieses Gesetz oder die auf Grund dieses Gesetzes erlassenen Vorschriften und Bestimmungen verstoßen hat.

§ 30 Fachliche Eignung

(1) Fachlich geeignet ist, wer die beruflichen sowie die berufs- und arbeitspädagogischen Fertigkeiten, Kenntnisse und Fähigkeiten besitzt, die für die Vermittlung der Ausbildungsinhalte erforderlich sind.

(2) Die erforderlichen beruflichen Fertigkeiten, Kenntnisse und Fähigkeiten besitzt, wer
1. die Abschlussprüfung in einer dem Ausbildungsberuf entsprechenden Fachrichtung bestanden hat,
2. eine anerkannte Prüfung an einer Ausbildungsstätte oder vor einer Prüfungsbehörde oder eine Abschlussprüfung an einer staatlichen oder staatlich anerkannten Schule in einer dem Ausbildungsberuf entsprechenden Fachrichtung bestanden hat,
3. eine Abschlussprüfung an einer deutschen Hochschule in einer dem Ausbildungsberuf entsprechenden Fachrichtung bestanden hat oder
4. im Ausland einen Bildungsabschluss in einer dem Ausbildungsberuf entsprechenden Fachrichtung erworben hat, dessen Gleichwertigkeit nach dem Berufsqualifikationsfeststellungsgesetz oder

anderen rechtlichen Regelungen festgestellt worden ist und eine angemessene Zeit in seinem Beruf praktisch tätig gewesen ist.

(3) Das Bundesministerium für Wirtschaft und Technologie oder das sonst zuständige Fachministerium kann im Einvernehmen mit dem Bundesministerium für Bildung und Forschung nach Anhörung des Hauptausschusses des Bundesinstituts für Berufsbildung durch Rechtsverordnung, die nicht der Zustimmung des Bundesrates bedarf, in den Fällen des Absatzes 2 Nr. 2 bestimmen, welche Prüfungen für welche Ausbildungsberufe anerkannt werden.

(4) Das Bundesministerium für Wirtschaft und Technologie oder das sonst zuständige Fachministerium kann im Einvernehmen mit dem Bundesministerium für Bildung und Forschung nach Anhörung des Hauptausschusses des Bundesinstituts für Berufsbildung durch Rechtsverordnung, die nicht der Zustimmung des Bundesrates bedarf, für einzelne Ausbildungsberufe bestimmen, dass abweichend von Absatz 2 die für die fachliche Eignung erforderlichen beruflichen Fertigkeiten, Kenntnisse und Fähigkeiten nur besitzt, wer

1. die Voraussetzungen des Absatzes 2 Nr. 2 oder 3 erfüllt und eine angemessene Zeit in seinem Beruf praktisch tätig gewesen ist oder
2. die Voraussetzungen des Absatzes 2 Nr. 3 erfüllt und eine angemessene Zeit in seinem Beruf praktisch tätig gewesen ist oder
3. für die Ausübung eines freien Berufes zugelassen oder in ein öffentliches Amt bestellt ist.

(5) Das Bundesministerium für Bildung und Forschung kann nach Anhörung des Hauptausschusses des Bundesinstituts für Berufsbildung durch Rechtsverordnung, die nicht der Zustimmung des Bundesrates bedarf, bestimmen, dass der Erwerb berufs- und arbeitspädagogischer Fertigkeiten, Kenntnisse und Fähigkeiten gesondert nachzuweisen ist. Dabei können Inhalt, Umfang und Abschluss der Maßnahmen für den Nachweis geregelt werden.

(6) Die nach Landesrecht zuständige Behörde kann Personen, die die Voraussetzungen des Absatzes 2, 4 oder 5 nicht erfüllen, die fachliche Eignung nach Anhörung der zuständigen Stelle widerruflich zuerkennen.

§ 31 Europaklausel

(1) In den Fällen des § 30 Abs. 2 und 4 besitzt die für die fachliche Eignung erforderlichen beruflichen Fertigkeiten, Kenntnisse und Fähigkeiten auch, wer die Voraussetzungen für die Anerkennung seiner Berufsqualifikation nach der Richtlinie 2005/36/EG des Europäischen Parlaments und des Rates vom 7. September 2005 über die Anerkennung von Berufsqualifikationen (ABl. EU Nr. L 255 S. 22) erfüllt, sofern er eine angemessene Zeit in seinem Beruf praktisch tätig gewesen ist. § 30 Abs. 4 Nr. 3 bleibt unberührt.

(2) Die Anerkennung kann unter den in Artikel 14 der in Absatz 1 genannten Richtlinie aufgeführten Voraussetzungen davon abhängig gemacht werden, dass der Antragsteller oder die Antragstellerin zunächst einen höchstens dreijährigen Anpassungslehrgang ableistet oder eine Eignungsprüfung ablegt.

(3) Die Entscheidung über die Anerkennung trifft die zuständige Stelle. Sie kann die Durchführung von Anpassungslehrgängen und Eignungsprüfungen regeln.

§ 31a Sonstige ausländische Vorqualifikationen

In den Fällen des § 30 Absatz 2 und 4 besitzt die für die fachliche Eignung erforderlichen Fertigkeiten, Kenntnisse und Fähigkeiten, wer die Voraussetzungen von § 2 Absatz 1 in Verbindung mit § 9 des Berufsqualifikationsfeststellungsgesetzes erfüllt und nicht in einem anderen Mitgliedstaat der Europäischen Union oder einem anderen Vertragsstaat des Europäischen Wirtschaftsraums oder der Schweiz seinen Befähigungsnachweis erworben hat, sofern er eine angemessene Zeit in seinem Beruf praktisch tätig gewesen ist. § 30 Absatz 4 Nummer 3 bleibt unberührt.

§ 32 Überwachung der Eignung

(1) Die zuständige Stelle hat darüber zu wachen, dass die Eignung der Ausbildungsstätte sowie die persönliche und fachliche Eignung vorliegen.

(2) Werden Mängel der Eignung festgestellt, so hat die zuständige Stelle, falls der Mangel zu beheben und eine Gefährdung Auszubildender nicht zu erwarten ist, Ausbildende aufzufordern, innerhalb einer von ihr gesetzten Frist den Mangel zu beseitigen. Ist der Mangel der Eignung nicht zu beheben oder ist eine Gefährdung Auszubildender zu erwarten oder wird der Mangel nicht innerhalb der gesetzten Frist beseitigt, so hat die zuständige Stelle dies der nach Landesrecht zuständigen Behörde mitzuteilen.

§ 33 Untersagung des Einstellens und Ausbildens

(1) Die nach Landesrecht zuständige Behörde kann für eine bestimmte Ausbildungsstätte das Einstellen

A

und Ausbilden untersagen, wenn die Voraussetzungen nach § 27 nicht oder nicht mehr vorliegen.
(2) Die nach Landesrecht zuständige Behörde hat das Einstellen und Ausbilden zu untersagen, wenn die persönliche oder fachliche Eignung nicht oder nicht mehr vorliegt.
(3) Vor der Untersagung sind die Beteiligten und die zuständige Stelle zu hören. Dies gilt nicht im Falle des § 29 Nr. 1.

Abschnitt 4
Verzeichnis der Berufsausbildungsverhältnisse

§ 34 Einrichten, Führen

(1) Die zuständige Stelle hat für anerkannte Ausbildungsberufe ein Verzeichnis der Berufsausbildungsverhältnisse einzurichten und zu führen, in das der Berufsausbildungsvertrag einzutragen ist. Die Eintragung ist für Auszubildende gebührenfrei.
(2) Die Eintragung umfasst für jedes Berufsausbildungsverhältnis

1. Name, Vorname, Geburtsdatum, Anschrift der Auszubildenden;
2. Geschlecht, Staatsangehörigkeit, allgemeinbildender Schulabschluss, vorausgegangene Teilnahme an berufsvorbereitender Qualifizierung oder beruflicher Grundbildung, berufliche Vorbildung;
3. erforderlichenfalls Name, Vorname und Anschrift der gesetzlichen Vertreter oder Vertreterinnen;
4. Ausbildungsberuf einschließlich Fachrichtung;
5. Datum des Abschlusses des Ausbildungsvertrages, Ausbildungsdauer, Dauer der Probezeit;
6. Datum des Beginns der Berufsausbildung;
7. Art der Förderung bei überwiegend öffentlich, insbesondere auf Grund des Dritten Buches Sozialgesetzbuch geförderten Berufsausbildungsverhältnissen;
8. Name und Anschrift der Ausbildenden, Anschrift der Ausbildungsstätte, Wirtschaftszweig, Zugehörigkeit zum öffentlichen Dienst;
9. Name, Vorname, Geschlecht und Art der fachlichen Eignung der Ausbilder und Ausbilderinnen.

§ 35 Eintragen, Ändern, Löschen

(1) Ein Berufsausbildungsvertrag und Änderungen seines wesentlichen Inhalts sind in das Verzeichnis einzutragen, wenn

1. der Berufsausbildungsvertrag diesem Gesetz und der Ausbildungsordnung entspricht,
2. die persönliche und fachliche Eignung sowie die Eignung der Ausbildungsstätte für das Einstellen und Ausbilden vorliegen und
3. für Auszubildende unter 18 Jahren die ärztliche Bescheinigung über die Erstuntersuchung nach § 32 Abs. 1 des Jugendarbeitsschutzgesetzes zur Einsicht vorgelegt wird.

(2) Die Eintragung ist abzulehnen oder zu löschen, wenn die Eintragungsvoraussetzungen nicht vorliegen und der Mangel nicht nach § 32 Abs. 2 behoben wird. Die Eintragung ist ferner zu löschen, wenn die ärztliche Bescheinigung über die erste Nachuntersuchung nach § 33 Abs. 1 des Jugendarbeitsschutzgesetzes nicht spätestens am Tage der Anmeldung der Auszubildenden zur Zwischenprüfung oder zum ersten Teil der Abschlussprüfung zur Einsicht vorgelegt und der Mangel nicht nach § 32 Abs. 2 behoben wird.
(3) Die nach § 34 Abs. 2 Nr. 1, 4, 6 und 8 erhobenen Daten dürfen zur Verbesserung der Ausbildungsvermittlung, zur Verbesserung der Zuverlässigkeit und Aktualität der Ausbildungsvermittlungsstatistik sowie zur Verbesserung der Feststellung von Angebot und Nachfrage auf dem Ausbildungsmarkt an die Bundesagentur für Arbeit übermittelt werden. Bei der Datenübermittlung sind dem jeweiligen Stand der Technik entsprechende Maßnahmen zur Sicherstellung von Datenschutz und Datensicherheit zu treffen, die insbesondere die Vertraulichkeit, Unversehrtheit und Zurechenbarkeit der Daten gewährleisten.

§ 36 Antrag und Mitteilungspflichten

(1) Ausbildende haben unverzüglich nach Abschluss des Berufsausbildungsvertrages die Eintragung in das Verzeichnis zu beantragen. Der Antrag kann schriftlich oder elektronisch gestellt werden; eine Kopie der Vertragsniederschrift ist jeweils beizufügen. Auf einen betrieblichen Ausbildungsplan im Sinne von § 11 Absatz 1 Satz 2 Nummer 1, der der zuständigen Stelle bereits vorliegt, kann dabei Bezug genommen werden. Entsprechendes gilt bei Änderungen des wesentlichen Vertragsinhalts.
(2) Ausbildende und Auszubildende sind verpflichtet, den zuständigen Stellen die zur Eintragung nach § 34 erforderlichen Tatsachen auf Verlangen mitzuteilen.

Abschnitt 5
Prüfungswesen

§ 37 Abschlussprüfung

(1) In den anerkannten Ausbildungsberufen sind Abschlussprüfungen durchzuführen. Die

Abschlussprüfung kann im Falle des Nichtbestehens zweimal wiederholt werden. Sofern die Abschlussprüfung in zwei zeitlich auseinander fallenden Teilen durchgeführt wird, ist der erste Teil der Abschlussprüfung nicht eigenständig wiederholbar.
(2) Dem Prüfling ist ein Zeugnis auszustellen. Ausbildenden werden auf deren Verlangen die Ergebnisse der Abschlussprüfung der Auszubildenden übermittelt. Sofern die Abschlussprüfung in zwei zeitlich auseinander fallenden Teilen durchgeführt wird, ist das Ergebnis der Prüfungsleistungen im ersten Teil der Abschlussprüfung dem Prüfling schriftlich mitzuteilen.
(3) Dem Zeugnis ist auf Antrag der Auszubildenden eine englischsprachige und eine französischsprachige Übersetzung beizufügen. Auf Antrag der Auszubildenden kann das Ergebnis berufsschulischer Leistungsfeststellungen auf dem Zeugnis ausgewiesen werden.
(4) Die Abschlussprüfung ist für Auszubildende gebührenfrei.

§ 38 Prüfungsgegenstand

Durch die Abschlussprüfung ist festzustellen, ob der Prüfling die berufliche Handlungsfähigkeit erworben hat. In ihr soll der Prüfling nachweisen, dass er die erforderlichen beruflichen Fertigkeiten beherrscht, die notwendigen beruflichen Kenntnisse und Fähigkeiten besitzt und mit dem im Berufsschulunterricht zu vermittelnden, für die Berufsausbildung wesentlichen Lehrstoff vertraut ist. Die Ausbildungsordnung ist zugrunde zu legen.

§ 39 Prüfungsausschüsse

(1) Für die Abnahme der Abschlussprüfung errichtet die zuständige Stelle Prüfungsausschüsse. Mehrere zuständige Stellen können bei einer von ihnen gemeinsame Prüfungsausschüsse errichten.
(2) Der Prüfungsausschuss kann zur Bewertung einzelner, nicht mündlich zu erbringender Prüfungsleistungen gutachterliche Stellungnahmen Dritter, insbesondere berufsbildender Schulen, einholen.
(3) Im Rahmen der Begutachtung nach Absatz 2 sind die wesentlichen Abläufe zu dokumentieren und die für die Bewertung erheblichen Tatsachen festzuhalten.

§ 40 Zusammensetzung, Berufung

(1) Der Prüfungsausschuss besteht aus mindestens drei Mitgliedern. Die Mitglieder müssen für die Prüfungsgebiete sachkundig und für die Mitwirkung im Prüfungswesen geeignet sein.
(2) Dem Prüfungsausschuss müssen als Mitglieder Beauftragte der Arbeitgeber und der Arbeitnehmer in gleicher Zahl sowie mindestens eine Lehrkraft einer berufsbildenden Schule angehören. Mindestens zwei Drittel der Gesamtzahl der Mitglieder müssen Beauftragte der Arbeitgeber und der Arbeitnehmer sein. Die Mitglieder haben Stellvertreter oder Stellvertreterinnen.
(3) Die Mitglieder werden von der zuständigen Stelle längstens für fünf Jahre berufen. Die Beauftragten der Arbeitnehmer werden auf Vorschlag der im Bezirk der zuständigen Stelle bestehenden Gewerkschaften und selbständigen Vereinigungen von Arbeitnehmern mit sozial- oder berufspolitischer Zwecksetzung berufen. Die Lehrkraft einer berufsbildenden Schule wird im Einvernehmen mit der Schulaufsichtsbehörde oder der von ihr bestimmten Stelle berufen. Werden Mitglieder nicht oder nicht in ausreichender Zahl innerhalb einer von der zuständigen Stelle gesetzten angemessenen Frist vorgeschlagen, so beruft die zuständige Stelle insoweit nach pflichtgemäßem Ermessen. Die Mitglieder der Prüfungsausschüsse können nach Anhören der an ihrer Berufung Beteiligten aus wichtigem Grund abberufen werden. Die Sätze 1 bis 5 gelten für die stellvertretenden Mitglieder entsprechend.
(4) Die Tätigkeit im Prüfungsausschuss ist ehrenamtlich. Für bare Auslagen und für Zeitversäumnis ist, soweit eine Entschädigung nicht von anderer Seite gewährt wird, eine angemessene Entschädigung zu zahlen, deren Höhe von der zuständigen Stelle mit Genehmigung der obersten Landesbehörde festgesetzt wird.
(5) Von Absatz 2 darf nur abgewichen werden, wenn anderenfalls die erforderliche Zahl von Mitgliedern des Prüfungsausschusses nicht berufen werden kann.

§ 41 Vorsitz, Beschlussfähigkeit, Abstimmung

(1) Der Prüfungsausschuss wählt ein Mitglied, das den Vorsitz führt, und ein weiteres Mitglied, das den Vorsitz stellvertretend übernimmt. Der Vorsitz und das ihn stellvertretende Mitglied sollen nicht derselben Mitgliedergruppe angehören.
(2) Der Prüfungsausschuss ist beschlussfähig, wenn zwei Drittel der Mitglieder, mindestens drei, mitwirken. Er beschließt mit der Mehrheit der abgegebenen Stimmen. Bei Stimmengleichheit gibt die Stimme des vorsitzenden Mitglieds den Ausschlag.

§ 42 Beschlussfassung, Bewertung der Abschlussprüfung

(1) Beschlüsse über die Noten zur Bewertung einzelner Prüfungsleistungen, der Prüfung insgesamt sowie über das Bestehen und Nichtbestehen der Abschlussprüfung werden durch den Prüfungsausschuss gefasst.

(2) Zur Vorbereitung der Beschlussfassung nach Absatz 1 kann der Vorsitz mindestens zwei Mitglieder mit der Bewertung einzelner, nicht mündlich zu erbringender Prüfungsleistungen beauftragen. Die Beauftragten sollen nicht derselben Mitgliedergruppe angehören.

(3) Die nach Absatz 2 beauftragten Mitglieder dokumentieren die wesentlichen Abläufe und halten die für die Bewertung erheblichen Tatsachen fest.

§ 43 Zulassung zur Abschlussprüfung

(1) Zur Abschlussprüfung ist zuzulassen,

1. wer die Ausbildungszeit zurückgelegt hat oder wessen Ausbildungszeit nicht später als zwei Monate nach dem Prüfungstermin endet,
2. wer an vorgeschriebenen Zwischenprüfungen teilgenommen sowie vorgeschriebene schriftliche Ausbildungsnachweise geführt hat und
3. wessen Berufsausbildungsverhältnis in das Verzeichnis der Berufsausbildungsverhältnisse eingetragen oder aus einem Grund nicht eingetragen ist, den weder die Auszubildenden noch deren gesetzliche Vertreter oder Vertreterinnen zu vertreten haben.

(2) Zur Abschlussprüfung ist ferner zuzulassen, wer in einer berufsbildenden Schule oder einer sonstigen Berufsbildungseinrichtung ausgebildet worden ist, wenn dieser Bildungsgang der Berufsausbildung in einem anerkannten Ausbildungsberuf entspricht. Ein Bildungsgang entspricht der Berufsausbildung in einem anerkannten Ausbildungsberuf, wenn er

1. nach Inhalt, Anforderung und zeitlichem Umfang der jeweiligen Ausbildungsordnung gleichwertig ist,
2. systematisch, insbesondere im Rahmen einer sachlichen und zeitlichen Gliederung, durchgeführt wird und
3. durch Lernortkooperation einen angemessenen Anteil an fachpraktischer Ausbildung gewährleistet.

§ 44 Zulassung zur Abschlussprüfung bei zeitlich auseinander fallenden Teilen

(1) Sofern die Abschlussprüfung in zwei zeitlich auseinander fallenden Teilen durchgeführt wird, ist über die Zulassung jeweils gesondert zu entscheiden.

(2) Zum ersten Teil der Abschlussprüfung ist zuzulassen, wer die in der Ausbildungsordnung vorgeschriebene, erforderliche Ausbildungszeit zurückgelegt hat und die Voraussetzungen des § 43 Abs. 1 Nr. 2 und 3 erfüllt.

(3) Zum zweiten Teil der Abschlussprüfung ist zuzulassen, wer über die Voraussetzungen in § 43 Abs. 1 hinaus am ersten Teil der Abschlussprüfung teilgenommen hat. Dies gilt nicht, wenn Auszubildende aus Gründen, die sie nicht zu vertreten haben, am ersten Teil der Abschlussprüfung nicht teilgenommen haben. In diesem Fall ist der erste Teil der Abschlussprüfung zusammen mit dem zweiten Teil abzulegen.

§ 45 Zulassung in besonderen Fällen

(1) Auszubildende können nach Anhörung der Ausbildenden und der Berufsschule vor Ablauf ihrer Ausbildungszeit zur Abschlussprüfung zugelassen werden, wenn ihre Leistungen dies rechtfertigen.

(2) Zur Abschlussprüfung ist auch zuzulassen, wer nachweist, dass er mindestens das Eineinhalbfache der Zeit, die als Ausbildungszeit vorgeschrieben ist, in dem Beruf tätig gewesen ist, in dem die Prüfung abgelegt werden soll. Als Zeiten der Berufstätigkeit gelten auch Ausbildungszeiten in einem anderen, einschlägigen Ausbildungsberuf. Vom Nachweis der Mindestzeit nach Satz 1 kann ganz oder teilweise abgesehen werden, wenn durch Vorlage von Zeugnissen oder auf andere Weise glaubhaft gemacht wird, dass der Bewerber oder die Bewerberin die berufliche Handlungsfähigkeit erworben hat, die die Zulassung zur Prüfung rechtfertigt. Ausländische Bildungsabschlüsse und Zeiten der Berufstätigkeit im Ausland sind dabei zu berücksichtigen.

(3) Soldaten oder Soldatinnen auf Zeit und ehemalige Soldaten oder Soldatinnen sind nach Absatz 2 Satz 3 zur Abschlussprüfung zuzulassen, wenn das Bundesministerium der Verteidigung oder die von ihm bestimmte Stelle bescheinigt, dass der Bewerber oder die Bewerberin berufliche Fertigkeiten, Kenntnisse und Fähigkeiten erworben hat, welche die Zulassung zur Prüfung rechtfertigen.

§ 46 Entscheidung über die Zulassung

(1) Über die Zulassung zur Abschlussprüfung entscheidet die zuständige Stelle. Hält sie die Zulassungsvoraussetzungen nicht für gegeben, so entscheidet der Prüfungsausschuss.

(2) Auszubildenden, die Elternzeit in Anspruch genommen haben, darf bei der Entscheidung über die Zulassung hieraus kein Nachteil erwachsen.

§ 47 Prüfungsordnung

(1) Die zuständige Stelle hat eine Prüfungsordnung für die Abschlussprüfung zu erlassen. Die Prüfungsordnung bedarf der Genehmigung der zuständigen obersten Landesbehörde.

(2) Die Prüfungsordnung muss die Zulassung, die Gliederung der Prüfung, die Bewertungsmaßstäbe, die Erteilung der Prüfungszeugnisse, die Folgen von Verstößen gegen die Prüfungsordnung und die Wiederholungsprüfung regeln. Sie kann vorsehen, dass Prüfungsaufgaben, die überregional oder von einem Aufgabenerstellungsausschuss bei der zuständigen Stelle erstellt oder ausgewählt werden, zu übernehmen sind, sofern diese Aufgaben von Gremien erstellt oder ausgewählt werden, die entsprechend § 40 Abs. 2 zusammengesetzt sind.

(3) Der Hauptausschuss des Bundesinstituts für Berufsbildung erlässt für die Prüfungsordnung Richtlinien.

§ 48 Zwischenprüfungen

(1) Während der Berufsausbildung ist zur Ermittlung des Ausbildungsstandes eine Zwischenprüfung entsprechend der Ausbildungsordnung durchzuführen. Die §§ 37 bis 39 gelten entsprechend.

(2) Sofern die Ausbildungsordnung vorsieht, dass die Abschlussprüfung in zwei zeitlich auseinander fallenden Teilen durchgeführt wird, findet Absatz 1 keine Anwendung.

§ 49 Zusatzqualifikationen

(1) Zusätzliche berufliche Fertigkeiten, Kenntnisse und Fähigkeiten nach § 5 Abs. 2 Nr. 5 werden gesondert geprüft und bescheinigt. Das Ergebnis der Prüfung nach § 37 bleibt unberührt.

(2) § 37 Abs. 3 und 4 sowie die §§ 39 bis 42 und 47 gelten entsprechend.

§ 50 Gleichstellung von Prüfungszeugnissen

(1) Das Bundesministerium für Wirtschaft und Technologie oder das sonst zuständige Fachministerium kann im Einvernehmen mit dem Bundesministerium für Bildung und Forschung nach Anhörung des Hauptausschusses des Bundesinstituts für Berufsbildung durch Rechtsverordnung außerhalb des Anwendungsbereichs dieses Gesetzes erworbene Prüfungszeugnisse den entsprechenden Zeugnissen über das Bestehen der Abschlussprüfung gleichstellen, wenn die Berufsausbildung und die in der Prüfung nachzuweisenden beruflichen Fertigkeiten, Kenntnisse und Fähigkeiten gleichwertig sind.

(2) Das Bundesministerium für Wirtschaft und Technologie oder das sonst zuständige Fachministerium kann im Einvernehmen mit dem Bundesministerium für Bildung und Forschung nach Anhörung des Hauptausschusses des Bundesinstituts für Berufsbildung durch Rechtsverordnung im Ausland erworbene Prüfungszeugnisse den entsprechenden Zeugnissen über das Bestehen der Abschlussprüfung gleichstellen, wenn die in der Prüfung nachzuweisenden beruflichen Fertigkeiten, Kenntnisse und Fähigkeiten gleichwertig sind.

§ 50a Gleichwertigkeit ausländischer Berufsqualifikationen

Ausländische Berufsqualifikationen stehen einer bestandenen Aus- oder Fortbildungsprüfung nach diesem Gesetz gleich, wenn die Gleichwertigkeit der beruflichen Fertigkeiten, Kenntnisse und Fähigkeiten nach dem Berufsqualifikationsfeststellungsgesetz festgestellt wurde.

Abschnitt 6 Interessenvertretung

§ 51 Interessenvertretung

(1) Auszubildende, deren praktische Berufsbildung in einer sonstigen Berufsbildungseinrichtung außerhalb der schulischen und betrieblichen Berufsbildung (§ 2 Abs. 1 Nr. 3) mit in der Regel mindestens fünf Auszubildenden stattfindet und die nicht wahlberechtigt zum Betriebsrat nach § 7 des Betriebsverfassungsgesetzes, zur Jugendund Auszubildendenvertretung nach § 60 des Betriebsverfassungsgesetzes oder zur Mitwirkungsvertretung nach § 36 des Neunten Buches Sozialgesetzbuch sind (außerbetriebliche Auszubildende), wählen eine besondere Interessenvertretung.

(2) Absatz 1 findet keine Anwendung auf Berufsbildungseinrichtungen von Religionsgemeinschaften sowie auf andere Berufsbildungseinrichtungen, soweit sie eigene gleichwertige Regelungen getroffen haben.

§ 52 Verordnungsermächtigung

Das Bundesministerium für Bildung und Forschung kann durch Rechtsverordnung, die nicht der Zustimmung des Bundesrates bedarf, die Fragen bestimmen, auf die sich die Beteiligung

A

erstreckt, die Zusammensetzung und die Amtszeit der Interessenvertretung, die Durchführung der Wahl, insbesondere die Feststellung der Wahlberechtigung und der Wählbarkeit sowie Art und Umfang der Beteiligung.

Kapitel 2
Berufliche Fortbildung

§ 53 Fortbildungsordnung

(1) Als Grundlage für eine einheitliche berufliche Fortbildung kann das Bundesministerium für Bildung und Forschung im Einvernehmen mit dem Bundesministerium für Wirtschaft und Technologie oder dem sonst zuständigen Fachministerium nach Anhörung des Hauptausschusses des Bundesinstituts für Berufsbildung durch Rechtsverordnung, die nicht der Zustimmung des Bundesrates bedarf, Fortbildungsabschlüsse anerkennen und hierfür Prüfungsregelungen erlassen (Fortbildungsordnung).

(2) Die Fortbildungsordnung hat festzulegen

1. die Bezeichnung des Fortbildungsabschlusses,
2. das Ziel, den Inhalt und die Anforderungen der Prüfung,
3. die Zulassungsvoraussetzungen sowie
4. das Prüfungsverfahren.

(3) Abweichend von Absatz 1 werden Fortbildungsordnungen in Berufen der Landwirtschaft, einschließlich der ländlichen Hauswirtschaft, durch das Bundesministerium für Ernährung, Landwirtschaft und Verbraucherschutz im Einvernehmen mit dem Bundesministerium für Bildung und Forschung, Fortbildungsordnungen in Berufen der Hauswirtschaft durch das Bundesministerium für Wirtschaft und Technologie im Einvernehmen mit dem Bundesministerium für Bildung und Forschung erlassen.

§ 54 Fortbildungsprüfungsregelungen der zuständigen Stellen

Soweit Rechtsverordnungen nach § 53 nicht erlassen sind, kann die zuständige Stelle Fortbildungsprüfungsregelungen erlassen. Die zuständige Stelle regelt die Bezeichnung des Fortbildungsabschlusses, Ziel, Inhalt und Anforderungen der Prüfungen, die Zulassungsvoraussetzungen sowie das Prüfungsverfahren.

§ 55 Berücksichtigung ausländischer Vorqualifikationen

Sofern die Fortbildungsordnung (§ 53) oder eine Regelung der zuständigen Stelle (§ 54) Zulassungsvoraussetzungen vorsieht, sind ausländische Bildungsabschlüsse und Zeiten der Berufstätigkeit im Ausland zu berücksichtigen.

§ 56 Fortbildungsprüfungen

(1) Für die Durchführung von Prüfungen im Bereich der beruflichen Fortbildung errichtet die zuständige Stelle Prüfungsausschüsse. § 37 Abs. 2 und 3 sowie die §§ 40 bis 42, 46 und 47 gelten entsprechend.

(2) Der Prüfling ist auf Antrag von der Ablegung einzelner Prüfungsbestandteile durch die zuständige Stelle zu befreien, wenn er eine andere vergleichbare Prüfung vor einer öffentlichen oder staatlich anerkannten Bildungseinrichtung oder vor einem staatlichen Prüfungsausschuss erfolgreich abgelegt hat und die Anmeldung zur Fortbildungsprüfung innerhalb von fünf Jahren nach der Bekanntgabe des Bestehens der anderen Prüfung erfolgt.

§ 57 Gleichstellung von Prüfungszeugnissen

Das Bundesministerium für Wirtschaft und Technologie oder das sonst zuständige Fachministerium kann im Einvernehmen mit dem Bundesministerium für Bildung und Forschung nach Anhörung des Hauptausschusses des Bundesinstituts für Berufsbildung durch Rechtsverordnung außerhalb des Anwendungsbereichs dieses Gesetzes oder im Ausland erworbene Prüfungszeugnisse den entsprechenden Zeugnissen über das Bestehen einer Fortbildungsprüfung auf der Grundlage der §§ 53 und 54 gleichstellen, wenn die in der Prüfung nachzuweisenden beruflichen Fertigkeiten, Kenntnisse und Fähigkeiten gleichwertig sind.

Kapitel 3
Berufliche Umschulung

§ 58 Umschulungsordnung

Als Grundlage für eine geordnete und einheitliche berufliche Umschulung kann das Bundesministerium für Bildung und Forschung im Einvernehmen mit dem Bundesministerium für Wirtschaft und Technologie oder dem sonst zuständigen Fachministerium nach Anhörung des Hauptausschusses des Bundesinstituts für Berufsbildung durch Rechtsverordnung, die nicht der Zustimmung des Bundesrates bedarf,

1. die Bezeichnung des Umschulungsabschlusses,
2. das Ziel, den Inhalt, die Art und Dauer der Umschulung,

3. die Anforderungen der Umschulungsprüfung und die Zulassungsvoraussetzungen sowie
4. das Prüfungsverfahren der Umschulung

unter Berücksichtigung der besonderen Erfordernisse der beruflichen Erwachsenenbildung bestimmen (Umschulungsordnung).

§ 59 Umschulungsprüfungsregelungen der zuständigen Stellen

Soweit Rechtsverordnungen nach § 58 nicht erlassen sind, kann die zuständige Stelle Umschulungsprüfungsregelungen erlassen. Die zuständige Stelle regelt die Bezeichnung des Umschulungsabschlusses, Ziel, Inhalt und Anforderungen der Prüfungen, die Zulassungsvoraussetzungen sowie das Prüfungsverfahren unter Berücksichtigung der besonderen Erfordernisse beruflicher Erwachsenenbildung.

§ 60 Umschulung für einen anerkannten Ausbildungsberuf

Sofern sich die Umschulungsordnung (§ 58) oder eine Regelung der zuständigen Stelle (§ 59) auf die Umschulung für einen anerkannten Ausbildungsberuf richtet, sind das Ausbildungsberufsbild (§ 5 Abs. 1 Nr. 3), der Ausbildungsrahmenplan (§ 5 Abs. 1 Nr. 4) und die Prüfungsanforderungen (§ 5 Abs. 1 Nr. 5) zugrunde zu legen. Die §§ 27 bis 33 gelten entsprechend.

[...]

Teil 3
Organisation der Berufsbildung

Kapitel 1
Zuständige Stellen; zuständige Behörden

Abschnitt 1
Bestimmung der zuständigen Stelle

§ 71 Zuständige Stellen

(1) Für die Berufsbildung in Berufen der Handwerksordnung ist die Handwerkskammer zuständige Stelle im Sinne dieses Gesetzes.

(2) Für die Berufsbildung in nichthandwerklichen Gewerbeberufen ist die Industrie- und Handelskammer zuständige Stelle im Sinne dieses Gesetzes.

(3) Für die Berufsbildung in Berufen der Landwirtschaft, einschließlich der ländlichen Hauswirtschaft, ist die Landwirtschaftskammer zuständige Stelle im Sinne dieses Gesetzes.

(4) Für die Berufsbildung der Fachangestellten im Bereich der Rechtspflege sind jeweils für ihren Bereich die Rechtsanwalts-, Patentanwalts- und Notarkammern und für ihren Tätigkeitsbereich die Notarkassen zuständige Stelle im Sinne dieses Gesetzes.

(5) Für die Berufsbildung der Fachangestellten im Bereich der Wirtschaftsprüfung und Steuerberatung sind jeweils für ihren Bereich die Wirtschaftsprüferkammern und die Steuerberaterkammern zuständige Stelle im Sinne dieses Gesetzes.

(6) Für die Berufsbildung der Fachangestellten im Bereich der Gesundheitsdienstberufe sind jeweils für ihren Bereich die Ärzte-, Zahnärzte-, Tierärzte- und Apothekerkammern zuständige Stelle im Sinne dieses Gesetzes.

(7) Soweit die Berufsausbildungsvorbereitung, die Berufsausbildung und die berufliche Umschulung in Betrieben zulassungspflichtiger Handwerke, zulassungsfreier Handwerke und handwerksähnlicher Gewerbe durchgeführt wird, ist abweichend von den Absätzen 2 bis 6 die Handwerkskammer zuständige Stelle im Sinne dieses Gesetzes.

(8) Soweit Kammern für einzelne Berufsbereiche der Absätze 1 bis 6 nicht bestehen, bestimmt das Land die zuständige Stelle.

(9) Mehrere Kammern können vereinbaren, dass die ihnen durch Gesetz zugewiesenen Aufgaben im Bereich der Berufsbildung durch eine von ihnen wahrgenommen wird. Die Vereinbarung bedarf der Genehmigung durch die zuständige oberste Bundes- oder Landesbehörde.

§ 72 Bestimmung durch Rechtsverordnung

Das zuständige Fachministerium kann im Einvernehmen mit dem Bundesministerium für Bildung und Forschung durch Rechtsverordnung mit Zustimmung des Bundesrates für Berufsbereiche, die durch § 71 nicht geregelt sind, die zuständige Stelle bestimmen.

§ 73 Zuständige Stellen im Bereich des öffentlichen Dienstes

(1) Im öffentlichen Dienst bestimmt für den Bund die oberste Bundesbehörde für ihren Geschäftsbereich die zuständige Stelle

1. in den Fällen der §§ 32, 33 und 76 sowie der §§ 23, 24 und 41a der Handwerksordnung,

2. für die Berufsbildung in anderen als den durch die §§ 71 und 72 erfassten Berufsbereichen;

dies gilt auch für die der Aufsicht des Bundes unterstehenden Körperschaften, Anstalten und Stiftungen des öffentlichen Rechts.

(2) Im öffentlichen Dienst bestimmen die Länder für ihren Bereich sowie für die Gemeinden und Gemeindeverbände die zuständige Stelle für die Berufsbildung in anderen als den durch die §§ 71 und 72 erfassten Berufsbereichen. Dies gilt auch für die der Aufsicht der Länder unterstehenden Körperschaften, Anstalten und Stiftungen des öffentlichen Rechts.

§ 74 Erweiterte Zuständigkeit

§ 73 gilt entsprechend für Ausbildungsberufe, in denen im Bereich der Kirchen und sonstigen Religionsgemeinschaften des öffentlichen Rechts oder außerhalb des öffentlichen Dienstes nach Ausbildungsordnungen des öffentlichen Dienstes ausgebildet wird.

§ 75 Zuständige Stellen im Bereich der Kirchen und sonstigen Religionsgemeinschaften des öffentlichen Rechts

Die Kirchen und sonstigen Religionsgemeinschaften des öffentlichen Rechts bestimmen für ihren Bereich die zuständige Stelle für die Berufsbildung in anderen als den durch die §§ 71, 72 und 74 erfassten Berufsbereichen. Die §§ 77 bis 80 finden keine Anwendung.

Abschnitt 2
Überwachung der Berufsbildung

§ 76 Überwachung, Beratung

(1) Die zuständige Stelle überwacht die Durchführung

1. der Berufsausbildungsvorbereitung,
2. der Berufsausbildung und
3. der beruflichen Umschulung

und fördert diese durch Beratung der an der Berufsbildung beteiligten Personen. Sie hat zu diesem Zweck Berater oder Beraterinnen zu bestellen.

(2) Ausbildende, Umschulende und Anbieter von Maßnahmen der Berufsausbildungsvorbereitung sind auf Verlangen verpflichtet, die für die Überwachung notwendigen Auskünfte zu erteilen und Unterlagen vorzulegen sowie die Besichtigung der Ausbildungsstätten zu gestatten.

(3) Die Durchführung von Auslandsaufenthalten nach § 2 Abs. 3 überwacht und fördert die zuständige Stelle in geeigneter Weise. Beträgt die Dauer eines Ausbildungsabschnitts im Ausland mehr als vier Wochen, ist hierfür ein mit der zuständigen Stelle abgestimmter Plan erforderlich.

(4) Auskunftspflichtige können die Auskunft auf solche Fragen verweigern, deren Beantwortung sie selbst oder einen der in § 52 der Strafprozessordnung bezeichneten Angehörigen der Gefahr strafgerichtlicher Verfolgung oder eines Verfahrens nach dem Gesetz über Ordnungswidrigkeiten aussetzen würde.

(5) Die zuständige Stelle teilt der Aufsichtsbehörde nach dem Jugendarbeitsschutzgesetz Wahrnehmungen mit, die für die Durchführung des Jugendarbeitsschutzgesetzes von Bedeutung sein können.

Abschnitt 3
Berufsbildungsausschuss der zuständigen Stelle

§ 77 Errichtung

(1) Die zuständige Stelle errichtet einen Berufsbildungsausschuss. Ihm gehören sechs Beauftragte der Arbeitgeber, sechs Beauftragte der Arbeitnehmer und sechs Lehrkräfte an berufsbildenden Schulen an, die Lehrkräfte mit beratender Stimme.

(2) Die Beauftragten der Arbeitgeber werden auf Vorschlag der zuständigen Stelle, die Beauftragten der Arbeitnehmer auf Vorschlag der im Bezirk der zuständigen Stelle bestehenden Gewerkschaften und selbständigen Vereinigungen von Arbeitnehmern mit sozial- oder berufspolitischer Zwecksetzung, die Lehrkräfte an berufsbildenden Schulen von der nach Landesrecht zuständigen Behörde längstens für vier Jahre als Mitglieder berufen.

(3) Die Tätigkeit im Berufsbildungsausschuss ist ehrenamtlich. Für bare Auslagen und für Zeitversäumnis ist, soweit eine Entschädigung nicht von anderer Seite gewährt wird, eine angemessene Entschädigung zu zahlen, deren Höhe von der zuständigen Stelle mit Genehmigung der obersten Landesbehörde festgesetzt wird.

(4) Die Mitglieder können nach Anhören der an ihrer Berufung Beteiligten aus wichtigem Grund abberufen werden.

(5) Die Mitglieder haben Stellvertreter oder Stellvertreterinnen. Die Absätze 1 bis 4 gelten für die Stellvertreter und Stellvertreterinnen entsprechend.

(6) Der Berufsbildungsausschuss wählt ein Mitglied, das den Vorsitz führt, und ein weiteres Mitglied, das den Vorsitz stellvertretend übernimmt. Der Vorsitz und seine Stellvertretung sollen nicht derselben Mitgliedergruppe angehören.

§ 78 Beschlussfähigkeit, Abstimmung

(1) Der Berufsbildungsausschuss ist beschlussfähig, wenn mehr als die Hälfte seiner stimmberechtigten Mitglieder anwesend ist. Er beschließt mit der Mehrheit der abgegebenen Stimmen.
(2) Zur Wirksamkeit eines Beschlusses ist es erforderlich, dass der Gegenstand bei der Einberufung des Ausschusses bezeichnet ist, es sei denn, dass er mit Zustimmung von zwei Dritteln der stimmberechtigten Mitglieder nachträglich auf die Tagesordnung gesetzt wird.

§ 79 Aufgaben

(1) Der Berufsbildungsausschuss ist in allen wichtigen Angelegenheiten der beruflichen Bildung zu unterrichten und zu hören. Er hat im Rahmen seiner Aufgaben auf eine stetige Entwicklung der Qualität der beruflichen Bildung hinzuwirken.
(2) Wichtige Angelegenheiten, in denen der Berufsbildungsausschuss anzuhören ist, sind insbesondere:

1. Erlass von Verwaltungsgrundsätzen über die Eignung von Ausbildungs- und Umschulungsstätten, für das Führen von schriftlichen Ausbildungsnachweisen, für die Verkürzung der Ausbildungsdauer, für die vorzeitige Zulassung zur Abschlussprüfung, für die Durchführung der Prüfungen, zur Durchführung von über- und außerbetrieblicher Ausbildung sowie Verwaltungsrichtlinien zur beruflichen Bildung,
2. Umsetzung der vom Landesausschuss für Berufsbildung empfohlenen Maßnahmen,
3. wesentliche inhaltliche Änderungen des Ausbildungsvertragsmusters.

(3) Wichtige Angelegenheiten, in denen der Berufsbildungsausschuss zu unterrichten ist, sind insbesondere:

1. Zahl und Art der der zuständigen Stelle angezeigten Maßnahmen der Berufsausbildungsvorbereitung und beruflichen Umschulung sowie der eingetragenen Berufsausbildungsverhältnisse,
2. Zahl und Ergebnisse von durchgeführten Prüfungen sowie hierbei gewonnene Erfahrungen,
3. Tätigkeit der Berater und Beraterinnen nach § 76 Abs. 1 Satz 2,
4. für den räumlichen und fachlichen Zuständigkeitsbereich der zuständigen Stelle neue Formen, Inhalte und Methoden der Berufsbildung,
5. Stellungnahmen oder Vorschläge der zuständigen Stelle gegenüber anderen Stellen und Behörden, soweit sie sich auf die Durchführung dieses Gesetzes oder der auf Grund dieses Gesetzes erlassenen Rechtsvorschriften beziehen,
6. Bau eigener überbetrieblicher Berufsbildungsstätten,
7. Beschlüsse nach Absatz 5 sowie beschlossene Haushaltsansätze zur Durchführung der Berufsbildung mit Ausnahme der Personalkosten,
8. Verfahren zur Beilegung von Streitigkeiten aus Ausbildungsverhältnissen,
9. Arbeitsmarktfragen, soweit sie die Berufsbildung im Zuständigkeitsbereich der zuständigen Stelle berühren.

(4) Der Berufsbildungsausschuss hat die auf Grund dieses Gesetzes von der zuständigen Stelle zu erlassenden Rechtsvorschriften für die Durchführung der Berufsbildung zu beschließen. Gegen Beschlüsse, die gegen Gesetz oder Satzung verstoßen, kann die zur Vertretung der zuständigen Stelle berechtigte Person innerhalb einer Woche Einspruch einlegen. Der Einspruch ist zu begründen und hat aufschiebende Wirkung. Der Berufsbildungsausschuss hat seinen Beschluss zu überprüfen und erneut zu beschließen.
(5) Beschlüsse, zu deren Durchführung die für Berufsbildung im laufenden Haushalt vorgesehenen Mittel nicht ausreichen, bedürfen für ihre Wirksamkeit der Zustimmung der für den Haushaltsplan zuständigen Organe. Das Gleiche gilt für Beschlüsse, zu deren Durchführung in folgenden Haushaltsjahren Mittel bereitgestellt werden müssen, die die Ausgaben für Berufsbildung des laufenden Haushalts nicht unwesentlich übersteigen.
(6) Abweichend von § 77 Abs. 1 haben die Lehrkräfte Stimmrecht bei Beschlüssen zu Angelegenheiten der Berufsausbildungsvorbereitung und Berufsausbildung, soweit sich die Beschlüsse unmittelbar auf die Organisation der schulischen Berufsbildung auswirken.

§ 80 Geschäftsordnung

Der Berufsbildungsausschuss gibt sich eine Geschäftsordnung. Sie kann die Bildung von Unterausschüssen vorsehen und bestimmen, dass ihnen nicht nur Mitglieder des Ausschusses angehören. Für die Unterausschüsse gelten § 77 Abs. 2 bis 6 und § 78 entsprechend.

A

Abschnitt 4
Zuständige Behörden

§ 81 Zuständige Behörden

(1) Im Bereich des Bundes ist die oberste Bundesbehörde oder die von ihr bestimmte Behörde die zuständige Behörde im Sinne des § 30 Abs. 6, der §§ 32, 33, 40 Abs. 4 und der §§ 47, 77 Abs. 2 und 3.
(2) Ist eine oberste Bundesbehörde oder eine oberste Landesbehörde zuständige Stelle im Sinne dieses Gesetzes, so bedarf es im Falle des § 40 Abs. 4 sowie der §§ 47 und 77 Abs. 3 keiner Genehmigung.

Kapitel 2
Landesausschüsse für Berufsbildung

§ 82 Errichtung, Geschäftsordnung, Abstimmung

(1) Bei der Landesregierung wird ein Landesausschuss für Berufsbildung errichtet. Er setzt sich zusammen aus einer gleichen Zahl von Beauftragten der Arbeitgeber, der Arbeitnehmer und der obersten Landesbehörden. Die Hälfte der Beauftragten der obersten Landesbehörden muss in Fragen des Schulwesens sachverständig sein.
(2) Die Mitglieder des Landesausschusses werden längstens für vier Jahre von der Landesregierung berufen, die Beauftragten der Arbeitgeber auf Vorschlag der auf Landesebene bestehenden Zusammenschlüsse der Kammern, der Arbeitgeberverbände und der Unternehmerverbände, die Beauftragten der Arbeitnehmer auf Vorschlag der auf Landesebene bestehenden Gewerkschaften und selbständigen Vereinigungen von Arbeitnehmern mit sozial- oder berufspolitischer Zwecksetzung. Die Tätigkeit im Landesausschuss ist ehrenamtlich. Für bare Auslagen und für Zeitversäumnis ist, soweit eine Entschädigung nicht von anderer Seite gewährt wird, eine angemessene Entschädigung zu zahlen, deren Höhe von der Landesregierung oder der von ihr bestimmten obersten Landesbehörde festgesetzt wird. Die Mitglieder können nach Anhören der an ihrer Berufung Beteiligten aus wichtigem Grund abberufen werden. Der Ausschuss wählt ein Mitglied, das den Vorsitz führt, und ein weiteres Mitglied, das den Vorsitz stellvertretend übernimmt. Der Vorsitz und seine Stellvertretung sollen nicht derselben Mitgliedergruppe angehören.
(3) Die Mitglieder haben Stellvertreter oder Stellvertreterinnen. Die Absätze 1 und 2 gelten für die Stellvertreter und Stellvertreterinnen entsprechend.
(4) Der Landesausschuss gibt sich eine Geschäftsordnung, die der Genehmigung der Landesregierung oder der von ihr bestimmten obersten Landesbehörde bedarf. Sie kann die Bildung von Unterausschüssen vorsehen und bestimmen, dass ihnen nicht nur Mitglieder des Landesausschusses angehören. Absatz 2 Satz 2 gilt für die Unterausschüsse hinsichtlich der Entschädigung entsprechend. An den Sitzungen des Landesausschusses und der Unterausschüsse können Vertreter der beteiligten obersten Landesbehörden, der Gemeinden und Gemeindeverbände sowie der Agentur für Arbeit teilnehmen.
(5) Der Landesausschuss ist beschlussfähig, wenn mehr als die Hälfte seiner Mitglieder anwesend ist. Er beschließt mit der Mehrheit der abgegebenen Stimmen.

§ 83 Aufgaben

(1) Der Landesausschuss hat die Landesregierung in den Fragen der Berufsbildung zu beraten, die sich für das Land ergeben. Er hat im Rahmen seiner Aufgaben auf eine stetige Entwicklung der Qualität der beruflichen Bildung hinzuwirken.
(2) Er hat insbesondere im Interesse einer einheitlichen Berufsbildung auf eine Zusammenarbeit zwischen der schulischen Berufsbildung und der Berufsbildung nach diesem Gesetz sowie auf eine Berücksichtigung der Berufsbildung bei der Neuordnung und Weiterentwicklung des Schulwesens hinzuwirken. Der Landesausschuss kann zur Stärkung der regionalen Ausbildungs- und Beschäftigungssituation Empfehlungen zur inhaltlichen und organisatorischen Abstimmung und zur Verbesserung der Ausbildungsangebote aussprechen.

[...]

Teil 6
Bußgeldvorschriften

§ 102 Bußgeldvorschriften

(1) Ordnungswidrig handelt, wer
1. entgegen § 11 Abs. 1 Satz 1, auch in Verbindung mit Abs. 4, den wesentlichen Inhalt des Vertrages oder eine wesentliche Änderung nicht, nicht richtig, nicht vollständig, nicht in der vorgeschriebenen Weise oder nicht rechtzeitig niederlegt,
2. entgegen § 11 Abs. 3, auch in Verbindung mit Abs. 4, eine Ausfertigung der Niederschrift nicht oder nicht rechtzeitig aushändigt,

3. entgegen § 14 Abs. 2 Auszubildenden eine Verrichtung überträgt, die dem Ausbildungszweck nicht dient,
4. entgegen § 15 Satz 1, auch in Verbindung mit Satz 2, Auszubildende nicht freistellt,
5. entgegen § 28 Abs. 1 oder 2 Auszubildende einstellt oder ausbildet,
6. einer vollziehbaren Anordnung nach § 33 Abs. 1 oder 2 zuwiderhandelt,
7. entgegen § 36 Abs. 1 Satz 1 oder 2, jeweils auch in Verbindung mit Satz 3, die Eintragung in das dort genannte Verzeichnis nicht oder nicht rechtzeitig beantragt oder eine Ausfertigung der Vertragsniederschrift nicht beifügt oder
8. entgegen § 76 Abs. 2 eine Auskunft nicht, nicht richtig, nicht vollständig oder nicht rechtzeitig erteilt, eine Unterlage nicht, nicht richtig, nicht vollständig oder nicht rechtzeitig vorlegt oder eine Besichtigung nicht oder nicht rechtzeitig gestattet.

(2) Die Ordnungswidrigkeit kann in den Fällen des Absatzes 1 Nr. 3 bis 6 mit einer Geldbuße bis zu fünftausend Euro, in den übrigen Fällen mit einer Geldbuße bis zu tausend Euro geahndet werden.

[...]

A

Gesetz zum Schutze der arbeitenden Jugend – Auszug (Jugendarbeitsschutzgesetz – JArbSchG)

Vom 12. April 1976, zuletzt geändert am 10. März 2017

Der Bundestag hat mit Zustimmung des Bundesrates das folgende Gesetz beschlossen:

Erster Abschnitt Allgemeine Vorschriften

§ 1 Geltungsbereich

(1) Dieses Gesetz gilt in der Bundesrepublik Deutschland und in der ausschließlichen Wirtschaftszone für die Beschäftigung von Personen, die noch nicht 18 Jahre alt sind,

1. in der Berufsausbildung,
2. als Arbeitnehmer oder Heimarbeiter,
3. mit sonstigen Dienstleistungen, die der Arbeitsleistung von Arbeitnehmern oder Heimarbeitern ähnlich sind,
4. in einem der Berufsausbildung ähnlichen Ausbildungsverhältnis.

(2) Dieses Gesetz gilt nicht

1. für geringfügige Hilfeleistungen, soweit sie gelegentlich
   a) aus Gefälligkeit,
   b) auf Grund familienrechtlicher Vorschriften,
   c) in Einrichtungen der Jugendhilfe,
   d) in Einrichtungen zur Eingliederung Behinderter
   erbracht werden,
2. für die Beschäftigung durch die Personensorgeberechtigten im Familienhaushalt.

§ 2 Kind, Jugendlicher

(1) Kind im Sinne dieses Gesetzes ist, wer noch nicht 15 Jahre alt ist.

(2) Jugendlicher im Sinne dieses Gesetzes ist, wer 15, aber noch nicht 18 Jahre alt ist.

(3) Auf Jugendliche, die der Vollzeitschulpflicht unterliegen, finden die für Kinder geltenden Vorschriften Anwendung.

§ 3 Arbeitgeber

Arbeitgeber im Sinne dieses Gesetzes ist, wer ein Kind oder einen Jugendlichen gemäß § 1 beschäftigt.

§ 4 Arbeitszeit

(1) Tägliche Arbeitszeit ist die Zeit vom Beginn bis zum Ende der täglichen Beschäftigung ohne die Ruhepausen (§ 11).

(2) Schichtzeit ist die tägliche Arbeitszeit unter Hinzurechnung der Ruhepausen (§ 11).

(3) Im Bergbau unter Tage gilt die Schichtzeit als Arbeitszeit. Sie wird gerechnet vom Betreten des Förderkorbs bei der Einfahrt bis zum Verlassen des Förderkorbs bei der Ausfahrt oder vom Eintritt des einzelnen Beschäftigten in das Stollenmundloch bis zu seinem Wiederaustritt.

(4) Für die Berechnung der wöchentlichen Arbeitszeit ist als Woche die Zeit von Montag bis einschließlich Sonntag zugrunde zu legen. Die Arbeitszeit, die an einem Werktag infolge eines gesetzlichen Feiertags ausfällt,
wird auf die wöchentliche Arbeitszeit angerechnet.

(5) Wird ein Kind oder ein Jugendlicher von mehreren Arbeitgebern beschäftigt, so werden die Arbeits- und Schichtzeiten sowie die Arbeitstage zusammengerechnet.

Zweiter Abschnitt Beschäftigung von Kindern

§ 5 Verbot der Beschäftigung von Kindern

(1) Die Beschäftigung von Kindern (§ 2 Abs. 1) ist verboten.

(2) Das Verbot des Absatzes 1 gilt nicht für die Beschäftigung von Kindern

1. zum Zwecke der Beschäftigungs- und Arbeitstherapie,
2. im Rahmen des Betriebspraktikums während der Vollzeitschulpflicht,
3. in Erfüllung einer richterlichen Weisung.

Auf die Beschäftigung finden § 7 Satz 1 Nr. 2 und die §§ 9 bis 46 entsprechende Anwendung.

(3) Das Verbot des Absatzes 1 gilt ferner nicht für die Beschäftigung von Kindern über 13 Jahre mit Einwilligung des Personensorgeberechtigten, soweit die Beschäftigung leicht und für Kinder geeignet ist. Die Beschäftigung ist leicht, wenn sie auf Grund ihrer Beschaffenheit und der besonderen Bedingungen, unter denen sie ausgeführt wird,

1. die Sicherheit, Gesundheit und Entwicklung der Kinder,
2. ihren Schulbesuch, ihre Beteiligung an Maßnahmen zur Berufswahlvorbereitung oder Berufsausbildung, die von der zuständigen Stelle anerkannt sind, und

3. ihre Fähigkeit, dem Unterricht mit Nutzen zu folgen, nicht nachteilig beeinflußt. Die Kinder dürfen nicht mehr als zwei Stunden täglich, in landwirtschaftlichen Familienbetrieben nicht mehr als drei Stunden täglich, nicht zwischen 18 und 8 Uhr, nicht vor dem Schulunterricht und nicht während des Schulunterrichts beschäftigt werden. Auf die Beschäftigung finden die §§ 15 bis 31 entsprechende Anwendung.

(4) Das Verbot des Absatzes 1 gilt ferner nicht für die Beschäftigung von Jugendlichen (§ 2 Abs. 3) während der Schulferien für höchstens vier Wochen im Kalenderjahr. Auf die Beschäftigung finden die §§ 8 bis 31 entsprechende Anwendung.

(4a) Die Bundesregierung hat durch Rechtsverordnung mit Zustimmung des Bundesrates die Beschäftigung nach Absatz 3 näher zu bestimmen.

(4b) Der Arbeitgeber unterrichtet die Personensorgeberechtigten der von ihm beschäftigten Kinder über mögliche Gefahren sowie über alle zu ihrer Sicherheit und ihrem Gesundheitsschutz getroffenen Maßnahmen.

(5) Für Veranstaltungen kann die Aufsichtsbehörde Ausnahmen gemäß § 6 bewilligen.

§ 6 Behördliche Ausnahmen für Veranstaltungen

(1) Die Aufsichtsbehörde kann auf Antrag bewilligen, daß

1. bei Theatervorstellungen Kinder über sechs Jahre bis zu vier Stunden täglich in der Zeit von 10 bis 23 Uhr,
2. bei Musikaufführungen und anderen Aufführungen, bei Werbeveranstaltungen sowie bei Aufnahmen im Rundfunk (Hörfunk und Fernsehen), auf Ton- und Bildträger sowie bei Film- und Fotoaufnahmen
   a) Kinder über drei bis sechs Jahre bis zu zwei Stunden täglich in der Zeit von 8 bis 17 Uhr,
   b) Kinder über sechs Jahre bis zu drei Stunden täglich in der Zeit von 8 bis 22 Uhr

gestaltend mitwirken und an den erforderlichen Proben teilnehmen. Eine Ausnahme darf nicht bewilligt werden für die Mitwirkung in Kabaretts, Tanzlokalen und ähnlichen Betrieben sowie auf Vergnügungsparks, Kirmessen, Jahrmärkten und bei ähnlichen Veranstaltungen, Schaustellungen oder Darbietungen.

(2) Die Aufsichtsbehörde darf nach Anhörung des zuständigen Jugendamts die Beschäftigung nur bewilligen, wenn

1. die Personensorgeberechtigten in die Beschäftigung schriftlich eingewilligt haben,
2. der Aufsichtsbehörde eine nicht länger als vor drei Monaten ausgestellte ärztliche Bescheinigung vorgelegt wird, nach der gesundheitliche Bedenken gegen die Beschäftigung nicht bestehen,
3. die erforderlichen Vorkehrungen und Maßnahmen zum Schutz des Kindes gegen Gefahren für Leben und Gesundheit sowie zur Vermeidung einer Beeinträchtigung der körperlichen oder seelisch-geistigen Entwicklung getroffen sind,
4. Betreuung und Beaufsichtigung des Kindes bei der Beschäftigung sichergestellt sind,
5. nach Beendigung der Beschäftigung eine ununterbrochene Freizeit von mindestens 14 Stunden eingehalten wird,
6. das Fortkommen in der Schule nicht beeinträchtigt wird.

(3) Die Aufsichtsbehörde bestimmt,

1. wie lange, zu welcher Zeit und an welchem Tag das Kind beschäftigt werden darf,
2. Dauer und Lage der Ruhepausen,
3. die Höchstdauer des täglichen Aufenthalts an der Beschäftigungsstätte.

(4) Die Entscheidung der Aufsichtsbehörde ist dem Arbeitgeber schriftlich bekanntzugeben. Er darf das Kind erst nach Empfang des Bewilligungsbescheids beschäftigen.

§ 7 Beschäftigung von nicht vollzeitschulpflichtigen Kindern

Kinder, die der Vollzeitschulpflicht nicht mehr unterliegen, dürfen

1. im Berufsausbildungsverhältnis,
2. außerhalb eines Berufsausbildungsverhältnisses nur mit leichten und für sie geeigneten Tätigkeiten bis zu sieben Stunden täglich und 35 Stunden wöchentlich

beschäftigt werden. Auf die Beschäftigung finden die §§ 8 bis 46 entsprechende Anwendung.

Dritter Abschnitt
Beschäftigung Jugendlicher

Erster Titel
Arbeitszeit und Freizeit

§ 8 Dauer der Arbeitszeit

(1) Jugendliche dürfen nicht mehr als acht Stunden täglich und nicht mehr als 40 Stunden wöchentlich beschäftigt werden.

(2) Wenn in Verbindung mit Feiertagen an Werktagen nicht gearbeitet wird, damit die Beschäf-

tigten eine längere zusammenhängende Freizeit haben, so darf die ausfallende Arbeitszeit auf die Werktage von fünf zusammenhängenden, die Ausfalltage einschließenden Wochen nur dergestalt verteilt werden, daß die Wochenarbeitszeit im Durchschnitt dieser fünf Wochen 40 Stunden nicht überschreitet. Die tägliche Arbeitszeit darf hierbei achteinhalb Stunden nicht überschreiten.

(2a) Wenn an einzelnen Werktagen die Arbeitszeit auf weniger als acht Stunden verkürzt ist, können Jugendliche an den übrigen Werktagen derselben Woche achteinhalb Stunden beschäftigt werden.

(3) In der Landwirtschaft dürfen Jugendliche über 16 Jahre während der Erntezeit nicht mehr als neun Stunden täglich und nicht mehr als 85 Stunden in der Doppelwoche beschäftigt werden.

§ 9 Berufsschule

(1) Der Arbeitgeber hat den Jugendlichen für die Teilnahme am Berufsschulunterricht freizustellen. Er darf den Jugendlichen nicht beschäftigen

1. vor einem vor 9 Uhr beginnenden Unterricht; dies gilt auch für Personen, die über 18 Jahre alt und noch berufsschulpflichtig sind,
2. an einem Berufsschultag mit mehr als fünf Unterrichtsstunden von mindestens je 45 Minuten, einmal in der Woche,
3. in Berufsschulwochen mit einem planmäßigen Blockunterricht von mindestens 25 Stunden an mindestens fünf Tagen; zusätzliche betriebliche Ausbildungsveranstaltungen bis zu zwei Stunden wöchentlich sind zulässig.

(2) Auf die Arbeitszeit werden angerechnet

1. Berufsschultage nach Absatz 1 Nr. 2 mit acht Stunden,
2. Berufsschulwochen nach Absatz 1 Nr. 3 mit 40 Stunden,
3. im übrigen die Unterrichtszeit einschließlich der Pausen.

(3) Ein Entgeltausfall darf durch den Besuch der Berufsschule nicht eintreten.

(4) (weggefallen)

§ 10 Prüfungen und außerbetriebliche Ausbildungsmaßnahmen

(1) Der Arbeitgeber hat den Jugendlichen

1. für die Teilnahme an Prüfungen und Ausbildungsmaßnahmen, die auf Grund öffentlich-rechtlicher oder vertraglicher Bestimmungen außerhalb der Ausbildungsstätte durchzuführen sind,
2. an dem Arbeitstag, der der schriftlichen Abschlußprüfung unmittelbar vorangeht, freizustellen.

(2) Auf die Arbeitszeit werden angerechnet

1. die Freistellung nach Absatz 1 Nr. 1 mit der Zeit der Teilnahme einschließlich der Pausen,
2. die Freistellung nach Absatz 1 Nr. 2 mit acht Stunden.

Ein Entgeltausfall darf nicht eintreten.

§ 11 Ruhepausen, Aufenthaltsräume

(1) Jugendlichen müssen im voraus feststehende Ruhepausen von angemessener Dauer gewährt werden. Die Ruhepausen müssen mindestens betragen

1. 30 Minuten bei einer Arbeitszeit von mehr als viereinhalb bis zu sechs Stunden,
2. 60 Minuten bei einer Arbeitszeit von mehr als sechs Stunden.

Als Ruhepause gilt nur eine Arbeitsunterbrechung von mindestens 15 Minuten.

(2) Die Ruhepausen müssen in angemessener zeitlicher Lage gewährt werden, frühestens eine Stunde nach Beginn und spätestens eine Stunde vor Ende der Arbeitszeit. Länger als viereinhalb Stunden hintereinander dürfen Jugendliche nicht ohne Ruhepause beschäftigt werden.

(3) Der Aufenthalt während der Ruhepausen in Arbeitsräumen darf den Jugendlichen nur gestattet werden, wenn die Arbeit in diesen Räumen während dieser Zeit eingestellt ist und auch sonst die notwendige Erholung nicht beeinträchtigt wird.

(4) Absatz 3 gilt nicht für den Bergbau unter Tage.

§ 12 Schichtzeit

Bei der Beschäftigung Jugendlicher darf die Schichtzeit (§ 4 Abs. 2) 10 Stunden, im Bergbau unter Tage 8 Stunden, im Gaststättengewerbe, in der Landwirtschaft, in der Tierhaltung, auf Bau- und Montagestellen 11 Stunden nicht überschreiten.

§ 13 Tägliche Freizeit

Nach Beendigung der täglichen Arbeitszeit dürfen Jugendliche nicht vor Ablauf einer ununterbrochenen Freizeit von mindestens 12 Stunden beschäftigt werden.

§ 14 Nachtruhe

(1) Jugendliche dürfen nur in der Zeit von 6 bis 20 Uhr beschäftigt werden.

(2) Jugendliche über 16 Jahre dürfen

1. im Gaststätten- und Schaustellergewerbe bis 22 Uhr,

2. in mehrschichtigen Betrieben bis 23 Uhr,
3. in der Landwirtschaft ab 5 Uhr oder bis 21 Uhr,
4. in Bäckereien und Konditoreien ab 5 Uhr

beschäftigt werden.

(3) Jugendliche über 17 Jahre dürfen in Bäckereien ab 4 Uhr beschäftigt werden.

(4) An dem einem Berufsschultag unmittelbar vorangehenden Tag dürfen Jugendliche auch nach Absatz 2 Nr. 1 bis 3 nicht nach 20 Uhr beschäftigt werden, wenn der Berufsschulunterricht am Berufsschultag vor 9 Uhr beginnt.

(5) Nach vorheriger Anzeige an die Aufsichtsbehörde dürfen in Betrieben, in denen die übliche Arbeitszeit aus verkehrstechnischen Gründen nach 20 Uhr endet, Jugendliche bis 21 Uhr beschäftigt werden, soweit sie hierdurch unnötige Wartezeiten vermeiden können. Nach vorheriger Anzeige an die Aufsichtsbehörde dürfen ferner in mehrschichtigen Betrieben Jugendliche über 16 Jahre ab 5.30 Uhr oder bis 23.30 Uhr beschäftigt werden, soweit sie hierdurch unnötige Wartezeiten vermeiden können.

(6) Jugendliche dürfen in Betrieben, in denen die Beschäftigten in außergewöhnlichem Grade der Einwirkung von Hitze ausgesetzt sind, in der warmen Jahreszeit ab 5 Uhr beschäftigt werden. Die Jugendlichen sind berechtigt, sich vor Beginn der Beschäftigung und danach in regelmäßigen Zeitabständen arbeitsmedizinisch untersuchen zu lassen. Die Kosten der Untersuchungen hat der Arbeitgeber zu tragen, sofern er diese nicht kostenlos durch einen Betriebsarzt oder einen überbetrieblichen Dienst von Betriebsärzten anbietet.

(7) Jugendliche dürfen bei Musikaufführungen, Theatervorstellungen und anderen Aufführungen, bei Aufnahmen im Rundfunk (Hörfunk und Fernsehen), auf Ton- und Bildträger sowie bei Film- und Fotoaufnahmen bis 23 Uhr gestaltend mitwirken. Eine Mitwirkung ist nicht zulässig bei Veranstaltungen, Schaustellungen oder Darbietungen, bei denen die Anwesenheit Jugendlicher nach den Vorschriften des Jugendschutzgesetzes verboten ist. Nach Beendigung der Tätigkeit dürfen Jugendliche nicht vor Ablauf einer ununterbrochenen Freizeit von mindestens 14 Stunden beschäftigt werden.

§ 15 Fünf-Tage-Woche

Jugendliche dürfen nur an fünf Tagen in der Woche beschäftigt werden. Die beiden wöchentlichen Ruhetage sollen nach Möglichkeit aufeinander folgen.

§ 16 Samstagsruhe

(1) An Samstagen dürfen Jugendliche nicht beschäftigt werden.

(2) Zulässig ist die Beschäftigung Jugendlicher an Samstagen nur

1. in Krankenanstalten sowie in Alten-, Pflege- und Kinderheimen,
2. in offenen Verkaufsstellen, in Betrieben mit offenen Verkaufsstellen, in Bäckereien und Konditoreien, im Friseurhandwerk und im Marktverkehr,
3. im Verkehrswesen,
4. in der Landwirtschaft und Tierhaltung,
5. im Familienhaushalt,
6. im Gaststätten- und Schaustellergewerbe,
7. bei Musikaufführungen, Theatervorstellungen und anderen Aufführungen, bei Aufnahmen im Rundfunk (Hörfunk und Fernsehen), auf Ton- und Bildträger sowie bei Film- und Fotoaufnahmen,
8. bei außerbetrieblichen Ausbildungsmaßnahmen,
9. beim Sport,
10. im ärztlichen Notdienst,
11. in Reparaturwerkstätten für Kraftfahrzeuge.

Mindestens zwei Samstage im Monat sollen beschäftigungsfrei bleiben.

(3) Werden Jugendliche am Samstag beschäftigt, ist ihnen die Fünf-Tage-Woche (§ 15) durch Freistellung an einem anderen berufsschulfreien Arbeitstag derselben Woche sicherzustellen. In Betrieben mit einem Betriebsruhetag in der Woche kann die Freistellung auch an diesem Tag erfolgen, wenn die Jugendlichen an diesem Tag keinen Berufsschulunterricht haben.

(4) Können Jugendliche in den Fällen des Absatzes 2 Nr. 2 am Samstag nicht acht Stunden beschäftigt werden, kann der Unterschied zwischen der tatsächlichen und der nach § 8 Abs. 1 höchstzulässigen Arbeitszeit an dem Tag bis 13 Uhr ausgeglichen werden, an dem die Jugendlichen nach Absatz 3 Satz 1 freizustellen sind.

§ 17 Sonntagsruhe

(1) An Sonntagen dürfen Jugendliche nicht beschäftigt werden.

(2) Zulässig ist die Beschäftigung Jugendlicher an Sonntagen nur

1. in Krankenanstalten sowie in Alten-, Pflege- und Kinderheimen,
2. in der Landwirtschaft und Tierhaltung mit Arbeiten, die auch an Sonn- und Feiertagen naturnotwendig vorgenommen werden müssen,

A

3. im Familienhaushalt, wenn der Jugendliche in die häusliche Gemeinschaft aufgenommen ist,
4. im Schaustellergewerbe,
5. bei Musikaufführungen, Theatervorstellungen und anderen Aufführungen sowie bei Direktsendungen im Rundfunk (Hörfunk und Fernsehen),
6. beim Sport,
7. im ärztlichen Notdienst,
8. im Gaststättengewerbe.

Jeder zweite Sonntag soll, mindestens zwei Sonntage im Monat müssen beschäftigungsfrei bleiben.

(3) Werden Jugendliche am Sonntag beschäftigt, ist ihnen die Fünf-Tage-Woche (§ 15) durch Freistellung an einem anderen berufsschulfreien Arbeitstag derselben Woche sicherzustellen. In Betrieben mit einem Betriebsruhetag in der Woche kann die Freistellung auch an diesem Tag erfolgen, wenn die Jugendlichen an diesem Tag keinen Berufsschulunterricht haben.

§ 18 Feiertagsruhe

(1) Am 24. und 31. Dezember nach 14 Uhr und an gesetzlichen Feiertagen dürfen Jugendliche nicht beschäftigt werden.

(2) Zulässig ist die Beschäftigung Jugendlicher an gesetzlichen Feiertagen in den Fällen des § 17 Abs. 2, ausgenommen am 25. Dezember, am 1. Januar, am ersten Osterfeiertag und am 1. Mai.

(3) Für die Beschäftigung an einem gesetzlichen Feiertag, der auf einem Werktag fällt, ist der Jugendliche an einem anderen berufsschulfreien Arbeitstag derselben oder der folgenden Woche freizustellen. In Betrieben mit einem Betriebsruhetag in der Woche kann die Freistellung auch an diesem Tag erfolgen, wenn die Jugendlichen an diesem Tag keinen Berufsschulunterricht haben.

§ 19 Urlaub

(1) Der Arbeitgeber hat Jugendlichen für jedes Kalenderjahr einen bezahlten Erholungsurlaub zu gewähren.

(2) Der Urlaub beträgt jährlich
1. mindestens 30 Werktage, wenn der Jugendliche zu Beginn des Kalenderjahrs noch nicht 16 Jahre alt ist,
2. mindestens 27 Werktage, wenn der Jugendliche zu Beginn des Kalenderjahrs noch nicht 17 Jahre alt ist,
3. mindestens 25 Werktage, wenn der Jugendliche zu Beginn des Kalenderjahrs noch nicht 18 Jahre alt ist.

Jugendliche, die im Bergbau unter Tage beschäftigt werden, erhalten in jeder Altersgruppe einen zusätzlichen Urlaub von drei Werktagen.

(3) Der Urlaub soll Berufsschülern in der Zeit der Berufsschulferien gegeben werden. Soweit er nicht in den Berufsschulferien gegeben wird, ist für jeden Berufsschultag, an dem die Berufsschule während des Urlaubs besucht wird, ein weiterer Urlaubstag zu gewähren.

(4) Im übrigen gelten für den Urlaub der Jugendlichen § 3 Abs. 2, §§ 4 bis 12 und § 13 Abs. 3 des Bundesurlaubsgesetzes. Der Auftraggeber oder Zwischenmeister hat jedoch abweichend von § 12 Nr. 1 des Bundesurlaubsgesetzes den jugendlichen Heimarbeitern für jedes Kalenderjahr einen bezahlten Erholungsurlaub entsprechend Absatz 2 zu gewähren; das Urlaubsentgelt der jugendlichen Heimarbeiter beträgt bei einem Urlaub von 30 Werktagen 11,6 vom Hundert, bei einem Urlaub von 27 Werktagen 10,3 vom Hundert und bei einem Urlaub von 25 Werktagen 9,5 vom Hundert.

§ 20 Binnenschifffahrt

In der Binnenschifffahrt gelten folgende Abweichungen:
1. Abweichend von § 12 darf die Schichtzeit Jugendlicher über 16 Jahre während der Fahrt bis auf 14 Stunden täglich ausgedehnt werden, wenn ihre Arbeitszeit sechs Stunden täglich nicht überschreitet. Ihre tägliche Freizeit kann abweichend von § 13 der Ausdehnung der Schichtzeit entsprechend bis auf 10 Stunden verkürzt werden.
2. Abweichend von § 14 Abs. 1 dürfen Jugendliche über 16 Jahre während der Fahrt bis 22 Uhr beschäftigt werden.
3. Abweichend von §§ 15, 16 Abs. 1, § 17 Abs. 1 und § 18 Abs. 1 dürfen Jugendliche an jedem Tag der Woche beschäftigt werden, jedoch nicht am 24. Dezember, an den Weihnachtsfeiertagen, am 31. Dezember, am 1. Januar, an den Osterfeiertagen und am 1. Mai. Für die Beschäftigung an einem Samstag, Sonntag und an einem gesetzlichen Feiertag, der auf einen Werktag fällt, ist ihnen je ein freier Tag zu gewähren. Diese freien Tage sind den Jugendlichen in Verbindung mit anderen freien Tagen zu gewähren, spätestens, wenn ihnen 10 freie Tage zustehen.

§ 21 Ausnahmen in besonderen Fällen

(1) Die §§ 8 und 11 bis 18 finden keine Anwendung auf die Beschäftigung Jugendlicher mit vorüberge-

henden und unaufschiebbaren Arbeiten in Notfällen, soweit erwachsene Beschäftigte nicht zur Verfügung stehen.
(2) Wird in den Fällen des Absatzes 1 über die Arbeitszeit des § 8 hinaus Mehrarbeit geleistet, so ist sie durch entsprechende Verkürzung der Arbeitszeit innerhalb der folgenden drei Wochen auszugleichen.

§ 21a Abweichende Regelungen

(1) In einem Tarifvertrag oder auf Grund eines Tarifvertrages in einer Betriebsvereinbarung kann zugelassen werden

1. abweichend von den §§ 8, 15, 16 Abs. 3 und 4, § 17 Abs. 3 und § 18 Abs. 3 die Arbeitszeit bis zu neun Stunden täglich, 44 Stunden wöchentlich und bis zu fünfeinhalb Tagen in der Woche anders zu verteilen, jedoch nur unter Einhaltung einer durchschnittlichen Wochenarbeitszeit von 40 Stunden in einem Ausgleichszeitraum von zwei Monaten,
2. abweichend von § 11 Abs. 1 Satz 2 Nr. 2 und Abs. 2 die Ruhepausen bis zu 15 Minuten zu kürzen und die Lage der Pausen anders zu bestimmen,
3. abweichend von § 12 die Schichtzeit mit Ausnahme des Bergbaus unter Tage bis zu einer Stunde täglich zu verlängern,
4. abweichend von § 16 Abs. 1 und 2 Jugendliche an 26 Samstagen im Jahr oder an jedem Samstag zu beschäftigen, wenn statt dessen der Jugendliche an einem anderen Werktag derselben Woche von der Beschäftigung freigestellt wird,
5. abweichend von den §§ 15, 16 Abs. 3 und 4, § 17 Abs. 3 und § 18 Abs. 3 Jugendliche bei einer Beschäftigung an einem Samstag oder an einem Sonn- oder Feiertag unter vier Stunden an einem anderen Arbeitstag derselben oder der folgenden Woche vor- oder nachmittags von der Beschäftigung freizustellen,
6. abweichend von § 17 Abs. 2 Satz 2 Jugendliche im Gaststätten- und Schaustellergewerbe sowie in der Landwirtschaft während der Saison oder der Erntezeit an drei Sonntagen im Monat zu beschäftigen.

(2) Im Geltungsbereich eines Tarifvertrages nach Absatz 1 kann die abweichende tarifvertragliche Regelung im Betrieb eines nicht tarifgebundenen Arbeitgebers durch Betriebsvereinbarung oder, wenn ein Betriebsrat nicht besteht, durch schriftliche Vereinbarung zwischen dem Arbeitgeber und dem Jugendlichen übernommen werden.
(3) Die Kirchen und die öffentlich-rechtlichen Religionsgesellschaften können die in Absatz 1 genannten Abweichungen in ihren Regelungen vorsehen.

§ 21b

Das Bundesministerium für Arbeit und Soziales kann im Interesse der Berufsausbildung oder der Zusammenarbeit von Jugendlichen und Erwachsenen durch Rechtsverordnung mit Zustimmung des Bundesrates Ausnahmen von den Vorschriften

1. des § 8, der §§ 11 und 12, der §§ 15 und 16, des § 17 Abs. 2 und 3 sowie des § 18 Abs. 3 im Rahmen des § 21a Abs. 1,
2. des § 14, jedoch nicht vor 5 Uhr und nicht nach 23 Uhr, sowie
3. des § 17 Abs. 1 und § 18 Abs. 1 an höchstens 26 Sonn- und Feiertagen im Jahr

zulassen, soweit eine Beeinträchtigung der Gesundheit oder der körperlichen oder seelisch-geistigen Entwicklung der Jugendlichen nicht zu befürchten ist.

Zweiter Titel
Beschäftigungsverbote und -beschränkungen

§ 22 Gefährliche Arbeiten

(1) Jugendliche dürfen nicht beschäftigt werden

1. mit Arbeiten, die ihre physische oder psychische Leistungsfähigkeit übersteigen,
2. mit Arbeiten, bei denen sie sittlichen Gefahren ausgesetzt sind,
3. mit Arbeiten, die mit Unfallgefahren verbunden sind, von denen anzunehmen ist, daß Jugendliche sie wegen mangelnden Sicherheitsbewußtseins oder mangelnder Erfahrung nicht erkennen oder nicht abwenden können,
4. mit Arbeiten, bei denen ihre Gesundheit durch außergewöhnliche Hitze oder Kälte oder starke Nässe gefährdet wird,
5. mit Arbeiten, bei denen sie schädlichen Einwirkungen von Lärm, Erschütterungen oder Strahlen ausgesetzt sind,
6. mit Arbeiten, bei denen sie schädlichen Einwirkungen von Gefahrstoffen im Sinne des Chemikaliengesetzes ausgesetzt sind,
7. mit Arbeiten, bei denen sie schädlichen Einwirkungen von biologischen Arbeitsstoffen im Sinne der Richtlinie 90/679/EWG des Rates

A

vom 26. November 1990 zum Schutze der Arbeitnehmer gegen Gefährdung durch biologische Arbeitsstoffe bei der Arbeit ausgesetzt sind.

(2) Absatz 1 Nr. 3 bis 7 gilt nicht für die Beschäftigung Jugendlicher, soweit
1. dies zur Erreichung ihres Ausbildungszieles erforderlich ist,
2. ihr Schutz durch die Aufsicht eines Fachkundigen gewährleistet ist und
3. der Luftgrenzwert bei gefährlichen Stoffen (Absatz 1 Nr. 6) unterschritten wird.

Satz 1 findet keine Anwendung auf den absichtlichen Umgang mit biologischen Arbeitsstoffen der Gruppen 3 und 4 im Sinne der Richtlinie 90/679/EWG des Rates vom 26. November 1990 zum Schutze der Arbeitnehmer gegen Gefährdung durch biologische Arbeitsstoffe bei der Arbeit.

(3) Werden Jugendliche in einem Betrieb beschäftigt, für den ein Betriebsarzt oder eine Fachkraft für Arbeitssicherheit verpflichtet ist, muß ihre betriebsärztliche oder sicherheitstechnische Betreuung sichergestellt sein.

§ 23 Akkordarbeit, tempoabhängige Arbeiten

(1) Jugendliche dürfen nicht beschäftigt werden
1. mit Akkordarbeit und sonstigen Arbeiten, bei denen durch ein gesteigertes Arbeitstempo ein höheres Entgelt erzielt werden kann,
2. in einer Arbeitsgruppe mit erwachsenen Arbeitnehmern, die mit Arbeiten nach Nummer 1 beschäftigt werden,
3. mit Arbeiten, bei denen ihr Arbeitstempo nicht nur gelegentlich vorgeschrieben, vorgegeben oder auf andere Weise erzwungen wird.

(2) Absatz 1 Nr. 2 gilt nicht für die Beschäftigung Jugendlicher,
1. soweit dies zur Erreichung ihres Ausbildungsziels erforderlich ist oder
2. wenn sie eine Berufsausbildung für diese Beschäftigung abgeschlossen haben

und ihr Schutz durch die Aufsicht eines Fachkundigen gewährleistet ist.

§ 24 Arbeiten unter Tage

(1) Jugendliche dürfen nicht mit Arbeiten unter Tage beschäftigt werden.

(2) Absatz 1 gilt nicht für die Beschäftigung Jugendlicher über 16 Jahre,
1. soweit dies zur Erreichung ihres Ausbildungsziels erforderlich ist,
2. wenn sie eine Berufsausbildung für die Beschäftigung unter Tage abgeschlossen haben oder
3. wenn sie an einer von der Bergbehörde genehmigten Ausbildungsmaßnahme für Bergjungarbeiter teilnehmen oder teilgenommen haben

und ihr Schutz durch die Aufsicht eines Fachkundigen gewährleistet ist.

§ 25 Verbot der Beschäftigung durch bestimmte Personen

(1) Personen, die
1. wegen eines Verbrechens zu einer Freiheitsstrafe von mindestens zwei Jahren,
2. wegen einer vorsätzlichen Straftat, die sie unter Verletzung der ihnen als Arbeitgeber, Ausbildender oder Ausbilder obliegenden Pflichten zum Nachteil von Kindern oder Jugendlichen begangen haben, zu einer Freiheitsstrafe von mehr als drei Monaten,
3. wegen einer Straftat nach den §§ 109h, 171, 174 bis 184g, 225, 232 bis 233a des Strafgesetzbuches,
4. wegen einer Straftat nach dem Betäubungsmittelgesetz oder
5. wegen einer Straftat nach dem Jugendschutzgesetz oder nach dem Gesetz über die Verbreitung jugendgefährdender Schriften wenigstens zweimal rechtskräftig verurteilt worden sind, dürfen Jugendliche nicht beschäftigen sowie im Rahmen eines Rechtsverhältnisses im Sinne des § 1 nicht beaufsichtigen, nicht anweisen, nicht ausbilden und nicht mit der Beaufsichtigung, Anweisung oder Ausbildung von Jugendlichen beauftragt werden. Eine Verurteilung bleibt außer Betracht, wenn seit dem Tag ihrer Rechtskraft fünf Jahre verstrichen sind. Die Zeit, in welcher der Täter auf behördliche Anordnung in einer Anstalt verwahrt worden ist, wird nicht eingerechnet.

(2) Das Verbot des Absatzes 1 Satz 1 gilt auch für Personen, gegen die wegen einer Ordnungswidrigkeit nach § 58 Abs. 1 bis 4 wenigstens dreimal eine Geldbuße rechtskräftig festgesetzt worden ist. Eine Geldbuße bleibt außer Betracht, wenn seit dem Tag ihrer rechtskräftigen Festsetzung fünf Jahre verstrichen sind.

(3) Das Verbot des Absatzes 1 und 2 gilt nicht für die Beschäftigung durch die Personensorgeberechtigten.

§ 26 Ermächtigungen

Das Bundesministerium für Arbeit und Soziales kann zum Schutz der Jugendlichen gegen Gefahren für Leben und Gesundheit sowie zur Vermeidung einer Beeinträchtigung der körperlichen oder seelisch-geistigen Entwicklung durch Rechtsverordnung mit Zustimmung des Bundesrates

1. die für Kinder, die der Vollzeitschulpflicht nicht mehr unterliegen, geeigneten und leichten Tätigkeiten nach § 7 Satz 1 Nr. 2 und die Arbeiten nach § 22 Abs. 1 und den §§ 23 und 24 näher bestimmen,
2. über die Beschäftigungsverbote in den §§ 22 bis 25 hinaus die Beschäftigung Jugendlicher in bestimmten Betriebsarten oder mit bestimmten Arbeiten verbieten oder beschränken, wenn sie bei diesen Arbeiten infolge ihres Entwicklungsstands in besonderem Maß Gefahren ausgesetzt sind oder wenn das Verbot oder die Beschränkung der Beschäftigung infolge der technischen Entwicklung oder neuer arbeitsmedizinischer oder sicherheitstechnischer Erkenntnisse notwendig ist.

§ 27 Behördliche Anordnungen und Ausnahmen

(1) Die Aufsichtsbehörde kann in Einzelfällen feststellen, ob eine Arbeit unter die Beschäftigungsverbote oder -beschränkungen der §§ 22 bis 24 oder einer Rechtsverordnung nach § 26 fällt. Sie kann in Einzelfällen die Beschäftigung Jugendlicher mit bestimmten Arbeiten über die Beschäftigungsverbote und -beschränkungen der §§ 22 bis 24 und einer Rechtsverordnung nach § 26 hinaus verbieten oder beschränken, wenn diese Arbeiten mit Gefahren für Leben, Gesundheit oder für die körperliche oder seelisch-geistige Entwicklung der Jugendlichen verbunden sind.

(2) Die zuständige Behörde kann

1. den Personen, die die Pflichten, die ihnen kraft Gesetzes zugunsten der von ihnen beschäftigten, beaufsichtigten, angewiesenen oder auszubildenden Kinder und Jugendlichen obliegen, wiederholt oder gröblich verletzt haben,
2. den Personen, gegen die Tatsachen vorliegen, die sie in sittlicher Beziehung zur Beschäftigung, Beaufsichtigung, Anweisung oder Ausbildung von Kindern und Jugendlichen ungeeignet erscheinen lassen, verbieten, Kinder und Jugendliche zu beschäftigen oder im Rahmen eines Rechtsverhältnisses im Sinne des § 1 zu beaufsichtigen, anzuweisen oder auszubilden.

(3) Die Aufsichtsbehörde kann auf Antrag Ausnahmen von § 23 Abs. 1 Nr. 2 und 3 für Jugendliche über 16 Jahre bewilligen,

1. wenn die Art der Arbeit oder das Arbeitstempo eine Beeinträchtigung der Gesundheit oder der körperlichen oder seelisch-geistigen Entwicklung des Jugendlichen nicht befürchten lassen und
2. wenn eine nicht länger als vor drei Monaten ausgestellte ärztliche Bescheinigung vorgelegt wird, nach der gesundheitliche Bedenken gegen die Beschäftigung nicht bestehen.

Dritter Titel
Sonstige Pflichten des Arbeitgebers

§ 28 Menschengerechte Gestaltung der Arbeit

(1) Der Arbeitgeber hat bei der Einrichtung und der Unterhaltung der Arbeitsstätte einschließlich der Maschinen, Werkzeuge und Geräte und bei der Regelung der Beschäftigung die Vorkehrungen und Maßnahmen zu treffen, die zum Schutz der Jugendlichen gegen Gefahren für Leben und Gesundheit sowie zur Vermeidung einer Beeinträchtigung der körperlichen oder seelisch-geistigen Entwicklung der Jugendlichen erforderlich sind. Hierbei sind das mangelnde Sicherheitsbewußtsein, die mangelnde Erfahrung und der Entwicklungsstand der Jugendlichen zu berücksichtigen und die allgemein anerkannten sicherheitstechnischen und arbeitsmedizinischen Regeln sowie die sonstigen gesicherten arbeitswissenschaftlichen Erkenntnisse zu beachten.

(2) Das Bundesministerium für Arbeit und Soziales kann durch Rechtsverordnung mit Zustimmung des Bundesrates bestimmen, welche Vorkehrungen und Maßnahmen der Arbeitgeber zur Erfüllung der sich aus Absatz 1 ergebenden Pflichten zu treffen hat.

(3) Die Aufsichtsbehörde kann in Einzelfällen anordnen, welche Vorkehrungen und Maßnahmen zur Durchführung des Absatzes 1 oder einer vom Bundesministerium für Arbeit und Soziales gemäß Absatz 2 erlassenen Verordnung zu treffen sind.

§ 28a Beurteilung der Arbeitsbedingungen

Vor Beginn der Beschäftigung Jugendlicher und bei wesentlicher Änderung der Arbeitsbedingungen hat der Arbeitgeber die mit der Beschäftigung verbundenen Gefährdungen Jugendlicher zu beurteilen. Im übrigen gelten die Vorschriften des Arbeitsschutzgesetzes.

§ 29 Unterweisung über Gefahren

(1) Der Arbeitgeber hat die Jugendlichen vor Beginn der Beschäftigung und bei wesentlicher Änderung der Arbeitsbedingungen über die Unfall- und Gesundheitsgefahren, denen sie bei der

Beschäftigung ausgesetzt sind, sowie über die Einrichtungen und Maßnahmen zur Abwendung dieser Gefahren zu unterweisen. Er hat die Jugendlichen vor der erstmaligen Beschäftigung an Maschinen oder gefährlichen Arbeitsstellen oder mit Arbeiten, bei denen sie mit gesundheitsgefährdenden Stoffen in Berührung kommen, über die besonderen Gefahren dieser Arbeiten sowie über das bei ihrer Verrichtung erforderliche Verhalten zu unterweisen.
(2) Die Unterweisungen sind in angemessenen Zeitabständen, mindestens aber halbjährlich, zu wiederholen.
(3) Der Arbeitgeber beteiligt die Betriebsärzte und die Fachkräfte für Arbeitssicherheit an der Planung, Durchführung und Überwachung der für die Sicherheit und den Gesundheitsschutz bei der Beschäftigung Jugendlicher geltenden Vorschriften.

§ 30 Häusliche Gemeinschaft
(1) Hat der Arbeitgeber einen Jugendlichen in die häusliche Gemeinschaft aufgenommen, so muß er
1. ihm eine Unterkunft zur Verfügung stellen und dafür sorgen, daß sie so beschaffen, ausgestattet und belegt ist und so benutzt wird, daß die Gesundheit des Jugendlichen nicht beeinträchtigt wird, und
2. ihm bei einer Erkrankung, jedoch nicht über die Beendigung der Beschäftigung hinaus, die erforderliche Pflege und ärztliche Behandlung zuteil werden lassen, soweit diese nicht von einem Sozialversicherungsträger geleistet wird.

(2) Die Aufsichtsbehörde kann im Einzelfall anordnen, welchen Anforderungen die Unterkunft (Absatz 1 Nr. 1) und die Pflege bei Erkrankungen (Absatz 1 Nr. 2) genügen müssen.

§ 31 Züchtigungsverbot, Verbot der Abgabe von Alkohol und Tabak
(1) Wer Jugendliche beschäftigt oder im Rahmen eines Rechtsverhältnisses im Sinne des § 1 beaufsichtigt, anweist oder ausbildet, darf sie nicht körperlich züchtigen.
(2) Wer Jugendliche beschäftigt, muß sie vor körperlicher Züchtigung und Mißhandlung und vor sittlicher Gefährdung durch andere bei ihm Beschäftigte und durch Mitglieder seines Haushalts an der Arbeitsstätte und in seinem Haus schützen. Er darf Jugendlichen keine Tabakwaren, Jugendlichen unter 16 Jahren keine alkoholischen Getränke und Jugendlichen über 16 Jahre keinen Branntwein geben.

Vierter Titel
Gesundheitliche Betreuung

§ 32 Erstuntersuchung
(1) Ein Jugendlicher, der in das Berufsleben eintritt, darf nur beschäftigt werden, wenn
1. er innerhalb der letzten vierzehn Monate von einem Arzt untersucht worden ist (Erstuntersuchung) und
2. dem Arbeitgeber eine von diesem Arzt ausgestellte Bescheinigung vorliegt.

(2) Absatz 1 gilt nicht für eine nur geringfügige oder eine nicht länger als zwei Monate dauernde Beschäftigung mit leichten Arbeiten, von denen keine gesundheitlichen Nachteile für den Jugendlichen zu befürchten sind.

§ 33 Erste Nachuntersuchung
(1) Ein Jahr nach Aufnahme der ersten Beschäftigung hat sich der Arbeitgeber die Bescheinigung eines Arztes darüber vorlegen zu lassen, daß der Jugendliche nachuntersucht worden ist (erste Nachuntersuchung). Die Nachuntersuchung darf nicht länger als drei Monate zurückliegen. Der Arbeitgeber soll den Jugendlichen neun Monate nach Aufnahme der ersten Beschäftigung nachdrücklich auf den Zeitpunkt, bis zu dem der Jugendliche ihm die ärztliche Bescheinigung nach Satz 1 vorzulegen hat, hinweisen und ihn auffordern, die Nachuntersuchung bis dahin durchführen zu lassen.
(2) Legt der Jugendliche die Bescheinigung nicht nach Ablauf eines Jahres vor, hat ihn der Arbeitgeber innerhalb eines Monats unter Hinweis auf das Beschäftigungsverbot nach Absatz 3 schriftlich aufzufordern, ihm die Bescheinigung vorzulegen. Je eine Durchschrift des Aufforderungsschreibens hat der Arbeitgeber dem Personensorgeberechtigten und dem Betriebs- oder Personalrat zuzusenden.
(3) Der Jugendliche darf nach Ablauf von 14 Monaten nach Aufnahme der ersten Beschäftigung nicht weiterbeschäftigt werden, solange er die Bescheinigung nicht vorgelegt hat.

§ 34 Weitere Nachuntersuchungen
Nach Ablauf jedes weiteren Jahres nach der ersten Nachuntersuchung kann sich der Jugendliche erneut

nachuntersuchen lassen (weitere Nachuntersuchungen). Der Arbeitgeber soll ihn auf diese Möglichkeit rechtzeitig hinweisen und darauf hinwirken, daß der Jugendliche ihm die Bescheinigung über die weitere Nachuntersuchung vorlegt.

§ 35 Außerordentliche Nachuntersuchung

(1) Der Arzt soll eine außerordentliche Nachuntersuchung anordnen, wenn eine Untersuchung ergibt, daß
1. ein Jugendlicher hinter dem seinem Alter entsprechenden Entwicklungsstand zurückgeblieben ist,
2. gesundheitliche Schwächen oder Schäden vorhanden sind,
3. die Auswirkungen der Beschäftigung auf die Gesundheit oder Entwicklung des Jugendlichen noch nicht zu übersehen sind.

(2) Die in § 33 Abs. 1 festgelegten Fristen werden durch die Anordnung einer außerordentlichen Nachuntersuchung nicht berührt.

§ 36 Ärztliche Untersuchungen und Wechsel des Arbeitgebers

Wechselt der Jugendliche den Arbeitgeber, so darf ihn der neue Arbeitgeber erst beschäftigen, wenn ihm die Bescheinigung über die Erstuntersuchung (§ 32 Abs. 1) und, falls seit der Aufnahme der Beschäftigung ein Jahr vergangen ist, die Bescheinigung über die erste Nachuntersuchung (§ 33) vorliegen.

§ 37 Inhalt und Durchführung der ärztlichen Untersuchungen

(1) Die ärztlichen Untersuchungen haben sich auf den Gesundheits- und Entwicklungsstand und die körperliche Beschaffenheit, die Nachuntersuchungen außerdem auf die Auswirkungen der Beschäftigung auf Gesundheit und Entwicklung des Jugendlichen zu erstrecken.

(2) Der Arzt hat unter Berücksichtigung der Krankheitsvorgeschichte des Jugendlichen auf Grund der Untersuchungen zu beurteilen,
1. ob die Gesundheit oder die Entwicklung des Jugendlichen durch die Ausführung bestimmter Arbeiten oder durch die Beschäftigung während bestimmter Zeiten gefährdet wird,
2. ob besondere der Gesundheit dienende Maßnahmen erforderlich sind,
3. ob eine außerordentliche Nachuntersuchung (§ 35 Abs. 1) erforderlich ist.

(3) Der Arzt hat schriftlich festzuhalten:
1. den Untersuchungsbefund,
2. die Arbeiten, durch deren Ausführung er die Gesundheit oder die Entwicklung des Jugendlichen für gefährdet hält,
3. die besonderen der Gesundheit dienenden Maßnahmen,
4. die Anordnung einer außerordentlichen Nachuntersuchung (§ 35 Abs. 1).

§ 38 Ergänzungsuntersuchung

Kann der Arzt den Gesundheits- und Entwicklungsstand des Jugendlichen nur beurteilen, wenn das Ergebnis einer Ergänzungsuntersuchung durch einen anderen Arzt oder einen Zahnarzt vorliegt, so hat er die Ergänzungsuntersuchung zu veranlassen und ihre Notwendigkeit schriftlich zu begründen.

§ 39 Mitteilung, Bescheinigung

(1) Der Arzt hat dem Personensorgeberechtigten schriftlich mitzuteilen:
1. das wesentliche Ergebnis der Untersuchung,
2. die Arbeiten, durch deren Ausführung er die Gesundheit oder die Entwicklung des Jugendlichen für gefährdet hält,
3. die besonderen der Gesundheit dienenden Maßnahmen,
4. die Anordnung einer außerordentlichen Nachuntersuchung (§ 35 Abs. 1).

(2) Der Arzt hat eine für den Arbeitgeber bestimmte Bescheinigung darüber auszustellen, daß die Untersuchung stattgefunden hat und darin die Arbeiten zu vermerken, durch deren Ausführung er die Gesundheit oder die Entwicklung des Jugendlichen für gefährdet hält.

§ 40 Bescheinigung mit Gefährdungsvermerk

(1) Enthält die Bescheinigung des Arztes (§ 39 Abs. 2) einen Vermerk über Arbeiten, durch deren Ausführung er die Gesundheit oder die Entwicklung des Jugendlichen für gefährdet hält, so darf der Jugendliche mit solchen Arbeiten nicht beschäftigt werden.

(2) Die Aufsichtsbehörde kann die Beschäftigung des Jugendlichen mit den in der Bescheinigung des Arztes (§ 39 Abs. 2) vermerkten Arbeiten im Einvernehmen mit einem Arzt zulassen und die Zulassung mit Auflagen verbinden.

A

§ 41 Aufbewahren der ärztlichen Bescheinigungen

(1) Der Arbeitgeber hat die ärztlichen Bescheinigungen bis zur Beendigung der Beschäftigung, längstens jedoch bis zur Vollendung des 18. Lebensjahrs des Jugendlichen aufzubewahren und der Aufsichtsbehörde sowie der Berufsgenossenschaft auf Verlangen zur Einsicht vorzulegen oder einzusenden.

(2) Scheidet der Jugendliche aus dem Beschäftigungsverhältnis aus, so hat ihm der Arbeitgeber die Bescheinigungen auszuhändigen.

§ 42 Eingreifen der Aufsichtsbehörde

Die Aufsichtsbehörde hat, wenn die dem Jugendlichen übertragenen Arbeiten Gefahren für seine Gesundheit befürchten lassen, dies dem Personensorgeberechtigten und dem Arbeitgeber mitzuteilen und den Jugendlichen aufzufordern, sich durch einen von ihr ermächtigten Arzt untersuchen zu lassen.

§ 43 Freistellung für Untersuchungen

Der Arbeitgeber hat den Jugendlichen für die Durchführung der ärztlichen Untersuchungen nach diesem Abschnitt freizustellen. Ein Entgeltausfall darf hierdurch nicht eintreten.

§ 44 Kosten der Untersuchungen

Die Kosten der Untersuchungen trägt das Land.

§ 45 Gegenseitige Unterrichtung der Ärzte

(1) Die Ärzte, die Untersuchungen nach diesem Abschnitt vorgenommen haben, müssen, wenn der Personensorgeberechtigte und der Jugendliche damit einverstanden sind,

1. dem staatlichen Gewerbearzt,
2. dem Arzt, der einen Jugendlichen nach diesem Abschnitt nachuntersucht, auf Verlangen die Aufzeichnungen über die Untersuchungsbefunde zur Einsicht aushändigen.

(2) Unter den Voraussetzungen des Absatzes 1 kann der Amtsarzt des Gesundheitsamts einem Arzt, der einen Jugendlichen nach diesem Abschnitt untersucht, Einsicht in andere in seiner Dienststelle vorhandene Unterlagen über Gesundheit und Entwicklung des Jugendlichen gewähren.

§ 46 Ermächtigungen

(1) Das Bundesministerium für Arbeit und Soziales kann zum Zweck einer gleichmäßigen und wirksamen gesundheitlichen Betreuung durch Rechtsverordnung mit Zustimmung des Bundesrates Vorschriften über die Durchführung der ärztlichen Untersuchungen und über die für die Aufzeichnungen der Untersuchungsbefunde, die Bescheinigungen und Mitteilungen zu verwendenden Vordrucke erlassen.

(2) Die Landesregierung kann durch Rechtsverordnung

1. zur Vermeidung von mehreren Untersuchungen innerhalb eines kurzen Zeitraums aus verschiedenen Anlässen bestimmen, daß die Untersuchungen nach den §§ 32 bis 34 zusammen mit Untersuchungen nach anderen Vorschriften durchzuführen sind, und hierbei von der Frist des § 32 Abs. 1 Nr. 1 bis zu drei Monaten abweichen,
2. zur Vereinfachung der Abrechnung
   a) Pauschbeträge für die Kosten der ärztlichen Untersuchungen im Rahmen der geltenden Gebührenordnungen festsetzen,
   b) Vorschriften über die Erstattung der Kosten beim Zusammentreffen mehrerer Untersuchungen nach Nummer 1 erlassen

[...]

Fünfter Abschnitt
Straf- und Bußgeldvorschriften

§ 58 Bußgeld- und Strafvorschriften

(1) Ordnungswidrig handelt, wer als Arbeitgeber vorsätzlich oder fahrlässig

1. entgegen § 5 Abs. 1, auch in Verbindung mit § 2 Abs. 3, ein Kind oder einen Jugendlichen, der der Vollzeitschulpflicht unterliegt, beschäftigt,
2. entgegen § 5 Abs. 3 Satz 1 oder Satz 3, jeweils auch in Verbindung mit § 2 Abs. 3, ein Kind über 13 Jahre oder einen Jugendlichen, der der Vollzeitschulpflicht unterliegt, in anderer als der zugelassenen Weise beschäftigt,
3. (weggefallen)
4. entgegen § 7 Satz 1 Nr. 2, auch in Verbindung mit einer Rechtsverordnung nach § 26 Nr. 1, ein Kind, das der Vollzeitschulpflicht nicht mehr unterliegt, in anderer als der zugelassenen Weise beschäftigt,
5. entgegen § 8 einen Jugendlichen über die zulässige Dauer der Arbeitszeit hinaus beschäftigt,
6. entgegen § 9 Abs. 1 oder 4 in Verbindung mit Absatz 1 eine dort bezeichnete Person an Berufsschultagen oder in Berufsschulwochen nicht freistellt,

7. entgegen § 10 Abs. 1 einen Jugendlichen für die Teilnahme an Prüfungen oder Ausbildungsmaßnahmen oder an dem Arbeitstag, der der schriftlichen Abschlußprüfung unmittelbar vorangeht, nicht freistellt,
8. entgegen § 11 Abs. 1 oder 2 Ruhepausen nicht, nicht mit der vorgeschriebenen Mindestdauer oder nicht in der vorgeschriebenen zeitlichen Lage gewährt,
9. entgegen § 12 einen Jugendlichen über die zulässige Schichtzeit hinaus beschäftigt,
10. entgegen § 13 die Mindestfreizeit nicht gewährt,
11. entgegen § 14 Abs. 1 einen Jugendlichen außerhalb der Zeit von 6 bis 20 Uhr oder entgegen § 14 Abs. 7 Satz 3 vor Ablauf der Mindestfreizeit beschäftigt,
12. entgegen § 15 einen Jugendlichen an mehr als fünf Tagen in der Woche beschäftigt,
13. entgegen § 16 Abs. 1 einen Jugendlichen an Samstagen beschäftigt oder entgegen § 16 Abs. 3 Satz 1 den Jugendlichen nicht freistellt,
14. entgegen § 17 Abs. 1 einen Jugendlichen an Sonntagen beschäftigt oder entgegen § 17 Abs. 2 Satz 2 Halbsatz 2 oder Abs. 3 Satz 1 den Jugendlichen nicht freistellt,
15. entgegen § 18 Abs. 1 einen Jugendlichen am 24. oder 31. Dezember nach 14 Uhr oder an gesetzlichen Feiertagen beschäftigt oder entgegen § 18 Abs. 3 nicht freistellt,
16. entgegen § 19 Abs. 1, auch in Verbindung mit Abs. 2 Satz 1 oder 2, oder entgegen § 19 Abs. 3 Satz 2 oder Abs. 4 Satz 2 Urlaub nicht oder nicht mit der vorgeschriebenen Dauer gewährt,
17. entgegen § 21 Abs. 2 die geleistete Mehrarbeit durch Verkürzung der Arbeitszeit nicht ausgleicht,
18. entgegen § 22 Abs. 1, auch in Verbindung mit einer Rechtsverordnung nach § 26 Nr. 1, einen Jugendlichen mit den dort genannten Arbeiten beschäftigt,
19. entgegen § 23 Abs. 1, auch in Verbindung mit einer Rechtsverordnung nach § 26 Nr. 1, einen Jugendlichen mit Arbeiten mit Lohnanreiz, in einer Arbeitsgruppe mit Erwachsenen, deren Entgelt vom Ergebnis ihrer Arbeit abhängt, oder mit tempoabhängigen Arbeiten beschäftigt,
20. entgegen § 24 Abs. 1, auch in Verbindung mit einer Rechtsverordnung nach § 26 Nr. 1, einen Jugendlichen mit Arbeiten unter Tage beschäftigt,
21. entgegen § 31 Abs. 2 Satz 2 einem Jugendlichen für seine Altersstufe nicht zulässige Getränke oder Tabakwaren gibt,
22. entgegen § 32 Abs. 1 einen Jugendlichen ohne ärztliche Bescheinigung über die Erstuntersuchung beschäftigt,
23. entgegen § 33 Abs. 3 einen Jugendlichen ohne ärztliche Bescheinigung über die erste Nachuntersuchung weiterbeschäftigt,
24. entgegen § 36 einen Jugendlichen ohne Vorlage der erforderlichen ärztlichen Bescheinigungen beschäftigt,
25. entgegen § 40 Abs. 1 einen Jugendlichen mit Arbeiten beschäftigt, durch deren Ausführung der Arzt nach der von ihm erteilten Bescheinigung die Gesundheit oder die Entwicklung des Jugendlichen für gefährdet hält,
26. einer Rechtsverordnung nach
    a) § 26 Nr. 2 oder
    b) § 28 Abs. 2

    zuwiderhandelt, soweit sie für einen bestimmten Tatbestand auf diese Bußgeldvorschrift verweist,
27. einer vollziehbaren Anordnung der Aufsichtsbehörde nach § 6 Abs. 3, § 27 Abs. 1 Satz 2 oder Abs. 2, § 28 Abs. 3 oder § 30 Abs. 2 zuwiderhandelt,
28. einer vollziehbaren Auflage der Aufsichtsbehörde nach § 6 Abs. 1, § 14 Abs. 7, § 27 Abs. 3 oder § 40 Abs. 2, jeweils in Verbindung mit § 54 Abs. 1, zuwiderhandelt,
29. einer vollziehbaren Anordnung oder Auflage der Aufsichtsbehörde auf Grund einer Rechtsverordnung nach § 26 Nr. 2 oder § 28 Abs. 2 zuwiderhandelt, soweit die Rechtsverordnung für einen bestimmten Tatbestand auf die Bußgeldvorschrift verweist.

(2) Ordnungswidrig handelt, wer vorsätzlich oder fahrlässig entgegen § 25 Abs. 1 Satz 1 oder Abs. 2 Satz 1 einen Jugendlichen beschäftigt, beaufsichtigt, anweist oder ausbildet, obwohl ihm dies verboten ist, oder einen anderen, dem dies verboten ist, mit der Beaufsichtigung, Anweisung oder Ausbildung eines Jugendlichen beauftragt.

(3) Absatz 1 Nr. 4, 6 bis 29 und Absatz 2 gelten auch für die Beschäftigung von Kindern (§ 2 Abs. 1) oder Jugendlichen, die der Vollzeitschulpflicht unterliegen (§ 2 Abs. 3), nach § 5 Abs. 2 Absatz 1 Nr. 6 bis 29 und Absatz 2 gelten auch für die Beschäftigung von Kindern, die der Vollzeitschulpflicht nicht mehr unterliegen, nach § 7.

(4) Die Ordnungswidrigkeit kann mit einer Geldbuße bis zu fünfzehntausend Euro geahndet werden.

A

(5) Wer vorsätzlich eine in Absatz 1, 2 oder 3 bezeichnete Handlung begeht und dadurch ein Kind, einen Jugendlichen oder im Fall des Absatzes 1 Nr. 6 eine Person, die noch nicht 21 Jahre alt ist, in ihrer Gesundheit oder Arbeitskraft gefährdet, wird mit Freiheitsstrafe bis zu einem Jahr oder mit Geldstrafe bestraft. Ebenso wird bestraft, wer eine in Absatz 1, 2 oder 3 bezeichnete Handlung beharrlich wiederholt.

(6) Wer in den Fällen des Absatzes 5 Satz 1 die Gefahr fahrlässig verursacht, wird mit Freiheitsstrafe bis zu sechs Monaten oder mit Geldstrafe bis zu einhundertachtzig Tagessätzen bestraft.

§ 59 Bußgeldvorschriften

(1) Ordnungswidrig handelt, wer als Arbeitgeber vorsätzlich oder fahrlässig

1. entgegen § 6 Abs. 4 Satz 2 ein Kind vor Erhalt des Bewilligungsbescheids beschäftigt,
2. entgegen § 11 Abs. 3 den Aufenthalt in Arbeitsräumen gestattet,
3. entgegen § 29 einen Jugendlichen über Gefahren nicht, nicht richtig oder nicht rechtzeitig unterweist,
4. entgegen § 33 Abs. 2 Satz 1 einen Jugendlichen nicht oder nicht rechtzeitig zur Vorlage einer ärztlichen Bescheinigung auffordert,
5. entgegen § 41 die ärztliche Bescheinigung nicht aufbewahrt, vorlegt, einsendet oder aushändigt,
6. entgegen § 43 Satz 1 einen Jugendlichen für ärztliche Untersuchungen nicht freistellt,
7. entgegen § 47 einen Abdruck des Gesetzes oder die Anschrift der zuständigen Aufsichtsbehörde nicht auslegt oder aushängt,
8. entgegen § 48 Arbeitszeit und Pausen nicht oder nicht in der vorgeschriebenen Weise aushängt,
9. entgegen § 49 ein Verzeichnis nicht oder nicht in der vorgeschriebenen Weise führt,
10. entgegen § 50 Abs. 1 Angaben nicht, nicht richtig oder nicht vollständig macht oder Verzeichnisse oder Unterlagen nicht vorlegt oder einsendet oder entgegen § 50 Abs. 2 Verzeichnisse oder Unterlagen nicht oder nicht vorschriftsmäßig aufbewahrt,
11. entgegen § 51 Abs. 2 Satz 2 das Betreten oder Besichtigen der Arbeitsstätten nicht gestattet,
12. entgegen § 54 Abs. 3 einen Aushang nicht anbringt.

(2) Absatz 1 Nr. 2 bis 6 gilt auch für die Beschäftigung von Kindern (§ 2 Abs. 1 und 3) nach § 5 Abs. 2 Satz 1.

(3) Die Ordnungswidrigkeit kann mit einer Geldbuße bis zu zweitausendfünfhundert Euro geahndet werden.

[...]

Betriebsverfassungsgesetz (BetrVG) – Auszug

Vom 15. Januar 1972, zuletzt geändert am 21. Februar 2017

Erster Teil
Allgemeine Vorschriften

§ 1 Errichtung von Betriebsräten

(1) In Betrieben mit in der Regel mindestens fünf ständigen wahlberechtigten Arbeitnehmern, von denen drei wählbar sind, werden Betriebsräte gewählt. Dies gilt auch für gemeinsame Betriebe mehrerer Unternehmen.

(2) Ein gemeinsamer Betrieb mehrerer Unternehmen wird vermutet, wenn

1. zur Verfolgung arbeitstechnischer Zwecke die Betriebsmittel sowie die Arbeitnehmer von den Unternehmen gemeinsam eingesetzt werden oder
2. die Spaltung eines Unternehmens zur Folge hat, dass von einem Betrieb ein oder mehrere Betriebsteile einem an der Spaltung beteiligten anderen Unternehmen zugeordnet werden, ohne dass sich dabei die Organisation des betroffenen Betriebs wesentlich ändert.

§ 2 Stellung der Gewerkschaften und Vereinigungen der Arbeitgeber

(1) Arbeitgeber und Betriebsrat arbeiten unter Beachtung der geltenden Tarifverträge vertrauensvoll und im Zusammenwirken mit den im Betrieb vertretenen Gewerkschaften und Arbeitgebervereinigungen zum Wohl der Arbeitnehmer und des Betriebs zusammen.

(2) Zur Wahrnehmung der in diesem Gesetz genannten Aufgaben und Befugnisse der im Betrieb vertretenen Gewerkschaften ist deren Beauftragten nach Unterrichtung des Arbeitgebers oder seines Vertreters Zugang zum Betrieb zu gewähren, soweit dem nicht unumgängliche Notwendigkeiten des Betriebsablaufs, zwingende Sicherheitsvorschriften oder der Schutz von Betriebsgeheimnissen entgegenstehen.

(3) Die Aufgaben der Gewerkschaften und der Vereinigungen der Arbeitgeber, insbesondere die Wahrnehmung der Interessen ihrer Mitglieder, werden durch dieses Gesetz nicht berührt.

§ 3 Abweichende Regelungen

(1) Durch Tarifvertrag können bestimmt werden:

1. für Unternehmen mit mehreren Betrieben
   a) die Bildung eines unternehmenseinheitlichen Betriebsrats oder
   b) die Zusammenfassung von Betrieben,

   wenn dies die Bildung von Betriebsräten erleichtert oder einer sachgerechten Wahrnehmung der Interessen der Arbeitnehmer dient;
2. für Unternehmen und Konzerne, soweit sie nach produkt- oder projektbezogenen Geschäftsbereichen (Sparten) organisiert sind und die Leitung der Sparte auch Entscheidungen in beteiligungspflichtigen Angelegenheiten trifft, die Bildung von Betriebsräten in den Sparten (Spartenbetriebsräte), wenn dies der sachgerechten Wahrnehmung der Aufgaben des Betriebsrats dient;
3. andere Arbeitnehmervertretungsstrukturen, soweit dies insbesondere aufgrund der Betriebs-, Unternehmens- oder Konzernorganisation oder aufgrund anderer Formen der Zusammenarbeit von Unternehmen einer wirksamen und zweckmäßigen Interessenvertretung der Arbeitnehmer dient;
4. zusätzliche betriebsverfassungsrechtliche Gremien (Arbeitsgemeinschaften), die der unternehmensübergreifenden Zusammenarbeit von Arbeitnehmervertretungen dienen;
5. zusätzliche betriebsverfassungsrechtliche Vertretungen der Arbeitnehmer, die die Zusammenarbeit zwischen Betriebsrat und Arbeitnehmern erleichtern.

(2) Besteht in den Fällen des Absatzes 1 Nr. 1, 2, 4 oder 5 keine tarifliche Regelung und gilt auch kein anderer Tarifvertrag, kann die Regelung durch Betriebsvereinbarung getroffen werden.

(3) Besteht im Fall des Absatzes 1 Nr. 1 Buchstabe a keine tarifliche Regelung und besteht in dem Unternehmen kein Betriebsrat, können die Arbeitnehmer mit Stimmenmehrheit die Wahl eines unternehmenseinheitlichen Betriebsrats beschließen. Die Abstimmung kann von mindestens drei wahlberechtigten Arbeitnehmern des Unternehmens oder einer im Unternehmen vertretenen Gewerkschaft veranlasst werden.

(4) Sofern der Tarifvertrag oder die Betriebsvereinbarung nichts anderes bestimmt, sind Regelungen nach Absatz 1 Nr. 1 bis 3 erstmals bei der nächsten regelmäßigen Betriebsratswahl anzuwenden, es sei denn, es besteht kein Betriebsrat oder es ist aus anderen Gründen eine Neuwahl des Betriebsrats erforderlich. Sieht der Tarifvertrag oder die Betriebsvereinbarung einen anderen Wahlzeitpunkt vor, endet die Amtszeit bestehender Betriebsräte,

A

die durch die Regelungen nach Absatz 1 Nr. 1 bis 3 entfallen, mit Bekanntgabe des Wahlergebnisses.

(5) Die aufgrund eines Tarifvertrages oder einer Betriebsvereinbarung nach Absatz 1 Nr. 1 bis 3 gebildeten betriebsverfassungsrechtlichen Organisationseinheiten gelten als Betriebe im Sinne dieses Gesetzes. Auf die in ihnen gebildeten Arbeitnehmervertretungen finden die Vorschriften über die Rechte und Pflichten des Betriebsrats und die Rechtsstellung seiner Mitglieder Anwendung.

§ 4 Betriebsteile, Kleinstbetriebe

(1) Betriebsteile gelten als selbständige Betriebe, wenn sie die Voraussetzungen des § 1 Abs. 1 Satz 1 erfüllen und

1. räumlich weit vom Hauptbetrieb entfernt oder
2. durch Aufgabenbereich und Organisation eigenständig sind.

Die Arbeitnehmer eines Betriebsteils, in dem kein eigener Betriebsrat besteht, können mit Stimmenmehrheit formlos beschließen, an der Wahl des Betriebsrats im Hauptbetrieb teilzunehmen; § 3 Abs. 3 Satz 2 gilt entsprechend. Die Abstimmung kann auch vom Betriebsrat des Hauptbetriebs veranlasst werden. Der Beschluss ist dem Betriebsrat des Hauptbetriebs spätestens zehn Wochen vor Ablauf seiner Amtszeit mitzuteilen. Für den Widerruf des Beschlusses gelten die Sätze 2 bis 4 entsprechend.

(2) Betriebe, die die Voraussetzungen des § 1 Abs. 1 Satz 1 nicht erfüllen, sind dem Hauptbetrieb zuzuordnen.

§ 5 Arbeitnehmer

(1) Arbeitnehmer (Arbeitnehmerinnen und Arbeitnehmer) im Sinne dieses Gesetzes sind Arbeiter und Angestellte einschließlich der zu ihrer Berufsausbildung Beschäftigten, unabhängig davon, ob sie im Betrieb, im Außendienst oder mit Telearbeit beschäftigt werden. Als Arbeitnehmer gelten auch die in Heimarbeit Beschäftigten, die in der Hauptsache für den Betrieb arbeiten. Als Arbeitnehmer gelten ferner Beamte (Beamtinnen und Beamte), Soldaten (Soldatinnen und Soldaten) sowie Arbeitnehmer des öffentlichen Dienstes einschließlich der zu ihrer Berufsausbildung Beschäftigten, die in Betrieben privatrechtlich organisierter Unternehmen tätig sind.

(2) Als Arbeitnehmer im Sinne dieses Gesetzes gelten nicht

1. in Betrieben einer juristischen Person die Mitglieder des Organs, das zur gesetzlichen Vertretung der juristischen Person berufen ist;
2. die Gesellschafter einer offenen Handelsgesellschaft oder die Mitglieder einer anderen Personengesamtheit, soweit sie durch Gesetz, Satzung oder Gesellschaftsvertrag zur Vertretung der Personengesamtheit oder zur Geschäftsführung berufen sind, in deren Betrieben;
3. Personen, deren Beschäftigung nicht in erster Linie ihrem Erwerb dient, sondern vorwiegend durch Beweggründe karitativer oder religiöser Art bestimmt ist;
4. Personen, deren Beschäftigung nicht in erster Linie ihrem Erwerb dient und die vorwiegend zu ihrer Heilung, Wiedereingewöhnung, sittlichen Besserung oder Erziehung beschäftigt werden;
5. der Ehegatte, der Lebenspartner, Verwandte und Verschwägerte ersten Grades, die in häuslicher Gemeinschaft mit dem Arbeitgeber leben.

(3) Dieses Gesetz findet, soweit in ihm nicht ausdrücklich etwas anderes bestimmt ist, keine Anwendung auf leitende Angestellte. Leitender Angestellter ist, wer nach Arbeitsvertrag und Stellung im Unternehmen oder im Betrieb

1. zur selbständigen Einstellung und Entlassung von im Betrieb oder in der Betriebsabteilung beschäftigten Arbeitnehmern berechtigt ist oder
2. Generalvollmacht oder Prokura hat und die Prokura auch im Verhältnis zum Arbeitgeber nicht unbedeutend ist oder
3. regelmäßig sonstige Aufgaben wahrnimmt, die für den Bestand und die Entwicklung des Unternehmens oder eines Betriebs von Bedeutung sind und deren Erfüllung besondere Erfahrungen und Kenntnisse voraussetzt, wenn er dabei entweder die Entscheidungen im Wesentlichen frei von Weisungen trifft oder sie maßgeblich beeinflusst; dies kann auch bei Vorgaben insbesondere aufgrund von Rechtsvorschriften, Plänen oder Richtlinien sowie bei Zusammenarbeit mit anderen leitenden Angestellten gegeben sein. Für die in Absatz 1 Satz 3 genannten Beamten und Soldaten gelten die Sätze 1 und 2 entsprechend.

(4) Leitender Angestellter nach Absatz 3 Nr. 3 ist im Zweifel, wer

1. aus Anlass der letzten Wahl des Betriebsrats, des Sprecherausschusses oder von Aufsichtsratsmitgliedern der Arbeitnehmer oder durch rechtskräftige gerichtliche Entscheidung den leitenden Angestellten zugeordnet worden ist oder
2. einer Leitungsebene angehört, auf der in dem Unternehmen überwiegend leitende Angestellte vertreten sind, oder

3. ein regelmäßiges Jahresarbeitsentgelt erhält, das für leitende Angestellte in dem Unternehmen üblich ist, oder,
4. falls auch bei der Anwendung der Nummer 3 noch Zweifel bleiben, ein regelmäßiges Jahresarbeitsentgelt erhält, das das Dreifache der Bezugsgröße nach § 18 des Vierten Buches Sozialgesetzbuch überschreitet.

§ 6
(weggefallen)

Zweiter Teil Betriebsrat, Betriebsversammlung, Gesamt- und Konzernbetriebsrat

Erster Abschnitt Zusammensetzung und Wahl des Betriebsrats

§ 7 Wahlberechtigung
Wahlberechtigt sind alle Arbeitnehmer des Betriebs, die das 18. Lebensjahr vollendet haben. Werden Arbeitnehmer eines anderen Arbeitgebers zur Arbeitsleistung überlassen, so sind diese wahlberechtigt, wenn sie länger als drei Monate im Betrieb eingesetzt werden.

§ 8 Wählbarkeit
(1) Wählbar sind alle Wahlberechtigten, die sechs Monate dem Betrieb angehören oder als in Heimarbeit Beschäftigte in der Hauptsache für den Betrieb gearbeitet haben. Auf diese sechsmonatige Betriebszugehörigkeit werden Zeiten angerechnet, in denen der Arbeitnehmer unmittelbar vorher einem anderen Betrieb desselben Unternehmens oder Konzerns (§ 18 Abs. 1 des Aktiengesetzes) angehört hat. Nicht wählbar ist, wer infolge strafgerichtlicher Verurteilung die Fähigkeit, Rechte aus öffentlichen Wahlen zu erlangen, nicht besitzt.
(2) Besteht der Betrieb weniger als sechs Monate, so sind abweichend von der Vorschrift in Absatz 1 über die sechsmonatige Betriebszugehörigkeit diejenigen Arbeitnehmer wählbar, die bei der Einleitung der Betriebsratswahl im Betrieb beschäftigt sind und die übrigen Voraussetzungen für die Wählbarkeit erfüllen.

§ 9 Zahl der Betriebsratsmitglieder *)
Der Betriebsrat besteht in Betrieben mit in der Regel
5 bis 20 wahlberechtigten Arbeitnehmern aus einer Person,
21 bis 50 wahlberechtigten Arbeitnehmern aus 3 Mitgliedern,
51 wahlberechtigten Arbeitnehmern
bis 100 Arbeitnehmern aus 5 Mitgliedern,
101 bis 200 Arbeitnehmern aus 7 Mitgliedern,
201 bis 400 Arbeitnehmern aus 9 Mitgliedern,
401 bis 700 Arbeitnehmern aus 11 Mitgliedern,
701 bis 1.000 Arbeitnehmern aus 13 Mitgliedern,
1.001 bis 1.500 Arbeitnehmern aus 15 Mitgliedern,
1.501 bis 2.000 Arbeitnehmern aus 17 Mitgliedern,
2.001 bis 2.500 Arbeitnehmern aus 19 Mitgliedern,
2.501 bis 3.000 Arbeitnehmern aus 21 Mitgliedern,
3.001 bis 3.500 Arbeitnehmern aus 23 Mitgliedern,
3.501 bis 4.000 Arbeitnehmern aus 25 Mitgliedern,
4.001 bis 4.500 Arbeitnehmern aus 27 Mitgliedern,
4.501 bis 5.000 Arbeitnehmern aus 29 Mitgliedern,
5.001 bis 6.000 Arbeitnehmern aus 31 Mitgliedern,
6.001 bis 7.000 Arbeitnehmern aus 33 Mitgliedern,
7.001 bis 9.000 Arbeitnehmern aus 35 Mitgliedern.
In Betrieben mit mehr als 9.000 Arbeitnehmern erhöht sich die Zahl der Mitglieder des Betriebsrats für je angefangene weitere 3.000 Arbeitnehmer um 2 Mitglieder.

§ 10
(weggefallen)

§ 11 Ermäßigte Zahl der Betriebsratsmitglieder
Hat ein Betrieb nicht die ausreichende Zahl von wählbaren Arbeitnehmern, so ist die Zahl der Betriebsratsmitglieder der nächstniedrigeren Betriebsgröße zugrunde zu legen.

§ 12
(weggefallen)

§ 13 Zeitpunkt der Betriebsratswahlen
(1) Die regelmäßigen Betriebsratswahlen finden alle vier Jahre in der Zeit vom 1. März bis 31. Mai statt. Sie sind zeitgleich mit den regelmäßigen Wahlen nach § 5 Abs. 1 des Sprecherausschussgesetzes einzuleiten.
(2) Außerhalb dieser Zeit ist der Betriebsrat zu wählen, wenn

*) *Gemäß Artikel 14 Satz 2 des Gesetzes zur Reform des Betriebsverfassungsgesetzes (BetrVerf-Reformgesetz) vom 23. Juli 2001 (BGBl. I S. 1852) gilt § 9 (Artikel 1 Nr. 8 des BetrVerf-Reformgesetzes) für im Zeitpunkt des Inkrafttretens bestehende Betriebsräte erst bei deren Neuwahl.*

A

1. mit Ablauf von 24 Monaten, vom Tage der Wahl an gerechnet, die Zahl der regelmäßig beschäftigten Arbeitnehmer um die Hälfte, mindestens aber um fünfzig, gestiegen oder gesunken ist,
2. die Gesamtzahl der Betriebsratsmitglieder nach Eintreten sämtlicher Ersatzmitglieder unter die vorgeschriebene Zahl der Betriebsratsmitglieder gesunken ist,
3. der Betriebsrat mit der Mehrheit seiner Mitglieder seinen Rücktritt beschlossen hat,
4. die Betriebsratswahl mit Erfolg angefochten worden ist,
5. der Betriebsrat durch eine gerichtliche Entscheidung aufgelöst ist oder
6. im Betrieb ein Betriebsrat nicht besteht.

(3) Hat außerhalb des für die regelmäßigen Betriebsratswahlen festgelegten Zeitraums eine Betriebsratswahl stattgefunden, so ist der Betriebsrat in dem auf die Wahl folgenden nächsten Zeitraum der regelmäßigen Betriebsratswahlen neu zu wählen. Hat die Amtszeit des Betriebsrats zu Beginn des für die regelmäßigen Betriebsratswahlen festgelegten Zeitraums noch nicht ein Jahr betragen, so ist der Betriebsrat in dem übernächsten Zeitraum der regelmäßigen Betriebsratswahlen neu zu wählen.

§ 14 Wahlvorschriften

(1) Der Betriebsrat wird in geheimer und unmittelbarer Wahl gewählt.

(2) Die Wahl erfolgt nach den Grundsätzen der Verhältniswahl. Sie erfolgt nach den Grundsätzen der Mehrheitswahl, wenn nur ein Wahlvorschlag eingereicht wird oder wenn der Betriebsrat im vereinfachten Wahlverfahren nach § 14a zu wählen ist.

(3) Zur Wahl des Betriebsrats können die wahlberechtigten Arbeitnehmer und die im Betrieb vertretenen Gewerkschaften Wahlvorschläge machen.

(4) Jeder Wahlvorschlag der Arbeitnehmer muss von mindestens einem Zwanzigstel der wahlberechtigten Arbeitnehmer, mindestens jedoch von drei Wahlberechtigten unterzeichnet sein; in Betrieben mit in der Regel bis zu zwanzig wahlberechtigten Arbeitnehmern genügt die Unterzeichnung durch zwei Wahlberechtigte. In jedem Fall genügt die Unterzeichnung durch fünfzig wahlberechtigte Arbeitnehmer.

(5) Jeder Wahlvorschlag einer Gewerkschaft muss von zwei Beauftragten unterzeichnet sein.

§ 14a Vereinfachtes Wahlverfahren für Kleinbetriebe

(1) In Betrieben mit in der Regel fünf bis fünfzig wahlberechtigten Arbeitnehmern wird der Betriebsrat in einem zweistufigen Verfahren gewählt. Auf einer ersten Wahlversammlung wird der Wahlvorstand nach § 17a Nr. 3 gewählt. Auf einer zweiten Wahlversammlung wird der Betriebsrat in geheimer und unmittelbarer Wahl gewählt. Diese Wahlversammlung findet eine Woche nach der Wahlversammlung zur Wahl des Wahlvorstands statt.

(2) Wahlvorschläge können bis zum Ende der Wahlversammlung zur Wahl des Wahlvorstands nach § 17a Nr. 3 gemacht werden; für Wahlvorschläge der Arbeitnehmer gilt § 14 Abs. 4 mit der Maßgabe, dass für Wahlvorschläge, die erst auf dieser Wahlversammlung gemacht werden, keine Schriftform erforderlich ist.

(3) Ist der Wahlvorstand in Betrieben mit in der Regel fünf bis fünfzig wahlberechtigten Arbeitnehmern nach § 17a Nr. 1 in Verbindung mit § 16 vom Betriebsrat, Gesamtbetriebsrat oder Konzernbetriebsrat oder nach § 17a Nr. 4 vom Arbeitsgericht bestellt, wird der Betriebsrat abweichend von Absatz 1 Satz 1 und 2 auf nur einer Wahlversammlung in geheimer und unmittelbarer Wahl gewählt. Wahlvorschläge können bis eine Woche vor der Wahlversammlung zur Wahl des Betriebsrats gemacht werden; § 14 Abs. 4 gilt unverändert.

(4) Wahlberechtigten Arbeitnehmern, die an der Wahlversammlung zur Wahl des Betriebsrats nicht teilnehmen können, ist Gelegenheit zur schriftlichen Stimmabgabe zu geben.

(5) In Betrieben mit in der Regel 51 bis 100 wahlberechtigten Arbeitnehmern können der Wahlvorstand und der Arbeitgeber die Anwendung des vereinfachten Wahlverfahrens vereinbaren.

§ 15 Zusammensetzung nach Beschäftigungsarten und Geschlechter *)

(1) Der Betriebsrat soll sich möglichst aus Arbeitnehmern der einzelnen Organisationsbereiche und der verschiedenen Beschäftigungsarten der im Betrieb tätigen Arbeitnehmer zusammensetzen.

(2) Das Geschlecht, das in der Belegschaft in der Minderheit ist, muss mindestens entsprechend seinem zahlenmäßigen Verhältnis im Betriebsrat vertreten sein, wenn dieser aus mindestens drei Mitgliedern besteht.

*) *Gemäß Artikel 14 Satz 2 des Gesetzes zur Reform des Betriebsverfassungsgesetzes (BetrVerf-Reformgesetz) vom 23. Juli 2001 (BGBl. I S. 1852) gilt § 15 (Artikel 1 Nr. 13 des BetrVerf-Reformgesetzes) für im Zeitraum des Inkrafttretens bestehende Betriebsräte erst bei deren Neuwahl.*

§ 16 Bestellung des Wahlvorstands

(1) Spätestens zehn Wochen vor Ablauf seiner Amtszeit bestellt der Betriebsrat einen aus drei Wahlberechtigten bestehenden Wahlvorstand und einen von ihnen als Vorsitzenden. Der Betriebsrat kann die Zahl der Wahlvorstandsmitglieder erhöhen, wenn dies zur ordnungsgemäßen Durchführung der Wahl erforderlich ist. Der Wahlvorstand muss in jedem Fall aus einer ungeraden Zahl von Mitgliedern bestehen. Für jedes Mitglied des Wahlvorstands kann für den Fall seiner Verhinderung ein Ersatzmitglied bestellt werden. In Betrieben mit weiblichen und männlichen Arbeitnehmern sollen dem Wahlvorstand Frauen und Männer angehören. Jede im Betrieb vertretene Gewerkschaft kann zusätzlich einen dem Betrieb angehörenden Beauftragten als nicht stimmberechtigtes Mitglied in den Wahlvorstand entsenden, sofern ihr nicht ein stimmberechtigtes Wahlvorstandsmitglied angehört.

(2) Besteht acht Wochen vor Ablauf der Amtszeit des Betriebsrats kein Wahlvorstand, so bestellt ihn das Arbeitsgericht auf Antrag von mindestens drei Wahlberechtigten oder einer im Betrieb vertretenen Gewerkschaft; Absatz 1 gilt entsprechend. In dem Antrag können Vorschläge für die Zusammensetzung des Wahlvorstands gemacht werden. Das Arbeitsgericht kann für Betriebe mit in der Regel mehr als zwanzig wahlberechtigten Arbeitnehmern auch Mitglieder einer im Betrieb vertretenen Gewerkschaft, die nicht Arbeitnehmer des Betriebs sind, zu Mitgliedern des Wahlvorstands bestellen, wenn dies zur ordnungsgemäßen Durchführung der Wahl erforderlich ist.

(3) Besteht acht Wochen vor Ablauf der Amtszeit des Betriebsrats kein Wahlvorstand, kann auch der Gesamtbetriebsrat oder, falls ein solcher nicht besteht, der Konzernbetriebsrat den Wahlvorstand bestellen. Absatz 1 gilt entsprechend.

§ 17 Bestellung des Wahlvorstands in Betrieben ohne Betriebsrat

(1) Besteht in einem Betrieb, der die Voraussetzungen des § 1 Abs. 1 Satz 1 erfüllt, kein Betriebsrat, so bestellt der Gesamtbetriebsrat oder, falls ein solcher nicht besteht, der Konzernbetriebsrat einen Wahlvorstand. § 16 Abs. 1 gilt entsprechend.

(2) Besteht weder ein Gesamtbetriebsrat noch ein Konzernbetriebsrat, so wird in einer Betriebsversammlung von der Mehrheit der anwesenden Arbeitnehmer ein Wahlvorstand gewählt; § 16 Abs. 1 gilt entsprechend. Gleiches gilt, wenn der Gesamtbetriebsrat oder Konzernbetriebsrat die Bestellung des Wahlvorstands nach Absatz 1 unterlässt.

(3) Zu dieser Betriebsversammlung können drei wahlberechtigte Arbeitnehmer des Betriebs oder eine im Betrieb vertretene Gewerkschaft einladen und Vorschläge für die Zusammensetzung des Wahlvorstands machen.

(4) Findet trotz Einladung keine Betriebsversammlung statt oder wählt die Betriebsversammlung keinen Wahlvorstand, so bestellt ihn das Arbeitsgericht auf Antrag von mindestens drei wahlberechtigten Arbeitnehmern oder einer im Betrieb vertretenen Gewerkschaft. § 16 Abs. 2 gilt entsprechend.

§ 17a Bestellung des Wahlvorstands im vereinfachten Wahlverfahren

Im Fall des § 14a finden die §§ 16 und 17 mit folgender Maßgabe Anwendung:

1. Die Frist des § 16 Abs. 1 Satz 1 wird auf vier Wochen und die des § 16 Abs. 2 Satz 1, Abs. 3 Satz 1 auf drei Wochen verkürzt.
2. § 16 Abs. 1 Satz 2 und 3 findet keine Anwendung.
3. In den Fällen des § 17 Abs. 2 wird der Wahlvorstand in einer Wahlversammlung von der Mehrheit der anwesenden Arbeitnehmer gewählt. Für die Einladung zu der Wahlversammlung gilt § 17 Abs. 3 entsprechend.
4. § 17 Abs. 4 gilt entsprechend, wenn trotz Einladung keine Wahlversammlung stattfindet oder auf der Wahlversammlung kein Wahlvorstand gewählt wird.

§ 18 Vorbereitung und Durchführung der Wahl

(1) Der Wahlvorstand hat die Wahl unverzüglich einzuleiten, sie durchzuführen und das Wahlergebnis festzustellen. Kommt der Wahlvorstand dieser Verpflichtung nicht nach, so ersetzt ihn das Arbeitsgericht auf Antrag des Betriebsrats, von mindestens drei wahlberechtigten Arbeitnehmern oder einer im Betrieb vertretenen Gewerkschaft. § 16 Abs. 2 gilt entsprechend.

(2) Ist zweifelhaft, ob eine betriebsratsfähige Organisationseinheit vorliegt, so können der Arbeitgeber, jeder beteiligte Betriebsrat, jeder beteiligte Wahlvorstand oder eine im Betrieb vertretene Gewerkschaft eine Entscheidung des Arbeitsgerichts beantragen.

(3) Unverzüglich nach Abschluss der Wahl nimmt der Wahlvorstand öffentlich die Auszählung der Stimmen vor, stellt deren Ergebnis in einer Niederschrift fest und gibt es den Arbeitnehmern des

A

Betriebs bekannt. Dem Arbeitgeber und den im Betrieb vertretenen Gewerkschaften ist eine Abschrift der Wahlniederschrift zu übersenden.

§ 18a Zuordnung der leitenden Angestellten bei Wahlen

(1) Sind die Wahlen nach § 13 Abs. 1 und nach § 5 Abs. 1 des Sprecherausschussgesetzes zeitgleich einzuleiten, so haben sich die Wahlvorstände unverzüglich nach Aufstellung der Wählerlisten, spätestens jedoch zwei Wochen vor Einleitung der Wahlen, gegenseitig darüber zu unterrichten, welche Angestellten sie den leitenden Angestellten zugeordnet haben; dies gilt auch, wenn die Wahlen ohne Bestehen einer gesetzlichen Verpflichtung zeitgleich eingeleitet werden. Soweit zwischen den Wahlvorständen kein Einvernehmen über die Zuordnung besteht, haben sie in gemeinsamer Sitzung eine Einigung zu versuchen. Soweit eine Einigung zustande kommt, sind die Angestellten entsprechend ihrer Zuordnung in die jeweilige Wählerliste einzutragen.

(2) Soweit eine Einigung nicht zustande kommt, hat ein Vermittler spätestens eine Woche vor Einleitung der Wahlen erneut eine Verständigung der Wahlvorstände über die Zuordnung zu versuchen. Der Arbeitgeber hat den Vermittler auf dessen Verlangen zu unterstützen, insbesondere die erforderlichen Auskünfte zu erteilen und die erforderlichen Unterlagen zur Verfügung zu stellen. Bleibt der Verständigungsversuch erfolglos, so entscheidet der Vermittler nach Beratung mit dem Arbeitgeber. Absatz 1 Satz 3 gilt entsprechend.

(3) Auf die Person des Vermittlers müssen sich die Wahlvorstände einigen. Zum Vermittler kann nur ein Beschäftigter des Betriebs oder eines anderen Betriebs des Unternehmens oder Konzerns oder der Arbeitgeber bestellt werden. Kommt eine Einigung nicht zustande, so schlagen die Wahlvorstände je eine Person als Vermittler vor; durch Los wird entschieden, wer als Vermittler tätig wird.

(4) Wird mit der Wahl nach § 13 Abs. 1 oder 2 nicht zeitgleich eine Wahl nach dem Sprecherausschussgesetz eingeleitet, so hat der Wahlvorstand den Sprecherausschuss entsprechend Absatz 1 Satz 1 erster Halbsatz zu unterrichten. Soweit kein Einvernehmen über die Zuordnung besteht, hat der Sprecherausschuss Mitglieder zu benennen, die anstelle des Wahlvorstands an dem Zuordnungsverfahren teilnehmen. Wird mit der Wahl nach § 5 Abs. 1 oder 2 des Sprecherausschussgesetzes nicht zeitgleich eine Wahl nach diesem Gesetz eingeleitet, so gelten die Sätze 1 und 2 für den Betriebsrat entsprechend.

(5) Durch die Zuordnung wird der Rechtsweg nicht ausgeschlossen. Die Anfechtung der Betriebsratswahl oder der Wahl nach dem Sprecherausschussgesetz ist ausgeschlossen, soweit sie darauf gestützt wird, die Zuordnung sei fehlerhaft erfolgt. Satz 2 gilt nicht, soweit die Zuordnung offensichtlich fehlerhaft ist.

§ 19 Wahlanfechtung

(1) Die Wahl kann beim Arbeitsgericht angefochten werden, wenn gegen wesentliche Vorschriften über das Wahlrecht, die Wählbarkeit oder das Wahlverfahren verstoßen worden ist und eine Berichtigung nicht erfolgt ist, es sei denn, dass durch den Verstoß das Wahlergebnis nicht geändert oder beeinflusst werden konnte.

(2) Zur Anfechtung berechtigt sind mindestens drei Wahlberechtigte, eine im Betrieb vertretene Gewerkschaft oder der Arbeitgeber. Die Wahlanfechtung ist nur binnen einer Frist von zwei Wochen, vom Tage der Bekanntgabe des Wahlergebnisses an gerechnet, zulässig.

§ 20 Wahlschutz und Wahlkosten

(1) Niemand darf die Wahl des Betriebsrats behindern. Insbesondere darf kein Arbeitnehmer in der Ausübung des aktiven und passiven Wahlrechts beschränkt werden.

(2) Niemand darf die Wahl des Betriebsrats durch Zufügung oder Androhung von Nachteilen oder durch Gewährung oder Versprechen von Vorteilen beeinflussen.

(3) Die Kosten der Wahl trägt der Arbeitgeber. Versäumnis von Arbeitszeit, die zur Ausübung des Wahlrechts, zur Betätigung im Wahlvorstand oder zur Tätigkeit als Vermittler (§ 18a) erforderlich ist, berechtigt den Arbeitgeber nicht zur Minderung des Arbeitsentgelts.

Zweiter Abschnitt
Amtszeit des Betriebsrats

§ 21 Amtszeit

Die regelmäßige Amtszeit des Betriebsrats beträgt vier Jahre. Die Amtszeit beginnt mit der Bekanntgabe des Wahlergebnisses oder, wenn zu diesem Zeitpunkt noch ein Betriebsrat besteht, mit Ablauf von dessen Amtszeit. Die Amtszeit endet spätestens am 31. Mai des Jahres, in dem nach § 13 Abs. 1 die regelmäßigen Betriebsratswahlen stattfinden. In dem Fall des § 13 Abs. 3 Satz 2 endet die Amtszeit spätestens am 31. Mai des Jahres, in dem der Betriebsrat neu zu wählen ist. In den Fällen des § 13 Abs. 2 Nr. 1 und 2 endet die Amtszeit mit der Bekanntgabe des Wahlergebnisses des neu gewählten Betriebsrats.

§ 21a Übergangsmandat *)

(1) Wird ein Betrieb gespalten, so bleibt dessen Betriebsrat im Amt und führt die Geschäfte für die ihm bislang zugeordneten Betriebsteile weiter, soweit sie die Voraussetzungen des § 1 Abs. 1 Satz 1 erfüllen und nicht in einen Betrieb eingegliedert werden, in dem ein Betriebsrat besteht (Übergangsmandat). Der Betriebsrat hat insbesondere unverzüglich Wahlvorstände zu bestellen. Das Übergangsmandat endet, sobald in den Betriebsteilen ein neuer Betriebsrat gewählt und das Wahlergebnis bekannt gegeben ist, spätestens jedoch sechs Monate nach Wirksamwerden der Spaltung. Durch Tarifvertrag oder Betriebsvereinbarung kann das Übergangsmandat um weitere sechs Monate verlängert werden.

(2) Werden Betriebe oder Betriebsteile zu einem Betrieb zusammengefasst, so nimmt der Betriebsrat des nach der Zahl der wahlberechtigten Arbeitnehmer größten Betriebs oder Betriebsteils das Übergangsmandat wahr. Absatz 1 gilt entsprechend.

(3) Die Absätze 1 und 2 gelten auch, wenn die Spaltung oder Zusammenlegung von Betrieben und Betriebsteilen im Zusammenhang mit einer Betriebsveräußerung oder einer Umwandlung nach dem Umwandlungsgesetz erfolgt.

§ 21b Restmandat

Geht ein Betrieb durch Stilllegung, Spaltung oder Zusammenlegung unter, so bleibt dessen Betriebsrat so lange im Amt, wie dies zur Wahrnehmung der damit im Zusammenhang stehenden Mitwirkungs- und Mitbestimmungsrechte erforderlich ist.

§ 22 Weiterführung der Geschäfte des Betriebsrats

In den Fällen des § 13 Abs. 2 Nr. 1 bis 3 führt der Betriebsrat die Geschäfte weiter, bis der neue Betriebsrat gewählt und das Wahlergebnis bekanntgegeben ist.

§ 23 Verletzung gesetzlicher Pflichten

(1) Mindestens ein Viertel der wahlberechtigten Arbeitnehmer, der Arbeitgeber oder eine im Betrieb vertretene Gewerkschaft können beim Arbeitsgericht den Ausschluss eines Mitglieds aus dem Betriebsrat oder die Auflösung des Betriebsrats wegen grober Verletzung seiner gesetzlichen Pflichten beantragen. Der Ausschluss eines Mitglieds kann auch vom Betriebsrat beantragt werden.

(2) Wird der Betriebsrat aufgelöst, so setzt das Arbeitsgericht unverzüglich einen Wahlvorstand für die Neuwahl ein. § 16 Abs. 2 gilt entsprechend.

(3) Der Betriebsrat oder eine im Betrieb vertretene Gewerkschaft können bei groben Verstößen des Arbeitgebers gegen seine Verpflichtungen aus diesem Gesetz beim Arbeitsgericht beantragen, dem Arbeitgeber aufzugeben, eine Handlung zu unterlassen, die Vornahme einer Handlung zu dulden oder eine Handlung vorzunehmen. Handelt der Arbeitgeber der ihm durch rechtskräftige gerichtliche Entscheidung auferlegten Verpflichtung zuwider, eine Handlung zu unterlassen oder die Vornahme einer Handlung zu dulden, so ist er auf Antrag vom Arbeitsgericht wegen einer jeden Zuwiderhandlung nach vorheriger Androhung zu einem Ordnungsgeld zu verurteilen. Führt der Arbeitgeber die ihm durch eine rechtskräftige gerichtliche Entscheidung auferlegte Handlung nicht durch, so ist auf Antrag vom Arbeitsgericht zu erkennen, dass er zur Vornahme der Handlung durch Zwangsgeld anzuhalten sei. Antragsberechtigt sind der Betriebsrat oder eine im Betrieb vertretene Gewerkschaft. Das Höchstmaß des Ordnungsgeldes und Zwangsgeldes beträgt 10.000 Euro.

§ 24 Erlöschen der Mitgliedschaft

Die Mitgliedschaft im Betriebsrat erlischt durch

1. Ablauf der Amtszeit,
2. Niederlegung des Betriebsratsamtes,
3. Beendigung des Arbeitsverhältnisses,
4. Verlust der Wählbarkeit,
5. Ausschluss aus dem Betriebsrat oder Auflösung des Betriebsrats aufgrund einer gerichtlichen Entscheidung,

A

*) *Diese Vorschrift dient der Umsetzung des Artikels 6 der Richtlinie 2001/23/EG des Rates vom 12. März 2001 zur Angleichung der Rechtsvorschriften der Mitgliedstaaten über die Wahrung von Ansprüchen der Arbeitnehmer beim Übergang von Unternehmen, Betrieben oder Betriebsteilen (ABl. EG Nr. L 82 S. 16).*

6. gerichtliche Entscheidung über die Feststellung der Nichtwählbarkeit nach Ablauf der in § 19 Abs. 2 bezeichneten Frist, es sei denn, der Mangel liegt nicht mehr vor.

§ 25 Ersatzmitglieder
(1) Scheidet ein Mitglied des Betriebsrats aus, so rückt ein Ersatzmitglied nach. Dies gilt entsprechend für die Stellvertretung eines zeitweilig verhinderten Mitglieds des Betriebsrats.
(2) Die Ersatzmitglieder werden unter Berücksichtigung des § 15 Abs. 2 der Reihe nach aus den nichtgewählten Arbeitnehmern derjenigen Vorschlagslisten entnommen, denen die zu ersetzenden Mitglieder angehören. Ist eine Vorschlagsliste erschöpft, so ist das Ersatzmitglied derjenigen Vorschlagsliste zu entnehmen, auf die nach den Grundsätzen der Verhältniswahl der nächste Sitz entfallen würde. Ist das ausgeschiedene oder verhinderte Mitglied nach den Grundsätzen der Mehrheitswahl gewählt, so bestimmt sich die Reihenfolge der Ersatzmitglieder unter Berücksichtigung des § 15 Abs. 2 nach der Höhe der erreichten Stimmenzahlen.

[...]

Dritter Teil
Jugend- und Auszubildendenvertretung

Erster Abschnitt
Betriebliche Jugend- und Auszubildendenvertretung

§ 60 Errichtung und Aufgabe
(1) In Betrieben mit in der Regel mindestens fünf Arbeitnehmern, die das 18. Lebensjahr noch nicht vollendet haben (jugendliche Arbeitnehmer) oder die zu ihrer Berufsausbildung beschäftigt sind und das 25. Lebensjahr noch nicht vollendet haben, werden Jugend- und Auszubildendenvertretungen gewählt.
(2) Die Jugend- und Auszubildendenvertretung nimmt nach Maßgabe der folgenden Vorschriften die besonderen Belange der in Absatz 1 genannten Arbeitnehmer wahr.

§ 61 Wahlberechtigung und Wählbarkeit
(1) Wahlberechtigt sind alle in § 60 Abs. 1 genannten Arbeitnehmer des Betriebs.
(2) Wählbar sind alle Arbeitnehmer des Betriebs, die das 25. Lebensjahr noch nicht vollendet haben; § 8 Abs. 1 Satz 3 findet Anwendung. Mitglieder des Betriebsrats können nicht zu Jugend- und Auszubildendenvertretern gewählt werden.

§ 62 Zahl der Jugend- und Auszubildendenvertreter, Zusammensetzung der Jugendund Auszubildendenvertretung
(1) Die Jugend- und Auszubildendenvertretung besteht in Betrieben mit in der Regel
5 bis 20 der in § 60 Abs. 1 genannten Arbeitnehmer aus einer Person,
21 bis 50 der in § 60 Abs. 1 genannten Arbeitnehmer aus 3 Mitgliedern,
51 bis 150 der in § 60 Abs. 1 genannten Arbeitnehmer aus 5 Mitgliedern,
151 bis 300 der in § 60 Abs. 1 genannten Arbeitnehmer aus 7 Mitgliedern,
301 bis 500 der in § 60 Abs. 1 genannten Arbeitnehmer aus 9 Mitgliedern,
501 bis 700 der in § 60 Abs. 1 genannten Arbeitnehmer aus 11 Mitgliedern,
701 bis 1.000 der in § 60 Abs. 1 genannten Arbeitnehmer aus 13 Mitgliedern,
mehr als 1.000 der in § 60 Abs. 1 genannten Arbeitnehmer aus 15 Mitgliedern.
(2) Die Jugend- und Auszubildendenvertretung soll sich möglichst aus Vertretern der verschiedenen Beschäftigungsarten und Ausbildungsberufe der im Betrieb tätigen in § 60 Abs. 1 genannten Arbeitnehmer zusammensetzen.
(3) Das Geschlecht, das unter den in § 60 Abs. 1 genannten Arbeitnehmern in der Minderheit ist, muss mindestens entsprechend seinem zahlenmäßigen Verhältnis in der Jugend- und Auszubildendenvertretung vertreten sein, wenn diese aus mindestens drei Mitgliedern besteht.

§ 63 Wahlvorschriften
(1) Die Jugend- und Auszubildendenvertretung wird in geheimer und unmittelbarer Wahl gewählt.
(2) Spätestens acht Wochen vor Ablauf der Amtszeit der Jugend- und Auszubildendenvertretung bestellt der Betriebsrat den Wahlvorstand und seinen Vorsitzenden. Für die Wahl der Jugend- und Auszubildendenvertreter gelten § 14 Abs. 2 bis 5, § 16 Abs. 1 Satz 4 bis 6, § 18 Abs. 1 Satz 1 und Abs. 3 sowie die §§ 19 und 20 entsprechend.
(3) Bestellt der Betriebsrat den Wahlvorstand nicht oder nicht spätestens sechs Wochen vor Ablauf der Amtszeit der Jugend- und Auszubildendenvertretung oder kommt der Wahlvorstand seiner

Verpflichtung nach § 18 Abs. 1 Satz 1 nicht nach, so gelten § 16 Abs. 2 Satz 1 und 2, Abs. 3 Satz 1 und § 18 Abs. 1 Satz 2 entsprechend; der Antrag beim Arbeitsgericht kann auch von jugendlichen Arbeitnehmern gestellt werden.
(4) In Betrieben mit in der Regel fünf bis fünfzig der in § 60 Abs. 1 genannten Arbeitnehmer gilt auch § 14a entsprechend. Die Frist zur Bestellung des Wahlvorstands wird im Fall des Absatzes 2 Satz 1 auf vier Wochen und im Fall des Absatzes 3 Satz 1 auf drei Wochen verkürzt.
(5) In Betrieben mit in der Regel 51 bis 100 der in § 60 Abs. 1 genannten Arbeitnehmer gilt § 14a Abs. 5 entsprechend.

§ 64 Zeitpunkt der Wahlen und Amtszeit
(1) Die regelmäßigen Wahlen der Jugend- und Auszubildendenvertretung finden alle zwei Jahre in der Zeit vom 1. Oktober bis 30. November statt. Für die Wahl der Jugend- und Auszubildendenvertretung außerhalb dieser Zeit gilt § 13 Abs. 2 Nr. 2 bis 6 und Abs. 3 entsprechend.
(2) Die regelmäßige Amtszeit der Jugend- und Auszubildendenvertretung beträgt zwei Jahre. Die Amtszeit beginnt mit der Bekanntgabe des Wahlergebnisses oder, wenn zu diesem Zeitpunkt noch eine Jugend- und Auszubildendenvertretung besteht, mit Ablauf von deren Amtszeit. Die Amtszeit endet spätestens am 30. November des Jahres, in dem nach Absatz 1 Satz 1 die regelmäßigen Wahlen stattfinden. In dem Fall des § 13 Abs. 3 Satz 2 endet die Amtszeit spätestens am 30. November des Jahres, in dem die Jugend- und Auszubildendenvertretung neu zu wählen ist. In dem Fall des § 13 Abs. 2 Nr. 2 endet die Amtszeit mit der Bekanntgabe des Wahlergebnisses der neu gewählten Jugend- und Auszubildendenvertretung.
(3) Ein Mitglied der Jugend- und Auszubildendenvertretung, das im Laufe der Amtszeit das 25. Lebensjahr vollendet, bleibt bis zum Ende der Amtszeit Mitglied der Jugend- und Auszubildendenvertretung.

§ 65 Geschäftsführung
(1) Für die Jugend- und Auszubildendenvertretung gelten § 23 Abs. 1, die §§ 24, 25, 26, 28 Abs. 1 Satz 1 und 2, die §§ 30, 31, 33 Abs. 1 und 2 sowie die §§ 34, 36, 37, 40 und 41 entsprechend.
(2) Die Jugend- und Auszubildendenvertretung kann nach Verständigung des Betriebsrats Sitzungen abhalten; § 29 gilt entsprechend. An diesen Sitzungen kann der Betriebsratsvorsitzende oder ein beauftragtes Betriebsratsmitglied teilnehmen.

§ 66 Aussetzung von Beschlüssen des Betriebsrats
(1) Erachtet die Mehrheit der Jugend- und Auszubildendenvertreter einen Beschluss des Betriebsrats als eine erhebliche Beeinträchtigung wichtiger Interessen der in § 60 Abs. 1 genannten Arbeitnehmer, so ist auf ihren Antrag der Beschluss auf die Dauer von einer Woche auszusetzen, damit in dieser Frist eine Verständigung, gegebenenfalls mit Hilfe der im Betrieb vertretenen Gewerkschaften, versucht werden kann.
(2) Wird der erste Beschluss bestätigt, so kann der Antrag auf Aussetzung nicht wiederholt werden; dies gilt auch, wenn der erste Beschluss nur unerheblich geändert wird.

§ 67 Teilnahme an Betriebsratssitzungen
(1) Die Jugend- und Auszubildendenvertretung kann zu allen Betriebsratssitzungen einen Vertreter entsenden. Werden Angelegenheiten behandelt, die besonders die in § 60 Abs. 1 genannten Arbeitnehmer betreffen, so hat zu diesen Tagesordnungspunkten die gesamte Jugend- und Auszubildendenvertretung ein Teilnahmerecht.
(2) Die Jugend- und Auszubildendenvertreter haben Stimmrecht, soweit die zu fassenden Beschlüsse des Betriebsrats überwiegend die in § 60 Abs. 1 genannten Arbeitnehmer betreffen.
(3) Die Jugend- und Auszubildendenvertretung kann beim Betriebsrat beantragen, Angelegenheiten, die besonders die in § 60 Abs. 1 genannten Arbeitnehmer betreffen und über die sie beraten hat, auf die nächste Tagesordnung zu setzen. Der Betriebsrat soll Angelegenheiten, die besonders die in § 60 Abs. 1 genannten Arbeitnehmer betreffen, der Jugend- und Auszubildendenvertretung zur Beratung zuleiten.

A

§ 68 Teilnahme an gemeinsamen Besprechungen
Der Betriebsrat hat die Jugend- und Auszubildendenvertretung zu Besprechungen zwischen Arbeitgeber und Betriebsrat beizuziehen, wenn Angelegenheiten behandelt werden, die besonders die in § 60 Abs. 1 genannten Arbeitnehmer betreffen.

§ 69 Sprechstunden
In Betrieben, die in der Regel mehr als fünfzig der in § 60 Abs. 1 genannten Arbeitnehmer beschäftigen, kann die Jugend- und Auszubildendenvertretung Sprechstunden während der Arbeitszeit einrichten. Zeit und Ort sind durch Betriebsrat und Arbeitgeber zu vereinbaren. § 39 Abs. 1 Satz 3 und 4 und Abs. 3 gilt entsprechend. An den Sprechstunden der Jugend- und Auszubildendenvertretung kann der

Betriebsratsvorsitzende oder ein beauftragtes Betriebsratsmitglied beratend teilnehmen.

§ 70 Allgemeine Aufgaben

(1) Die Jugend- und Auszubildendenvertretung hat folgende allgemeine Aufgaben:

1. Maßnahmen, die den in § 60 Abs. 1 genannten Arbeitnehmern dienen, insbesondere in Fragen der Berufsbildung und der Übernahme der zu ihrer Berufsausbildung Beschäftigten in ein Arbeitsverhältnis, beim Betriebsrat zu beantragen;
1a. Maßnahmen zur Durchsetzung der tatsächlichen Gleichstellung der in § 60 Abs. 1 genannten Arbeitnehmer entsprechend § 80 Abs. 1 Nr. 2a und 2b beim Betriebsrat zu beantragen;
2. darüber zu wachen, dass die zugunsten der in § 60 Abs. 1 genannten Arbeitnehmer geltenden Gesetze, Verordnungen, Unfallverhütungsvorschriften, Tarifverträge und Betriebsvereinbarungen durchgeführt werden;
3. Anregungen von in § 60 Abs. 1 genannten Arbeitnehmern, insbesondere in Fragen der Berufsbildung, entgegenzunehmen und, falls sie berechtigt erscheinen, beim Betriebsrat auf eine Erledigung hinzuwirken. Die Jugend- und Auszubildendenvertretung hat die betroffenen in § 60 Abs. 1 genannten Arbeitnehmer über den Stand und das Ergebnis der Verhandlungen zu informieren;
4. die Integration ausländischer, in § 60 Abs. 1 genannter Arbeitnehmer im Betrieb zu fördern und entsprechende Maßnahmen beim Betriebsrat zu beantragen.

(2) Zur Durchführung ihrer Aufgaben ist die Jugend- und Auszubildendenvertretung durch den Betriebsrat rechtzeitig und umfassend zu unterrichten. Die Jugend- und Auszubildendenvertretung kann verlangen, dass ihr der Betriebsrat die zur Durchführung ihrer Aufgaben erforderlichen Unterlagen zur Verfügung stellt.

§ 71 Jugend- und Auszubildendenversammlung

Die Jugend- und Auszubildendenvertretung kann vor oder nach jeder Betriebsversammlung im Einvernehmen mit dem Betriebsrat eine betriebliche Jugend- und Auszubildendenversammlung einberufen. Im Einvernehmen mit Betriebsrat und Arbeitgeber kann die betriebliche Jugend- und Auszubildendenversammlung auch zu einem anderen Zeitpunkt einberufen werden. § 43 Abs. 2 Satz 1 und 2, die §§ 44 bis 46 und § 65 Abs. 2 Satz 2 gelten entsprechend.

[...]

Zweiter Unterabschnitt Berufsbildung

§ 96 Förderung der Berufsbildung

(1) Arbeitgeber und Betriebsrat haben im Rahmen der betrieblichen Personalplanung und in Zusammenarbeit mit den für die Berufsbildung und den für die Förderung der Berufsbildung zuständigen Stellen die Berufsbildung der Arbeitnehmer zu fördern. Der Arbeitgeber hat auf Verlangen des Betriebsrats den Berufsbildungsbedarf zu ermitteln und mit ihm Fragen der Berufsbildung der Arbeitnehmer des Betriebs zu beraten. Hierzu kann der Betriebsrat Vorschläge machen.

(2) Arbeitgeber und Betriebsrat haben darauf zu achten, dass unter Berücksichtigung der betrieblichen Notwendigkeiten den Arbeitnehmern die Teilnahme an betrieblichen oder außerbetrieblichen Maßnahmen der Berufsbildung ermöglicht wird. Sie haben dabei auch die Belange älterer Arbeitnehmer, Teilzeitbeschäftigter und von Arbeitnehmern mit Familienpflichten zu berücksichtigen.

§ 97 Einrichtungen und Maßnahmen der Berufsbildung

(1) Der Arbeitgeber hat mit dem Betriebsrat über die Errichtung und Ausstattung betrieblicher Einrichtungen zur Berufsbildung, die Einführung betrieblicher Berufsbildungsmaßnahmen und die Teilnahme an außerbetrieblichen Berufsbildungsmaßnahmen zu beraten.

(2) Hat der Arbeitgeber Maßnahmen geplant oder durchgeführt, die dazu führen, dass sich die Tätigkeit der betroffenen Arbeitnehmer ändert und ihre beruflichen Kenntnisse und Fähigkeiten zur Erfüllen ihrer Aufgaben nicht mehr ausreichen, so hat der Betriebsrat bei der Einführung von Maßnahmen der betrieblichen Berufsbildung mitzubestimmen. Kommt eine Einigung nicht zustande, so entscheidet die Einigungsstelle. Der Spruch der Einigungsstelle ersetzt die Einigung zwischen Arbeitgeber und Betriebsrat.

§ 98 Durchführung betrieblicher Bildungsmaßnahmen

(1) Der Betriebsrat hat bei der Durchführung von Maßnahmen der betrieblichen Berufsbildung mitzubestimmen.

(2) Der Betriebsrat kann der Bestellung einer mit der Durchführung der betrieblichen Berufsbildung beauftragten Person widersprechen oder ihre Abberufung verlangen, wenn diese die persönliche

oder fachliche, insbesondere die berufs- und arbeitspädagogische Eignung im Sinne des Berufsbildungsgesetzes nicht besitzt oder ihre Aufgaben vernachlässigt.

(3) Führt der Arbeitgeber betriebliche Maßnahmen der Berufsbildung durch oder stellt er für außerbetriebliche Maßnahmen der Berufsbildung Arbeitnehmer frei oder trägt er die durch die Teilnahme von Arbeitnehmern an solchen Maßnahmen entstehenden Kosten ganz oder teilweise, so kann der Betriebsrat Vorschläge für die Teilnahme von Arbeitnehmern oder Gruppen von Arbeitnehmern des Betriebs an diesen Maßnahmen der beruflichen Bildung machen.

(4) Kommt im Fall des Absatzes 1 oder über die nach Absatz 3 vom Betriebsrat vorgeschlagenen Teilnehmer eine Einigung nicht zustande, so entscheidet die Einigungsstelle. Der Spruch der Einigungsstelle ersetzt die Einigung zwischen Arbeitgeber und Betriebsrat.

(5) Kommt im Fall des Absatzes 2 eine Einigung nicht zustande, so kann der Betriebsrat beim Arbeitsgericht beantragen, dem Arbeitgeber aufzugeben, die Bestellung zu unterlassen oder die Abberufung durchzuführen. Führt der Arbeitgeber die Bestellung einer rechtskräftigen gerichtlichen Entscheidung zuwider durch, so ist er auf Antrag des Betriebsrats vom Arbeitsgericht wegen der Bestellung nach vorheriger Androhung zu einem Ordnungsgeld zu verurteilen; das Höchstmaß des Ordnungsgeldes beträgt 10.000 Euro. Führt der Arbeitgeber die Abberufung einer rechtskräftigen gerichtlichen Entscheidung zuwider nicht durch, so ist auf Antrag des Betriebsrats vom Arbeitsgericht zu erkennen, dass der Arbeitgeber zur Abberufung durch Zwangsgeld anzuhalten sei; das Höchstmaß des Zwangsgeldes beträgt für jeden Tag der Zuwiderhandlung 250 Euro. Die Vorschriften des Berufsbildungsgesetzes über die Ordnung der Berufsbildung bleiben unberührt.

(6) Die Absätze 1 bis 5 gelten entsprechend, wenn der Arbeitgeber sonstige Bildungsmaßnahmen im Betrieb durchführt.

Dritter Unterabschnitt
Personelle Einzelmaßnahmen

§ 99 Mitbestimmung bei personellen Einzelmaßnahmen

(1) In Unternehmen mit in der Regel mehr als zwanzig wahlberechtigten Arbeitnehmern hat der Arbeitgeber den Betriebsrat vor jeder Einstellung, Eingruppierung, Umgruppierung und Versetzung zu unterrichten, ihm die erforderlichen Bewerbungsunterlagen vorzulegen und Auskunft über die Person der Beteiligten zu geben; er hat dem Betriebsrat unter Vorlage der erforderlichen Unterlagen Auskunft über die Auswirkungen der geplanten Maßnahme zu geben und die Zustimmung des Betriebsrats zu der geplanten Maßnahme einzuholen. Bei Einstellungen und Versetzungen hat der Arbeitgeber insbesondere den in Aussicht genommenen Arbeitsplatz und die vorgesehene Eingruppierung mitzuteilen. Die Mitglieder des Betriebsrats sind verpflichtet, über die ihnen im Rahmen der personellen Maßnahmen nach den Sätzen 1 und 2 bekanntgewordenen persönlichen Verhältnisse und Angelegenheiten der Arbeitnehmer, die ihrer Bedeutung oder ihrem Inhalt nach einer vertraulichen Behandlung bedürfen, Stillschweigen zu bewahren; § 79 Abs. 1 Satz 2 bis 4 gilt entsprechend.

(2) Der Betriebsrat kann die Zustimmung verweigern, wenn

1. die personelle Maßnahme gegen ein Gesetz, eine Verordnung, eine Unfallverhütungsvorschrift oder gegen eine Bestimmung in einem Tarifvertrag oder in einer Betriebsvereinbarung oder gegen eine gerichtliche Entscheidung oder eine behördliche Anordnung verstoßen würde,
2. die personelle Maßnahme gegen eine Richtlinie nach § 95 verstoßen würde,
3. die durch Tatsachen begründete Besorgnis besteht, dass infolge der personellen Maßnahme im Betrieb beschäftigte Arbeitnehmer gekündigt werden oder sonstige Nachteile erleiden, ohne dass dies aus betrieblichen oder persönlichen Gründen gerechtfertigt ist; als Nachteil gilt bei unbefristeter Einstellung auch die Nichtberücksichtigung eines gleich geeigneten befristet Beschäftigten,
4. der betroffene Arbeitnehmer durch die personelle Maßnahme benachteiligt wird, ohne dass dies aus betrieblichen oder in der Person des Arbeitnehmers liegenden Gründen gerechtfertigt ist,
5. eine nach § 93 erforderliche Ausschreibung im Betrieb unterblieben ist oder
6. die durch Tatsachen begründete Besorgnis besteht, dass der für die personelle Maßnahme in Aussicht genommene Bewerber oder Arbeitnehmer den Betriebsfrieden durch gesetzwidriges

A

Verhalten oder durch grobe Verletzung der in § 75 Abs. 1 enthaltenen Grundsätze, insbesondere durch rassistische oder fremdenfeindliche Betätigung, stören werde.

(3) Verweigert der Betriebsrat seine Zustimmung, so hat er dies unter Angabe von Gründen innerhalb einer Woche nach Unterrichtung durch den Arbeitgeber diesem schriftlich mitzuteilen. Teilt der Betriebsrat dem Arbeitgeber die Verweigerung seiner Zustimmung nicht innerhalb der Frist schriftlich mit, so gilt die Zustimmung als erteilt.

(4) Verweigert der Betriebsrat seine Zustimmung, so kann der Arbeitgeber beim Arbeitsgericht beantragen, die Zustimmung zu ersetzen.

[...]

§ 102 Mitbestimmung bei Kündigungen

(1) Der Betriebsrat ist vor jeder Kündigung zu hören. Der Arbeitgeber hat ihm die Gründe für die Kündigung mitzuteilen. Eine ohne Anhörung des Betriebsrats ausgesprochene Kündigung ist unwirksam.

(2) Hat der Betriebsrat gegen eine ordentliche Kündigung Bedenken, so hat er diese unter Angabe der Gründe dem Arbeitgeber spätestens innerhalb einer Woche schriftlich mitzuteilen. Äußert er sich innerhalb dieser Frist nicht, gilt seine Zustimmung zur Kündigung als erteilt. Hat der Betriebsrat gegen eine außerordentliche Kündigung Bedenken, so hat er diese unter Angabe der Gründe dem Arbeitgeber unverzüglich, spätestens jedoch innerhalb von drei Tagen, schriftlich mitzuteilen. Der Betriebsrat soll, soweit dies erforderlich erscheint, vor seiner Stellungnahme den betroffenen Arbeitnehmer hören. § 99 Abs. 1 Satz 3 gilt entsprechend.

(3) Der Betriebsrat kann innerhalb der Frist des Absatzes 2 Satz 1 der ordentlichen Kündigung widersprechen, wenn

1. der Arbeitgeber bei der Auswahl des zu kündigenden Arbeitnehmers soziale Gesichtspunkte nicht oder nicht ausreichend berücksichtigt hat,
2. die Kündigung gegen eine Richtlinie nach § 95 verstößt,
3. der zu kündigende Arbeitnehmer an einem anderen Arbeitsplatz im selben Betrieb oder in einem anderen Betrieb des Unternehmens weiterbeschäftigt werden kann,
4. die Weiterbeschäftigung des Arbeitnehmers nach zumutbaren Umschulungs- oder Fortbildungsmaßnahmen möglich ist oder
5. eine Weiterbeschäftigung des Arbeitnehmers unter geänderten Vertragsbedingungen möglich ist und der Arbeitnehmer sein Einverständnis hiermit erklärt hat.

(4) Kündigt der Arbeitgeber, obwohl der Betriebsrat nach Absatz 3 der Kündigung widersprochen hat, so hat er dem Arbeitnehmer mit der Kündigung eine Abschrift der Stellungnahme des Betriebsrats zuzuleiten.

(5) Hat der Betriebsrat einer ordentlichen Kündigung frist- und ordnungsgemäß widersprochen, und hat der Arbeitnehmer nach dem Kündigungsschutzgesetz Klage auf Feststellung erhoben, dass das Arbeitsverhältnis durch die Kündigung nicht aufgelöst ist, so muss der Arbeitgeber auf Verlangen des Arbeitnehmers diesen nach Ablauf der Kündigungsfrist bis zum rechtskräftigen Abschluss des Rechtsstreits bei unveränderten Arbeitsbedingungen weiterbeschäftigen. Auf Antrag des Arbeitgebers kann das Gericht ihn durch einstweilige Verfügung von der Verpflichtung zur Weiterbeschäftigung nach Satz 1 entbinden, wenn

1. die Klage des Arbeitnehmers keine hinreichende Aussicht auf Erfolg bietet oder mutwillig erscheint oder
2. die Weiterbeschäftigung des Arbeitnehmers zu einer unzumutbaren wirtschaftlichen Belastung des Arbeitgebers führen würde oder
3. der Widerspruch des Betriebsrats offensichtlich unbegründet war.

(6) Arbeitgeber und Betriebsrat können vereinbaren, dass Kündigungen der Zustimmung des Betriebsrats bedürfen und dass bei Meinungsverschiedenheiten über die Berechtigung der Nichterteilung der Zustimmung die Einigungsstelle entscheidet.

(7) Die Vorschriften über die Beteiligung des Betriebsrats nach dem Kündigungsschutzgesetz bleiben unberührt.

[...]

Arbeitszeitgesetz (ArbZG) – Auszug

vom 6. Juni 1994, zuletzt geändert am 11. November 2016

Erster Abschnitt
Allgemeine Vorschriften

§ 1 Zweck des Gesetzes

Zweck des Gesetzes ist es,

1. die Sicherheit und den Gesundheitsschutz der Arbeitnehmer in der Bundesrepublik Deutschland und in der ausschließlichen Wirtschaftszone bei der Arbeitszeitgestaltung zu gewährleisten und die Rahmenbedingungen für flexible Arbeitszeiten zu verbessern sowie
2. den Sonntag und die staatlich anerkannten Feiertage als Tage der Arbeitsruhe und der seelischen Erhebung der Arbeitnehmer zu schützen.

§ 2 Begriffsbestimmungen

(1) Arbeitszeit im Sinne dieses Gesetzes ist die Zeit vom Beginn bis zum Ende der Arbeit ohne die Ruhepausen; Arbeitszeiten bei mehreren Arbeitgebern sind zusammenzurechnen. Im Bergbau unter Tage zählen die Ruhepausen zur Arbeitszeit.

(2) Arbeitnehmer im Sinne dieses Gesetzes sind Arbeiter und Angestellte sowie die zu ihrer Berufsbildung Beschäftigten.

(3) Nachtzeit im Sinne dieses Gesetzes ist die Zeit von 23 bis 6 Uhr, in Bäckereien und Konditoreien die Zeit von 22 bis 5 Uhr.

(4) Nachtarbeit im Sinne dieses Gesetzes ist jede Arbeit, die mehr als zwei Stunden der Nachtzeit umfaßt.

(5) Nachtarbeitnehmer im Sinne dieses Gesetzes sind Arbeitnehmer, die

1. auf Grund ihrer Arbeitszeitgestaltung normalerweise Nachtarbeit in Wechselschicht zu leisten haben oder
2. Nachtarbeit an mindestens 48 Tagen im Kalenderjahr leisten.

Zweiter Abschnitt
Werktägliche Arbeitszeit und arbeitsfreie Zeiten

§ 3 Arbeitszeit der Arbeitnehmer

Die werktägliche Arbeitszeit der Arbeitnehmer darf acht Stunden nicht überschreiten. Sie kann auf bis zu zehn Stunden nur verlängert werden, wenn innerhalb von sechs Kalendermonaten oder innerhalb von 24 Wochen im Durchschnitt acht Stunden werktäglich nicht überschritten werden.

§ 4 Ruhepausen

Die Arbeit ist durch im voraus feststehende Ruhepausen von mindestens 30 Minuten bei einer Arbeitszeit von mehr als sechs bis zu neun Stunden und 45 Minuten bei einer Arbeitszeit von mehr als neun Stunden insgesamt zu unterbrechen. Die Ruhepausen nach Satz 1 können in Zeitabschnitte von jeweils mindestens 15 Minuten aufgeteilt werden. Länger als sechs Stunden hintereinander dürfen Arbeitnehmer nicht ohne Ruhepause beschäftigt werden.

§ 5 Ruhezeit

(1) Die Arbeitnehmer müssen nach Beendigung der täglichen Arbeitszeit eine ununterbrochene Ruhezeit von mindestens elf Stunden haben.

(2) Die Dauer der Ruhezeit des Absatzes 1 kann in Krankenhäusern und anderen Einrichtungen zur Behandlung, Pflege und Betreuung von Personen, in Gaststätten und anderen Einrichtungen zur Bewirtung und Beherbergung, in Verkehrsbetrieben, beim Rundfunk sowie in der Landwirtschaft und in der Tierhaltung um bis zu eine Stunde verkürzt werden, wenn jede Verkürzung der Ruhezeit innerhalb eines Kalendermonats oder innerhalb von vier Wochen durch Verlängerung einer anderen Ruhezeit auf mindestens zwölf Stunden ausgeglichen wird.

(3) Abweichend von Absatz 1 können in Krankenhäusern und anderen Einrichtungen zur Behandlung, Pflege und Betreuung von Personen Kürzungen der Ruhezeit durch Inanspruchnahmen während der Rufbereitschaft, die nicht mehr als die Hälfte der Ruhezeit betragen, zu anderen Zeiten ausgeglichen werden.

(4) (weggefallen)

§ 6 Nacht- und Schichtarbeit

(1) Die Arbeitszeit der Nacht- und Schichtarbeitnehmer ist nach den gesicherten arbeitswissenschaftlichen Erkenntnissen über die menschengerechte Gestaltung der Arbeit festzulegen.

(2) Die werktägliche Arbeitszeit der Nachtarbeitnehmer darf acht Stunden nicht überschreiten. Sie kann auf bis zu zehn Stunden nur verlängert

A

werden, wenn abweichend von § 3 innerhalb von einem Kalendermonat oder innerhalb von vier Wochen im Durchschnitt acht Stunden werktäglich nicht überschritten werden. Für Zeiträume, in denen Nachtarbeitnehmer im Sinne des § 2 Abs. 5 Nr. 2 nicht zur Nachtarbeit herangezogen werden, findet § 3 Satz 2 Anwendung.

(3) Nachtarbeitnehmer sind berechtigt, sich vor Beginn der Beschäftigung und danach in regelmäßigen Zeitabständen von nicht weniger als drei Jahren arbeitsmedizinisch untersuchen zu lassen. Nach Vollendung des 50. Lebensjahres steht Nachtarbeitnehmern dieses Recht in Zeitabständen von einem Jahr zu. Die Kosten der Untersuchungen hat der Arbeitgeber zu tragen, sofern er die Untersuchungen den Nachtarbeitnehmern nicht kostenlos durch einen Betriebsarzt oder einen überbetrieblichen Dienst von Betriebsärzten anbietet.

(4) Der Arbeitgeber hat den Nachtarbeitnehmer auf dessen Verlangen auf einen für ihn geeigneten Tagesarbeitsplatz umzusetzen, wenn

a) nach arbeitsmedizinischer Feststellung die weitere Verrichtung von Nachtarbeit den Arbeitnehmer in seiner Gesundheit gefährdet oder
b) im Haushalt des Arbeitnehmers ein Kind unter zwölf Jahren lebt, das nicht von einer anderen im Haushalt lebenden Person betreut werden kann, oder
c) der Arbeitnehmer einen schwerpflegebedürftigen Angehörigen zu versorgen hat, der nicht von einem anderen im Haushalt lebenden Angehörigen versorgt werden kann,

sofern dem nicht dringende betriebliche Erfordernisse entgegenstehen. Stehen der Umsetzung des Nachtarbeitnehmers auf einen für ihn geeigneten Tagesarbeitsplatz nach Auffassung des Arbeitgebers dringende betriebliche Erfordernisse entgegen, so ist der Betriebs- oder Personalrat zu hören. Der Betriebs- oder Personalrat kann dem Arbeitgeber Vorschläge für eine Umsetzung unterbreiten.

(5) Soweit keine tarifvertraglichen Ausgleichsregelungen bestehen, hat der Arbeitgeber dem Nachtarbeitnehmer für die während der Nachtzeit geleisteten Arbeitsstunden eine angemessene Zahl bezahlter freier Tage oder einen angemessenen Zuschlag auf das ihm hierfür zustehende Bruttoarbeitsentgelt zu gewähren.

(6) Es ist sicherzustellen, daß Nachtarbeitnehmer den gleichen Zugang zur betrieblichen Weiterbildung und zu aufstiegsfördernden Maßnahmen haben wie die übrigen Arbeitnehmer.

§ 7 Abweichende Regelungen

(1) In einem Tarifvertrag oder auf Grund eines Tarifvertrags in einer Betriebs- oder Dienstvereinbarung kann zugelassen werden,

1. abweichend von § 3
   a) die Arbeitszeit über zehn Stunden werktäglich zu verlängern, wenn in die Arbeitszeit regelmäßig und in erheblichem Umfang Arbeitsbereitschaft oder Bereitschaftsdienst fällt,
   b) einen anderen Ausgleichszeitraum festzulegen,
   c) (weggefallen)
2. abweichend von § 4 Satz 2 die Gesamtdauer der Ruhepausen in Schichtbetrieben und Verkehrsbetrieben auf Kurzpausen von angemessener Dauer aufzuteilen,
3. abweichend von § 5 Abs. 1 die Ruhezeit um bis zu zwei Stunden zu kürzen, wenn die Art der Arbeit dies erfordert und die Kürzung der Ruhezeit innerhalb eines festzulegenden Ausgleichszeitraums ausgeglichen wird,
4. abweichend von § 6 Abs. 2
   a) die Arbeitszeit über zehn Stunden werktäglich hinaus zu verlängern, wenn in die Arbeitszeit regelmäßig und in erheblichem Umfang Arbeitsbereitschaft oder Bereitschaftsdienst fällt,
   b) einen anderen Ausgleichszeitraum festzulegen,
5. den Beginn des siebenstündigen Nachtzeitraums des § 2 Abs. 3 auf die Zeit zwischen 22 und 24 Uhr festzulegen.

(2) Sofern der Gesundheitsschutz der Arbeitnehmer durch einen entsprechenden Zeitausgleich gewährleistet wird, kann in einem Tarifvertrag oder auf Grund eines Tarifvertrags in einer Betriebs- oder Dienstvereinbarung ferner zugelassen werden,

1. abweichend von § 5 Abs. 1 die Ruhezeiten bei Rufbereitschaft den Besonderheiten dieses Dienstes anzupassen, insbesondere Kürzungen der Ruhezeit infolge von Inanspruchnahmen während dieses Dienstes zu anderen Zeiten auszugleichen,
2. die Regelungen der §§ 3, 5 Abs. 1 und § 6 Abs. 2 in der Landwirtschaft der Bestellungs- und Erntezeit sowie den Witterungseinflüssen anzupassen,
3. die Regelungen der §§ 3, 4, 5 Abs. 1 und § 6 Abs. 2 bei der Behandlung, Pflege und Betreuung von Personen der Eigenart dieser Tätigkeit und dem Wohl dieser Personen entsprechend anzupassen,
4. die Regelungen der §§ 3, 4, 5 Abs. 1 und § 6 Abs. 2 bei Verwaltungen und Betrieben des Bundes, der Länder, der Gemeinden und

sonstigen Körperschaften, Anstalten und Stiftungen des öffentlichen Rechts sowie bei anderen Arbeitgebern, die der Tarifbindung eines für den öffentlichen Dienst geltenden oder eines im wesentlichen inhaltsgleichen Tarifvertrags unterliegen, der Eigenart der Tätigkeit bei diesen Stellen anzupassen.

(2a) In einem Tarifvertrag oder auf Grund eines Tarifvertrags in einer Betriebs- oder Dienstvereinbarung kann abweichend von den §§ 3, 5 Abs. 1 und § 6 Abs. 2 zugelassen werden, die werktägliche Arbeitszeit auch ohne Ausgleich über acht Stunden zu verlängern, wenn in die Arbeitszeit regelmäßig und in erheblichem Umfang Arbeitsbereitschaft oder Bereitschaftsdienst fällt und durch besondere Regelungen sichergestellt wird, dass die Gesundheit der Arbeitnehmer nicht gefährdet wird.

(3) Im Geltungsbereich eines Tarifvertrags nach Absatz 1, 2 oder 2a können abweichende tarifvertragliche Regelungen im Betrieb eines nicht tarifgebundenen Arbeitgebers durch Betriebs- oder Dienstvereinbarung oder, wenn ein Betriebs- oder Personalrat nicht besteht, durch schriftliche Vereinbarung zwischen dem Arbeitgeber und dem Arbeitnehmer übernommen werden. Können auf Grund eines solchen Tarifvertrags abweichende Regelungen in einer Betriebs- oder Dienstvereinbarung getroffen werden, kann auch in Betrieben eines nicht tarifgebundenen Arbeitgebers davon Gebrauch gemacht werden. Eine nach Absatz 2 Nr. 4 getroffene abweichende tarifvertragliche Regelung hat zwischen nicht tarifgebundenen Arbeitgebern und Arbeitnehmern Geltung, wenn zwischen ihnen die Anwendung der für den öffentlichen Dienst geltenden tarifvertraglichen Bestimmungen vereinbart ist und die Arbeitgeber die Kosten des Betriebs überwiegend mit Zuwendungen im Sinne des Haushaltsrechts decken.

(4) Die Kirchen und die öffentlich-rechtlichen Religionsgesellschaften können die in Absatz 1, 2 oder 2a genannten Abweichungen in ihren Regelungen vorsehen.

(5) In einem Bereich, in dem Regelungen durch Tarifvertrag üblicherweise nicht getroffen werden, können Ausnahmen im Rahmen des Absatzes 1, 2 oder 2a durch die Aufsichtsbehörde bewilligt werden, wenn dies aus betrieblichen Gründen erforderlich ist und die Gesundheit der Arbeitnehmer nicht gefährdet wird.

(6) Die Bundesregierung kann durch Rechtsverordnung mit Zustimmung des Bundesrates Ausnahmen im Rahmen des Absatzes 1 oder 2 zulassen, sofern dies aus betrieblichen Gründen erforderlich ist und die Gesundheit der Arbeitnehmer nicht gefährdet wird.

(7) Auf Grund einer Regelung nach Absatz 2a oder den Absätzen 3 bis 5 jeweils in Verbindung mit Absatz 2a darf die Arbeitszeit nur verlängert werden, wenn der Arbeitnehmer schriftlich eingewilligt hat. Der Arbeitnehmer kann die Einwilligung mit einer Frist von sechs Monaten schriftlich widerrufen. Der Arbeitgeber darf einen Arbeitnehmer nicht benachteiligen, weil dieser die Einwilligung zur Verlängerung der Arbeitszeit nicht erklärt oder die Einwilligung widerrufen hat.

(8) Werden Regelungen nach Absatz 1 Nr. 1 und 4, Absatz 2 Nr. 2 bis 4 oder solche Regelungen auf Grund der Absätze 3 und 4 zugelassen, darf die Arbeitszeit 48 Stunden wöchentlich im Durchschnitt von zwölf Kalendermonaten nicht überschreiten. Erfolgt die Zulassung auf Grund des Absatzes 5, darf die Arbeitszeit 48 Stunden wöchentlich im Durchschnitt von sechs Kalendermonaten oder 24 Wochen nicht überschreiten.

(9) Wird die werktägliche Arbeitszeit über zwölf Stunden hinaus verlängert, muss im unmittelbaren Anschluss an die Beendigung der Arbeitszeit eine Ruhezeit von mindestens elf Stunden gewährt werden.

A

§ 8 Gefährliche Arbeiten

Die Bundesregierung kann durch Rechtsverordnung mit Zustimmung des Bundesrates für einzelne Beschäftigungsbereiche, für bestimmte Arbeiten oder für bestimmte Arbeitnehmergruppen, bei denen besondere Gefahren für die Gesundheit der Arbeitnehmer zu erwarten sind, die Arbeitszeit über § 3 hinaus beschränken, die Ruhepausen und Ruhezeiten über die §§ 4 und 5 hinaus ausdehnen, die Regelungen zum Schutz der Nacht- und Schichtarbeitnehmer in § 6 erweitern und die Abweichungsmöglichkeiten nach § 7 beschränken, soweit dies zum Schutz der Gesundheit der Arbeitnehmer erforderlich ist. Satz 1 gilt nicht für Beschäftigungsbereiche und Arbeiten in Betrieben, die der Bergaufsicht unterliegen.

Dritter Abschnitt
Sonn- und Feiertagsruhe

§ 9 Sonn- und Feiertagsruhe

(1) Arbeitnehmer dürfen an Sonn- und gesetzlichen Feiertagen von 0 bis 24 Uhr nicht beschäftigt werden.

(2) In mehrschichtigen Betrieben mit regelmäßiger Tag- und Nachtschicht kann Beginn oder Ende der Sonnund Feiertagsruhe um bis zu sechs Stunden vor- oder zurückverlegt werden, wenn für die auf den Beginn der Ruhezeit folgenden 24 Stunden der Betrieb ruht.
(3) Für Kraftfahrer und Beifahrer kann der Beginn der 24stündigen Sonn- und Feiertagsruhe um bis zu zwei Stunden vorverlegt werden.

§ 10 Sonn- und Feiertagsbeschäftigung
(1) Sofern die Arbeiten nicht an Werktagen vorgenommen werden können, dürfen Arbeitnehmer an Sonn- und Feiertagen abweichend von § 9 beschäftigt werden

1. in Not- und Rettungsdiensten sowie bei der Feuerwehr,
2. zur Aufrechterhaltung der öffentlichen Sicherheit und Ordnung sowie der Funktionsfähigkeit von Gerichten und Behörden und für Zwecke der Verteidigung,
3. in Krankenhäusern und anderen Einrichtungen zur Behandlung, Pflege und Betreuung von Personen,
4. in Gaststätten und anderen Einrichtungen zur Bewirtung und Beherbergung sowie im Haushalt,
5. bei Musikaufführungen, Theatervorstellungen, Filmvorführungen, Schaustellungen, Darbietungen und anderen ähnlichen Veranstaltungen,
6. bei nichtgewerblichen Aktionen und Veranstaltungen der Kirchen, Religionsgesellschaften, Verbände, Vereine, Parteien und anderer ähnlicher Vereinigungen,
7. beim Sport und in Freizeit-, Erholungs- und Vergnügungseinrichtungen, beim Fremdenverkehr sowie in Museen und wissenschaftlichen Präsenzbibliotheken,
8. beim Rundfunk, bei der Tages- und Sportpresse, bei Nachrichtenagenturen sowie bei den der Tagesaktualität dienenden Tätigkeiten für andere Presseerzeugnisse einschließlich des Austragens, bei der Herstellung von Satz, Filmen und Druckformen für tagesaktuelle Nachrichten und Bilder, bei tagesaktuellen Aufnahmen auf Ton- und Bildträger sowie beim Transport und Kommissionieren von Presseerzeugnissen, deren Ersterscheinungstag am Montag oder am Tag nach einem Feiertag liegt,
9. bei Messen, Ausstellungen und Märkten im Sinne des Titels IV der Gewerbeordnung sowie bei Volksfesten,
10. in Verkehrsbetrieben sowie beim Transport und Kommissionieren von leichtverderblichen Waren im Sinne des § 30 Abs. 3 Nr. 2 der Straßenverkehrsordnung,
11. in den Energie- und Wasserversorgungsbetrieben sowie in Abfall- und Abwasserentsorgungsbetrieben,
12. in der Landwirtschaft und in der Tierhaltung sowie in Einrichtungen zur Behandlung und Pflege von Tieren,
13. im Bewachungsgewerbe und bei der Bewachung von Betriebsanlagen,
14. bei der Reinigung und Instandhaltung von Betriebseinrichtungen, soweit hierdurch der regelmäßige Fortgang des eigenen oder eines fremden Betriebs bedingt ist, bei der Vorbereitung der Wiederaufnahme des vollen werktägigen Betriebs sowie bei der Aufrechterhaltung der Funktionsfähigkeit von Datennetzen und Rechnersystemen,
15. zur Verhütung des Verderbens von Naturerzeugnissen oder Rohstoffen oder des Mißlingens von Arbeitsergebnissen sowie bei kontinuierlich durchzuführenden Forschungsarbeiten,
16. zur Vermeidung einer Zerstörung oder erheblichen Beschädigung der Produktionseinrichtungen.

(2) Abweichend von § 9 dürfen Arbeitnehmer an Sonn- und Feiertagen mit den Produktionsarbeiten beschäftigt werden, wenn die infolge der Unterbrechung der Produktion nach Absatz 1 Nr. 14 zulässigen Arbeiten den Einsatz von mehr Arbeitnehmern als bei durchgehender Produktion erfordern.
(3) Abweichend von § 9 dürfen Arbeitnehmer an Sonn- und Feiertagen in Bäckereien und Konditoreien für bis zu drei Stunden mit der Herstellung und dem Austragen oder Ausfahren von Konditorwaren und an diesem Tag zum Verkauf kommenden Bäckerwaren beschäftigt werden.
(4) Sofern die Arbeiten nicht an Werktagen vorgenommen werden können, dürfen Arbeitnehmer zur Durchführung des Eil- und Großbetragszahlungsverkehrs und des Geld-, Devisen-, Wertpapier- und Derivatehandels abweichend von § 9 Abs. 1 an den auf einen Werktag fallenden Feiertagen beschäftigt werden, die nicht in allen Mitgliedstaaten der Europäischen Union Feiertage sind.

§ 11 Ausgleich für Sonn- und Feiertagsbeschäftigung

(1) Mindestens 15 Sonntage im Jahr müssen beschäftigungsfrei bleiben.

(2) Für die Beschäftigung an Sonn- und Feiertagen gelten die §§ 3 bis 8 entsprechend, jedoch dürfen durch die Arbeitszeit an Sonn- und Feiertagen die in den §§ 3, 6 Abs. 2, §§ 7 und 21a Abs. 4 bestimmten Höchstarbeitszeiten und Ausgleichszeiträume nicht überschritten werden.

(3) Werden Arbeitnehmer an einem Sonntag beschäftigt, müssen sie einen Ersatzruhetag haben, der innerhalb eines den Beschäftigungstag einschließenden Zeitraums von zwei Wochen zu gewähren ist. Werden Arbeitnehmer an einem auf einen Werktag fallenden Feiertag beschäftigt, müssen sie einen Ersatzruhetag haben, der innerhalb eines den Beschäftigungstag einschließenden Zeitraums von acht Wochen zu gewähren ist.

(4) Die Sonn- oder Feiertagsruhe des § 9 oder der Ersatzruhetag des Absatzes 3 ist den Arbeitnehmern unmittelbar in Verbindung mit einer Ruhezeit nach § 5 zu gewähren, soweit dem technische oder arbeitsorganisatorische Gründe nicht entgegenstehen.

[...]

A

Gesetz zum Schutz der erwerbstätigen Mutter – Auszug (Mutterschutzgesetz – MuSchG)

vom 24. Januar 1952, zuletzt geändert am 23. Oktober 2012

Erster Abschnitt Allgemeine Vorschriften

§ 1 Geltungsbereich

Dieses Gesetz gilt
1. für Frauen, die in einem Arbeitsverhältnis stehen,
2. für weibliche in Heimarbeit Beschäftigte und ihnen Gleichgestellte (§ 1 Abs. 1 und 2 des Heimarbeitsgesetzes vom 14. März 1951 BGBl. I S. 191), soweit sie am Stück mitarbeiten.

§ 2 Gestaltung des Arbeitsplatzes

(1) Wer eine werdende oder stillende Mutter beschäftigt, hat bei der Einrichtung und der Unterhaltung des Arbeitsplatzes einschließlich der Maschinen, Werkzeuge und Geräte und bei der Regelung der Beschäftigung die erforderlichen Vorkehrungen und Maßnahmen zum Schutze von Leben und Gesundheit der werdenden oder stillenden Mutter zu treffen.

(2) Wer eine werdende oder stillende Mutter mit Arbeiten beschäftigt, bei denen sie ständig stehen oder gehen muss, hat für sie eine Sitzgelegenheit zum kurzen Ausruhen bereitzustellen.

(3) Wer eine werdende oder stillende Mutter mit Arbeiten beschäftigt, bei denen sie ständig sitzen muss, hat ihr Gelegenheit zu kurzen Unterbrechungen ihrer Arbeit zu geben.

(4) Die Bundesregierung wird ermächtigt, durch Rechtsverordnung mit Zustimmung des Bundesrates
1. den Arbeitgeber zu verpflichten, zur Vermeidung von Gesundheitsgefährdungen der werdenden oder stillenden Mütter oder ihrer Kinder Liegeräume für diese Frauen einzurichten und sonstige Maßnahmen zur Durchführung des in Absatz 1 enthaltenen Grundsatzes zu treffen,
2. nähere Einzelheiten zu regeln wegen der Verpflichtung des Arbeitgebers zur Beurteilung einer Gefährdung für die werdenden oder stillenden Mütter, zur Durchführung der notwendigen Schutzmaßnahmen und zur Unterrichtung der betroffenen Arbeitnehmerinnen nach Maßgabe der insoweit umzusetzenden Artikel 4 bis 6 der Richtlinie 92/85/EWG des Rates vom 19. Oktober 1992 über die Durchführung von Maßnahmen zur Verbesserung der Sicherheit und des Gesundheitsschutzes von schwangeren Arbeitnehmerinnen, Wöchnerinnen und stillenden Arbeitnehmerinnen am Arbeitsplatz (ABl. EG Nr. L 348 S. 1).

(5) Unabhängig von den auf Grund des Absatzes 4 erlassenen Vorschriften kann die Aufsichtsbehörde in Einzelfällen anordnen, welche Vorkehrungen und Maßnahmen zur Durchführung des Absatzes 1 zu treffen sind.

Zweiter Abschnitt Beschäftigungsverbote

§ 3 Beschäftigungsverbote für werdende Mütter

(1) Werdende Mütter dürfen nicht beschäftigt werden, soweit nach ärztlichem Zeugnis Leben oder Gesundheit von Mutter oder Kind bei Fortdauer der Beschäftigung gefährdet ist.

(2) Werdende Mütter dürfen in den letzten sechs Wochen vor der Entbindung nicht beschäftigt werden, es sei denn, dass sie sich zur Arbeitsleistung ausdrücklich bereit erklären; die Erklärung kann jederzeit widerrufen werden.

§ 4 Weitere Beschäftigungsverbote

(1) Werdende Mütter dürfen nicht mit schweren körperlichen Arbeiten und nicht mit Arbeiten beschäftigt werden, bei denen sie schädlichen Einwirkungen von gesundheitsgefährdenden Stoffen oder Strahlen, von Staub, Gasen oder Dämpfen, von Hitze, Kälte oder Nässe, von Erschütterungen oder Lärm ausgesetzt sind.

(2) Werdende Mütter dürfen insbesondere nicht beschäftigt werden
1. mit Arbeiten, bei denen regelmäßig Lasten von mehr als fünf Kilogramm Gewicht oder gelegentlich Lasten von mehr als zehn Kilogramm Gewicht ohne mechanische Hilfsmittel von Hand gehoben, bewegt oder befördert werden. Sollen größere Lasten mit mechanischen Hilfsmitteln von Hand gehoben, bewegt oder befördert werden, so darf die körperliche Beanspru-

chung der werdenden Mutter nicht größer sein als bei Arbeiten nach Satz 1,
2. nach Ablauf des fünften Monats der Schwangerschaft mit Arbeiten, bei denen sie ständig stehen müssen, soweit diese Beschäftigung täglich vier Stunden überschreitet,
3. mit Arbeiten, bei denen sie sich häufig erheblich strecken oder beugen oder bei denen sie dauernd hocken oder sich gebückt halten müssen,
4. mit der Bedienung von Geräten und Maschinen aller Art mit hoher Fußbeanspruchung, insbesondere von solchen mit Fußantrieb,
5. mit dem Schälen von Holz,
6. mit Arbeiten, bei denen sie infolge ihrer Schwangerschaft in besonderem Maße der Gefahr, an einer Berufskrankheit zu erkranken, ausgesetzt sind oder bei denen durch das Risiko der Entstehung einer Berufskrankheit eine erhöhte Gefährdung für die werdende Mutter oder eine Gefahr für die Leibesfrucht besteht,
7. nach Ablauf des dritten Monats der Schwangerschaft auf Beförderungsmitteln,
8. mit Arbeiten, bei denen sie erhöhten Unfallgefahren, insbesondere der Gefahr auszugleiten, zu fallen oder abzustürzen, ausgesetzt sind.

(3) Die Beschäftigung von werdenden Müttern mit
1. Akkordarbeit und sonstigen Arbeiten, bei denen durch ein gesteigertes Arbeitstempo ein höheres Entgelt erzielt werden kann,
2. Fließarbeit mit vorgeschriebenem Arbeitstempo

ist verboten. Die Aufsichtsbehörde kann Ausnahmen bewilligen, wenn die Art der Arbeit und das Arbeitstempo eine Beeinträchtigung der Gesundheit von Mutter oder Kind nicht befürchten lassen. Die Aufsichtsbehörde kann die Beschäftigung für alle werdenden Mütter eines Betriebes oder einer Betriebsabteilung bewilligen, wenn die Voraussetzungen des Satzes 2 für alle im Betrieb oder in der Betriebsabteilung beschäftigten Frauen gegeben sind.

(4) Die Bundesregierung wird ermächtigt, zur Vermeidung von Gesundheitsgefährdungen der werdenden oder stillenden Mütter und ihrer Kinder durch Rechtsverordnung mit Zustimmung des Bundesrates
1. Arbeiten zu bestimmen, die unter die Beschäftigungsverbote der Absätze 1 und 2 fallen,
2. weitere Beschäftigungsverbote für werdende und stillende Mütter vor und nach der Entbindung zu erlassen.

(5) Die Aufsichtsbehörde kann in Einzelfällen bestimmen, ob eine Arbeit unter die Beschäftigungsverbote der Absätze 1 bis 3 oder einer von der Bundesregierung gemäß Absatz 4 erlassenen Verordnung fällt. Sie kann in Einzelfällen die Beschäftigung mit bestimmten anderen Arbeiten verbieten.

§ 5 Mitteilungspflicht, ärztliches Zeugnis

(1) Werdende Mütter sollen dem Arbeitgeber ihre Schwangerschaft und den mutmaßlichen Tag der Entbindung mitteilen, sobald ihnen ihr Zustand bekannt ist. Auf Verlangen des Arbeitgebers sollen sie das Zeugnis eines Arztes oder einer Hebamme vorlegen. Der Arbeitgeber hat die Aufsichtsbehörde unverzüglich von der Mitteilung der werdenden Mutter zu benachrichtigen. Er darf die Mitteilung der werdenden Mutter Dritten nicht unbefugt bekannt geben.

(2) Für die Berechnung der in § 3 Abs. 2 bezeichneten Zeiträume vor der Entbindung ist das Zeugnis eines Arztes oder einer Hebamme maßgebend; das Zeugnis soll den mutmaßlichen Tag der Entbindung angeben. Irrt sich der Arzt oder die Hebamme über den Zeitpunkt der Entbindung, so verkürzt oder verlängert sich diese Frist entsprechend.

(3) Die Kosten für die Zeugnisse nach den Absätzen 1 und 2 trägt der Arbeitgeber.

§ 6 Beschäftigungsverbote nach der Entbindung

(1) Mütter dürfen bis zum Ablauf von acht Wochen, bei Früh- und Mehrlingsgeburten bis zum Ablauf von zwölf Wochen nach der Entbindung nicht beschäftigt werden. Bei Frühgeburten und sonstigen vorzeitigen Entbindungen verlängern sich die Fristen nach Satz 1 zusätzlich um den Zeitraum der Schutzfrist nach § 3 Abs. 2, der nicht in Anspruch genommen werden konnte. Beim Tod ihres Kindes kann die Mutter auf ihr ausdrückliches Verlangen ausnahmsweise schon vor Ablauf dieser Fristen, aber noch nicht in den ersten zwei Wochen nach der Entbindung, wieder beschäftigt werden, wenn nach ärztlichem Zeugnis nichts dagegen spricht. Sie kann ihre Erklärung jederzeit widerrufen.[*)]

A

*) *§ 6 Abs. 1 dieses Gesetzes dient der Umsetzung des Artikels 8 (Mutterschaftsurlaub) der Richtlinie 92/85/ EWG des Rates vom 19. Oktober 1992 über die Durchführung von Maßnahmen zur Verbesserung der Sicherheit und des Gesundheitsschutzes von schwangeren Arbeitnehmerinnen, Wöchnerinnen und stillenden Arbeitnehmerinnen am Arbeitsplatz (Zehnte Einzelrichtlinie im Sinne des Artikels 16 Abs. 1 der Richtlinie 89/391/EWG - ABl. EG Nr. L 348 S. 1).*

(2) Frauen, die in den ersten Monaten nach der Entbindung nach ärztlichem Zeugnis nicht voll leistungsfähig sind, dürfen nicht zu einer ihre Leistungsfähigkeit übersteigenden Arbeit herangezogen werden.
(3) Stillende Mütter dürfen mit den in § 4 Abs. 1, 2 Nr. 1, 3, 4, 5, 6 und 8 sowie Abs. 3 Satz 1 genannten Arbeiten nicht beschäftigt werden. Die Vorschriften des § 4 Abs. 3 Satz 2 und 3 sowie Abs. 5 gelten entsprechend.

§ 7 Stillzeit

(1) Stillenden Müttern ist auf ihr Verlangen die zum Stillen erforderliche Zeit, mindestens aber zweimal täglich eine halbe Stunde oder einmal täglich eine Stunde freizugeben. Bei einer zusammenhängenden Arbeitszeit von mehr als acht Stunden soll auf Verlangen zweimal eine Stillzeit von mindestens 45 Minuten oder, wenn in der Nähe der Arbeitsstätte keine Stillgelegenheit vorhanden ist, einmal eine Stillzeit von mindestens 90 Minuten gewährt werden. Die Arbeitszeit gilt als zusammenhängend, soweit sie nicht durch eine Ruhepause von mindestens zwei Stunden unterbrochen wird.
(2) Durch die Gewährung der Stillzeit darf ein Verdienstausfall nicht eintreten. Die Stillzeit darf von stillenden Müttern nicht vor- oder nachgearbeitet und nicht auf die in dem Arbeitszeitgesetz oder in anderen Vorschriften festgesetzten Ruhepausen angerechnet werden.
(3) Die Aufsichtsbehörde kann in Einzelfällen nähere Bestimmungen über Zahl, Lage und Dauer der Stillzeiten treffen; sie kann die Einrichtung von Stillräumen vorschreiben.
(4) Der Auftraggeber oder Zwischenmeister hat den in Heimarbeit Beschäftigten und den ihnen Gleichgestellten für die Stillzeit ein Entgelt von 75 vom Hundert eines durchschnittlichen Stundenverdienstes, mindestens aber 0,38 Euro für jeden Werktag zu zahlen. Ist die Frau für mehrere Auftraggeber oder Zwischenmeister tätig, so haben diese das Entgelt für die Stillzeit zu gleichen Teilen zu gewähren. Auf das Entgelt finden die Vorschriften der §§ 23 bis 25 des Heimarbeitsgesetzes vom 14. März 1951 (BGBl. I S. 191) über den Entgeltschutz Anwendung.

§ 8 Mehrarbeit, Nacht- und Sonntagsarbeit

(1) Werdende und stillende Mütter dürfen nicht mit Mehrarbeit, nicht in der Nacht zwischen 20 und 6 Uhr und nicht an Sonn- und Feiertagen beschäftigt werden.
(2) Mehrarbeit im Sinne des Absatzes 1 ist jede Arbeit, die
1. von Frauen unter 18 Jahren über 8 Stunden täglich oder 80 Stunden in der Doppelwoche,
2. von sonstigen Frauen über 8 1/2 Stunden täglich oder 90 Stunden in der Doppelwoche hinaus geleistet wird. In die Doppelwoche werden die Sonntage eingerechnet.

(3) Abweichend vom Nachtarbeitsverbot des Absatzes 1 dürfen werdende Mütter in den ersten vier Monaten der Schwangerschaft und stillende Mütter beschäftigt werden
1. in Gast- und Schankwirtschaften und im übrigen Beherbergungswesen bis 22 Uhr,
2. in der Landwirtschaft mit dem Melken von Vieh ab 5 Uhr,
3. als Künstlerinnen bei Musikaufführungen, Theatervorstellungen und ähnlichen Aufführungen bis 23 Uhr.

(4) Im Verkehrswesen, in Gast- und Schankwirtschaften und im übrigen Beherbergungswesen, im Familienhaushalt, in Krankenpflege- und in Badeanstalten, bei Musikaufführungen, Theatervorstellungen, anderen Schaustellungen, Darbietungen oder Lustbarkeiten dürfen werdende oder stillende Mütter, abweichend von Absatz 1, an Sonn- und Feiertagen beschäftigt werden, wenn ihnen in jeder Woche einmal eine ununterbrochene Ruhezeit von mindestens 24 Stunden im Anschluss an eine Nachtruhe gewährt wird.
(5) An in Heimarbeit Beschäftigte und ihnen Gleichgestellte, +ie werdende oder stillende Mütter sind, darf Heimarbeit nur in solchem Umfang und mit solchen Fertigungsfristen ausgegeben werden, dass sie von der werdenden Mutter voraussichtlich während einer 8-stündigen Tagesarbeitszeit, von der stillenden Mutter voraussichtlich während einer 7 1/4-stündigen Tagesarbeitszeit an Werktagen ausgeführt werden kann. Die Aufsichtsbehörde kann in Einzelfällen nähere Bestimmungen über die Arbeitsmenge treffen; falls ein Heimarbeitsausschuss besteht, hat sie diesen vorher zu hören.
(6) Die Aufsichtsbehörde kann in begründeten Einzelfällen Ausnahmen von den vorstehenden Vorschriften zulassen.

Abschnitt 2a
Mutterschaftsurlaub

§§ 8a bis 8d (weggefallen)

Dritter Abschnitt
Kündigung

§ 9 Kündigungsverbot

(1) Die Kündigung gegenüber einer Frau während der Schwangerschaft und bis zum Ablauf von vier Monaten nach der Entbindung ist unzulässig, wenn dem Arbeitgeber zur Zeit der Kündigung die Schwangerschaft oder Entbindung bekannt war oder innerhalb zweier Wochen nach Zugang der Kündigung mitgeteilt wird; das Überschreiten dieser Frist ist unschädlich, wenn es auf einem von der Frau nicht zu vertretenden Grund beruht und die Mitteilung unverzüglich nachgeholt wird. Die Vorschrift des Satzes 1 gilt für Frauen, die den in Heimarbeit Beschäftigten gleichgestellt sind, nur, wenn sich die Gleichstellung auch auf den Neunten Abschnitt - Kündigung – des Heimarbeitsgesetzes vom 14. März 1951 (BGBl. I S. 191) erstreckt.

(2) Kündigt eine schwangere Frau, gilt § 5 Abs. 1 Satz 3 entsprechend.

(3) Die für den Arbeitsschutz zuständige oberste Landesbehörde oder die von ihr bestimmte Stelle kann in besonderen Fällen, die nicht mit dem Zustand einer Frau während der Schwangerschaft oder ihrer Lage bis zum Ablauf von vier Monaten nach der Entbindung in Zusammenhang stehen, ausnahmsweise die Kündigung für zulässig erklären. Die Kündigung bedarf der schriftlichen Form und sie muss den zulässigen Kündigungsgrund angeben.

(4) In Heimarbeit Beschäftigte und ihnen Gleichgestellte dürfen während der Schwangerschaft und bis zum Ablauf von vier Monaten nach der Entbindung nicht gegen ihren Willen bei der Ausgabe von Heimarbeit ausgeschlossen werden; die Vorschriften der §§ 3, 4, 6 und 8 Abs. 5 bleiben unberührt.

[...]

Literaturhinweise

Arbeitsgesetze. Beck-Texte, C. H. Beck Verlag München, erscheint jährlich neu.

Bundesministerium für Bildung und Forschung: Ausbildung und Beruf. Rechte & Pflichten während der Berufsausbildung, https://www.bmbf.de/pub/Ausbildung_und_Beruf.pdf

Wichtige Internetadressen für Ausbilder

Bundesagentur für Arbeit: www.arbeitsagentur.de

Bundesinstitut für Berufsbildung: www.bibb.de

Bundesministerium für Bildung und Forschung: www.bmbf.de

Bundesministerium für Wirtschaft und Technologie: www.bmwi.de

Deutsche Industrie- und Handelskammern: www.dihk.de

Forum für Ausbilder: Ausbilderfortbildung, Seite des BIBB, www.foraus.de

Handwerkskammern: www.handwerkskammer.de

Stichwortverzeichnis

A

Bildquellenverzeichnis

dpa-infografik: S. 9, 12

Cornelia Kurtz, Boppard/ Bildungsverlag EINS GmbH, Köln: alle Zeichnungen

Umschlagfoto:
Fotolia.com: Yuri Arcurs

A